치유란 무엇인가
치유 사역 입문서

The Healing

치유란
전요셉 지음
무엇인가

치유 사역 입문서

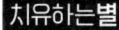

추천사

삼위일체 하나님의 뜻은 죄 범한 인간을 구원하여 하나님 나라에서 영원토록 함께 사는데 있습니다. 인간은 영·혼·육 전인적으로 타락하였고 인간 자체가 정상이 아닌 병든 존재입니다.

그러므로 구약시대 성부 하나님은 "나는 너희를 치료하는 여호와임이라"(출15:26)고 선포 하셨고 또한 치유 사역을 하셨습니다.

성자 예수님도 성부 하나님의 뜻을 받들어 이 땅에 오셔서, 가는 곳마다 병든 자를 치유 하셨습니다. 예수님께서 승천하시고 난 다음 성령님이 오셔서, 지난 기독교 역사 속에 믿는 자들을 통하여 치유 사역을 계속 하셨습니다.

특히 예수님의 3대 사역 중 중요한 한 가지 사역은 치유 사역입니다(마9:35). 그러나 오늘날 예수님의 제자들인 주의 종들은 스승 예수님의 사역을 본받아 영혼 구원에 목적을 두고 말씀을 가르치며, 복음을 전파하며, 병든 자를 치유하는 사역을 해야 하는데, 가장 소홀히 하고 있는 것이 치유 사역입니다.

생명샘전인치유사역 연구원장 되시는 전요셉 박사님이 이번에 집필하신 "치유란 무엇인가" 주제의 책은 치유 사역의 교과서와 같은 책으로서 인간론부터 삼위일체 하나님의 치유 사역에 대해서 성경을 근거로 자세하게 설명하고 있습니다.

초대교회 시대부터 현대교회시대 까지 치유의 역사를 한눈에 볼수 있도록 조명해주고 있으며, 또한 영과 혼과 육의 전인적인 치유와 귀신 들림에 대해서 구체적인 치유 사역의 실제를 제시해 주고 있습니다.

나아가 통전적 치유 사역 차원에서 치유 사역의 구체적인 방안을 설명하고 있는 이 책을 건강한 삶을 살기를 원하며 예수님의 제자가 되어 치유 사역을 하기를 바라는 모든 주의 종들과 성도들에게 기쁜 마음으로 권해 드립니다.

나아가 치유 사역에 대한 지성과 영성 그리고 신유 은사를 모두 겸비하신 전요셉 박사님이 현제 운영하고 계시는 생명샘전인치유사역 연구원에 오셔서 전문적으로 더 깊이 통전적 전인치유사역에 대해서 연구하시는 것을 적극 권해 드립니다.

전인치유 연구원장 주광석

머리글

그동안 주님의 은혜와 성령님의 능력으로 치유(축사)사역과 예언 사역을 지속적으로 할 수 있었음을 감사드립니다. 2천 년 전이나 지금이나 치유 사역은 여전히 계속되고 있으며, 예수님이 오시는 그날까지 멈추지 않을 것입니다. 그동안 현장에서 이루어진 사역과 탐구한 지식을 통합하여 치유 사역을 보다 체계화시키고, 실제화 시키기 위한 '치유란 무엇인가(부제:치유 사역 입문서)'를 발간하게 되었습니다.

본 저서는 현장에서 사역하시는 치유 사역자들과 치유에 대해 연구하고자 하는 목회자, 신학생, 평신도 모두에게 이론적 배경과 사역적 적용면에서 도움이 될 것입니다. 본 저서는 다음과 같은 내용으로 서술되어 있습니다.

첫째, 치유란 무엇인가에 대한 정확한 개념정리를 위해 신학적, 어원적 고찰을 하였습니다.
둘째, 성경적 분석을 통해 건강과 질병에 대한 정확한 개념을 정리하였습니다.
셋째, 통전적 치유를 위한 영·혼·육의 상관관계를 서술하였습니다.
넷째, 치유 사역에 대한 교회사적 접근을 통해 역사 속에 활동하신 치유의 능력을 파악하게 하였습니다.
다섯째, 예수님의 치유 사역을 분석하고, 성령님의 치유 능력에 대해 고찰하였습니다.
여섯째, 영·혼·육을 통전적으로 치유하는 프로그램을 제시하여, 각자의 치유 사역에 적용하게 하였습니다.

마지막으로 통전적이며 바른 치유 사역의 방법론을 제시하였습니다.

하나님은 치유하시는 하나님이십니다. 그러므로 우리 모두는 치유 사역자가 되어야 합니다. 주님은 제자들에게 치유능력을 주셨으며(마10:1), 또한 치유 사역을 명령하셨습니다(막16:17~18). 오늘날 교회공동체에 치유가 일어나야 하며, 활성화되어야 합니다.

사도 바울은 '하나님의 나라는 말에 있지 아니하고, 오직 능력에 있음이라(고전4:20)'라고 말했습니다. 말씀을 말씀되게 하고, 복음을 복음되게 하고, 선교를 선교되게 하고, 능력을 능력되게 하기 위해 치유 사역은 반드시 필요합니다.

영성과 지성, 말씀과 능력, 믿음과 행위, 이론과 실제가 균형을 이룬 신실한 사역자들이 이 땅에 일어나서 치유의 불을 붙여야 합니다. 우리는 예수님이 오실 때까지 치유가 활성화되고 그리스도의 복음이 전파되며, 하나님 나라가 건설될 수 있도록 최선을 다해야 합니다. 아무쪼록 이 작은 책이 치유 사역을 활성화시키는데 보탬이 되기를 바랍니다.

끝으로 이 책이 나오기까지 물심양면으로 힘써주신 여러 성도님과 끝없는 중보기도로 큰 힘이 되어주고 있는 생명샘전인치유사역 연구원 중보팀들, 학우들, 하늘문커뮤니티교회 박영호 목사님, 지선례, 이은희 사모님, 조성심, 이미영, 문경옥 목사님, 이보경 전도사님, 손병천, 김태한 장로님, 손창수, 노석천, 한순현, 유근영 안수집사님, 최성득 권사님, 홍치선, 문대권, 김동현, 한윤, 이예린 집사님, 이옥선, 이한성, 박주찬, 박예은, 박영은 성도님, 한율 어린이 그리고 출판을 맡아주신 치유하는별 유미경 권사님, 강문구 장로님께 감사를 드립니다.

오직 주님께 영광!

2024년 7월 태화산 자락 곤지암 서재에서

목 차

제1장 | 치유자 하나님   15

  Ⅰ. 치유란 무엇인가   16
    1. 치유의 어원
      1) 구약의 어원
      2) 신약의 어원
    2. 통전적 치유

  Ⅱ. 건강이란 무엇인가   39
  Ⅲ. 질병이란 무엇인가   47
    1. 질병의 어원
    2. 질병의 원인
  Ⅳ. 치유 사역의 필요성   56

제2장 | 기독교적 인간이해   61

  Ⅰ. 하나님의 형상으로 창조된 인간   62
  Ⅱ. 통전적 존재로서의 인간   70
    1. 육
      1) 육, 육신, 육체
      2) 몸
    2. 혼과 영

제3장 | 교회사에 나타난 치유   85

  Ⅰ. 초대교회 시대   87

	Ⅱ. 교부 시대	90
	Ⅲ. 중세 시대	94
	Ⅳ. 종교개혁 시대	99
	Ⅴ. 근세 시대	103
	Ⅵ. 현대	107

제4장 예수님의 치유 사역 119

Ⅰ. 치유자 예수님 120
   1. 치유 목적
   2. 치유 방법
Ⅱ. 예수님의 치유 사례 135

제5장 성령님과 치유 145

Ⅰ. 치유하시는 성령님 146
Ⅱ. 치유와 은사 150
   1. 치유 은사를 통한 예수님 사역
   2. 치유 은사의 활용
Ⅲ. 치유의 기름 부으심 158

제6장 통전적 치유 사역 167

Ⅰ. 영의 치유 168
   1. 영의 이해
   2. 영의 손상

제6장

    3. 영치유의 실제
        1) 사역의 준비
        2) 사역의 실제

  Ⅱ. 귀신 들림의 치유   **186**
    1. 귀신 들림의 정의
    2. 귀심 들림의 특징
    3. 귀신 쫓음의 성경의 예
        1) 거라사지방의 귀신 들린 자
        2) 귀신 들린 아이
        3) 더러운 귀신 들린 사람
        4) 수로보니게 여인의 딸
        5) 치유된 군중
        6) 빌립보의 여종
        7) 막달라 마리아
    4. 귀신 쫓음의 실제

  Ⅲ. 혼의 치유   **230**
    1. 혼의 이해
    2. 혼의 손상
    3. 혼의 치유

  Ⅳ. 육의 치유   **257**
    1. 육의 이해
    2. 육의 손상
    3. 육 치유의 성경의 예

　　　　1) 한센병 환자의 치유
　　　　2) 가버나움 백부장의 치유
　　　　3) 시각장애인으로 태어난 청년의 치유
　　　4. 육의 치유

　　Ⅴ. 치유시 나타나는 현상들　　　　　　　　　　**285**
　　　1. 몸의 떨림과 진동의 현상
　　　2. 쓰러 넘어짐 현상
　　　3. 웃거나 흐느껴 우는 현상
　　　4. 장시간에 걸쳐 열렬하게 찬양 드리는 현상

　　Ⅵ. 통전적 치유 사역을 위한 제언　　　　　　　**290**
　　　1. 치유 준비
　　　2. 치유 기도
　　　3. 팀 사역자들을 위한 사역 지침
　　　4. 치유 후 조치
　　　5. 중보 기도

제7장　| 맺음말　　　　　　　　　　　　　　　　　**311**

　　　　참고도서　　　　　　　　　　　　　　　**318**

표 목차

〈표 1-1〉 총체적 치유 사역의 개념　　28

〈표 1-2〉 질병의 10가지 원인　　54

〈표 4-1〉 예수님의 치유 사례　　135

〈표 6-1〉 공관복음서의 거라사 귀신 들린 자 대조표　　195

〈표 6-2〉 귀신 들린 자들의 성경적 특징　　212

〈표 6-3〉 성경 속의 무당에 대한 여러가지 명칭들　　212

〈표 6-4〉 공관복음서의 한센병 환자 치유 대조표　　261

〈표 6-5〉 공관복음서의 백부장 치유 대조표　　268

〈표 6-6〉 통전적 치유 센터　　299

그림 목차

<그림 1-1> 총체적 치유　　　　　　　　　　　　**27**

<그림 2-1> 인간의 3가지 요소와 치유　　　　　　**83**

<그림 6-1> 혼과 영, 육의 상관관계　　　　　　　**235**

<그림 6-2> 통전적 네트워크　　　　　　　　　　**295**

| 제1장 |

치유자 하나님

이르시되 너희가 너희 하나님 나 여호와의 말을 들어 순종하고 내가 보기에 의를 행하며 내 계명에 귀를 기울이며 내 모든 규례를 지키면 내가 애굽 사람에게 내린 모든 질병 중 하나도 너희에게 내리지 아니하리니 나는 너희를 치료하는 여호와임이라(출15:26)

Ⅰ. 치유란 무엇인가

1. 치유의 어원

성경에 나타난 치유관련 용어들은 매우 다양하다. 히브리어로 '아루카(arukhah)', '마르페(marpe)', '할람(halram)', '라파(rapha)', '리프우트(riphuwth)', '레푸아(rephuah)' 등이 있으며, 그리스어로는 '테라페이아(therapeia)', '이아마(iama)', '이아시스(iasis)' 등이 있다.[1]

1) 구약의 어원
구약성경에는 치료하는 하나님, 의사 하나님에 대해 60회 이상이나 언급하고 있다.

---

[1] 한국가톨릭대사전 편찬위원회 편, "치유", 한국가톨릭대사전(서울:한국교회사연구소), 8333~8335.

"나는 너희를 치료하는 여호와임이라"(출15:26下)

רָפְאֶךָ יְהוָה אֲנִי (ānî Yehovah ropheeka, 아니 예호바 로페에카) 2)

'나는(ani)'이란 1인칭 주격 대명사이다. 바로 '예호바(Yehovah, 여호와)'와 동격을 의미한다.

'로페에카(ropheeka)'는 '고치다', '치료하다', '수선하다'라는 뜻을 가진 동사 '라파(rapha)'에서 파생된 명사형 남성단수 2인칭 소유격 접미사가 결합된 것으로 '너의 치료자', '너의 의사'라는 의미이다. 3)

남성 단수 2인칭 소유격이 붙은 이유는 이스라엘 백성들을 단수로 취급했기 때문이다. 히브리어 원문에는 동사가 없다. 그래서 '로페에카'를 동사적 용법을 지닌 분사형으로 보고 해석할 경우 '나 여호와는 너를 치료한다'로 번역된다. 그러나 보통 히브리어에서 '~이다(be 동사)'가 생략되는 경우가 있으므로 이때는 '나 여호와는 너희의 치료자이다'로 해석된다. 개역개정성경에서는 '로페에카'가 '예호바'를 수식하는 것으로 해석했다. 그래서 '나는 너희를 치료하는 여호와임이라'고 번역했고 4) 가톨릭공식성경인 주석성경도 '나는 너희를 낫게 하는 주님이다'라고 번역하였다. 5)

---

2) 제자원 편, 옥스퍼드원어성경대전(The Oxford Bible Interpreter) 출애굽기(서울:바이블넷트), 184~186.
Biblia Hebraica Stuttgartensia exodus(Germany : Deutsche Bibel_gesellschaft), 112
3) 로고스편찬위원회 편, 스트롱코드 히브리어사전 (서울:도서출판 로고스), 46.
4) 헤쎄드종합자료씨리즈편찬위원회 편, 헤쎄드종합자료씨리즈 제2권 출애굽기(서울:임마누엘), 293~294.
5) 주교회의성서위원회 편, "출애굽기" 주석성경 신약(서울:한국천주교중앙협의회), 220.

'아루카'는 '아라크(arak, 길게하다, 확장하다)'에서 유래되었으며 '건강을 회복하다'라는 뜻으로 '치료', '고침', '회복', '원상복구', '승소', '병이 차차 나아감'을 의미한다. 예레미야 8장 22절에 '치료받다', 예레미야 30장 17절에 '치료하여' 등으로 사용되었다.

'마르페'는 '치료' 혹은 '치료법'을 뜻하며 문자적으로는 '약품'으로 추상적으로는 '평온', '치유' 등으로 쓰인다. 그 외에 '구제법', '건강', '위생', '부드러움', '온화함', '냉정', '침착' 등의 의미로 사용되고, 예레미야 14장 19절에는 '치료받기'로, 말라기 4장 2절에는 '의로운 해가 떠올라서 치료하는'뜻으로 사용되었다.

'할람'은 미완료형으로 '살찌다', '뚱뚱해지다'이지만 히필(hiphil) **6)** 형으로 '회복하게 하다'라 의미로 '견고하게 묶다', '꿈꾸게 되다', '강하게 되다', '치료하다'라는 뜻으로 사용되었다. 이사야 38장 16절에서는 '치료하시며'로 사용되었다.

'라파'는 구약에서 가장 많이 사용되는 용어로 '고치다', '화해시키다', '치유하다', '제자리로 돌리다'등의 뜻으로 창세기 20장 17절에서는 '그 아내와 여종을 치료하사'로, 출애굽기 15장 26절에서는 '나는 너희를 치료하는 여호와'와 전도서 3장 3절에는 '죽일 때가 있고 치료시킬 때가', 호세아 7장 1절에서는 '내가 이스라엘을 치료하려 할 때에'등으로 사용되었다.

'리푸우트'는 잠언서 3장 8절에서 '양약'으로, '레푸아'는 예레미야 30장 13절과 에스겔 30장 21절에서 '약'으로, 예레미야 46장 11절에는

---

6) 히필형이란 사역형 동사를 말한다. 예를 들면 '바아(오다)' 라는 기본형 동사가 히필형으로 바뀌면 '레비(데려오다)'가 되고 '메트(죽다)'는 '데미트(죽이다)'가 된다. 또한 상태동사가 될 경우 그 의미를 더욱 강조하게 되어 '라아크(멀다)'가 '히르히크(매우멀다)'가 된다.

'치료'로 번역되었다.[7)]

2) 신약의 어원

그리스어 '테라페이아'는 영어의 '테라피(therapy)'의 어원이 되는 단어로 육체적인 치료에 주로 사용되었지만, 영적인 치유도 포함하여 마태복음 4장 24절에서는 '각종 병에 걸려서 고통 당하는 자, 귀신 들린 자, 뇌전증 환자, 뇌혈관 질환인' 및 마태복음 15장 30절에서는 '신체장애인, 시각장애인, 언어장애인' 등을 치유하는 데 사용되었다.[8)]

원래의 의미는 '신들을 섬기다'라는 뜻을 가지고 있으며 낮은 신분으로 높은 사람을 '돌봄' 혹은 '섬김'의 뜻으로 병을 간호하는 의미를 내포하고 있다. 신약성경에서는 명사 '테라페이아'보다는 '치료하다', '시중들다'를 뜻하는 동사 '테라퓨오(therapeuo)'가 더 자주 사용되고 있다.[9)]

예수님의 치유는 단순한 의학적 처방만을 의미하는 것이 아니라 메시야께서 가져다주시는 통전적(統全的) 치유를 의미한다. 예수님은 병자를 치유하는 권능을 행하셨다. 이는 복음선교 못지않게 그의 사역의 중요한 부분이었다. 그 어떤 병도 그를 거역할 수 없었다. 그는 많은 사람들을 고쳐주셨고 귀신을 쫓아내셨다.[10)]

---

7) 로고스편찬위원회 편, 스트롱코드 히브리어사전 (서울: 도서출판 로고스), 55~56, 356~357, 182~183, 561~562.
  조두만, 히브리어 헬라어 한글성경대사전 (서울: 성지사), 34, 107, 203, 314.
  이성호, 성구대사전(서울: 혜문사), 1401.
8) 국제신학연구원, 오중복음과 삼중축복의 구원(서울: 서울서적, 1993), 78.
9) 로고스편찬위원회 편, 스트롱코드 헬라어사전 (서울: 도서출판 로고스), 844. '데라페이아'는 신약에서 3회 사용되었지만 '테라퓨오'는 43회 사용되었다.
10) Morton T. Kelsey, 치료와 기독교(Healing and Christianity), 배상길 역(서울: 대한기독교출판사, 2000), 121~122.

'고치다', '치유'를 뜻하는 '이아마', '이아시스', '이아오마이 (iaomai)'는 그리스어 용법에서 거의 의학적인 용어로 사용되었으나, 나중에 도덕적인 상처나 질병의 치료에까지 확장되었다. 육체적인 치료뿐만 아니라 영적으로 회개하여 마음을 치료하는 것(마13:15)[11], 마귀에 눌린자를 치료하는 것(마15:28, 행10:38), 마음이 상한 것을 치료하는 것(눅4:18) 등으로 다양하게 사용되었다.[12]

신약시대에 의사를 '이아트로스(iatros)'라고 하였으며 의사 누가는 뛰어난 의학적 지식과 역사적인 안목을 가지고 누가복음과 사도행전을 저술하였다.

원시시대에 육체적 고통이란 전투에서 입은 상처를 의미했다. 따라서 그들이 이해할 수 없었던 질병은 초월적 세력에 의한 공격으로 인식되었고, 이 세력은 주술(呪術)[13] 또는 제사(祭祀)[14]에 의하여 극복될 수 있는 것으로 인식되었다. 이집트인들은 의학을 발전시킨 최초의 민족이었다(B.C 2600~1600). 그들은 상처를 절개하고 뼈를 맞추고 부상당한 것

구약의 치유가 대부분 육체적 병나음과 하나님과 관계회복의 개념이라면 신약의 치유는 영적, 특히 마귀 혹은 귀신들과의 싸움에서 승리하여 이 땅에 하나님 나라를 건설하고 구원을 완성하는데 초점이 맞추어져 있다.

11) Archibald T. Robertson, "마태복음" 신약원어대해설(Word pictures in the New Testament). A.T. 로버트슨번역위원회 역 (서울:요단출판사, 2005), 154. 70인역 성경은 부정과거 가정법을 사용하지 않고 직설법 미래로 바꾸어 번역하였다.
12) 로고스편찬위원회 편, 스트롱코드 헬라어사전, 849.
13) 두산동아편, 동아새국어사전 제5판(서울:두산동아), 2173.
주술이란 초자연적 존재나 신비적인 힘을 빌려 길흉을 점치고 화복을 비는 일을 말한다.
14) Ibid., 2115.
제사란 신령이나 죽은 사람의 넋에게 음식을 차려 놓고 정성을 나타내는 의식을 말한다.

을 꿰매고 충치 먹은 이를 봉하거나 알약을 사용하였다. 그러나 해결할 수 없는 질병에 대해서는 치료의 주술을 사용하였다. 그리스인들은 보다 실험적인 근거를 기초로 치료기술을 개발하였다. 의사들은 히포크라테스(Hippocrates, B.C. 460~377)의 선서를 통한 학교에서 훈련을 받았다. 그러므로 주술보다는 의술(醫術)[15]에 더 많이 의존하였다. 로마시대에는 많은 의사들이 부와 명예를 얻었으며 보다 진보적인 의술이 발달되었다. 그럼에도 불구하고 신약은 질병을 귀신과 결부시키고 있다(마12:22). 또한 질병을 하나님의 심판으로 인식하고 있다(계6:8). 모든 질병은 하나님의 창조 계획에 모순되는 것으로 인식되었다. 이러한 상황 속에서 예수님의 통전적 치유 사역은 그 당시 엄청난 파문을 일으켰다.[16]

2. 통전적 치유

국어사전에 보면 '치료(治療)'란 '병이나 상처를 다스려서 낫게 함'이라고 정의하였으며 '치유(治癒)'는 '치료하여 병을 낫게 함'이라고 정의하고 있다.[17] 보통 '치료'의 개념이 직접적으로 질병을 낫게 하는 인본적 '의료적 행위'에 있다면 '치유'의 개념은 질병의 '원인'을 파악하여 보다

---

15) Ibid., 1879.
   의술이란 병을 고치는 기술로 의학에 관한 모든 기술을 총칭한다.
16) Gerhard Kittel, Gerhard Friedrich, "고치다", 신약성서 신학사전(Theological Dictionary of the New Testament). 신학사전번역위원회 역(서울:요단출판사), 396~399.
   강병훈 편저, 쉐마주제별종합자료사전 제14권(서울:성서연구사), 528.
17) 두산동아편, 동아새국어사전 제5판, 2377, 2380.

통전적(統全的, holistic)인 '회복'에 중점을 둔다. 사람들은 '치료'와 '치유'를 혼동하여 사용하는 경우가 종종 있다. '치료'는 의학적인 방법을 사용하는 인본적 의술로 영어로는 '트리트먼트(treatment)'라고 하고 인간의 지식과 힘에 해당되는 단어이고, 약이나 의학적인 기술에 의해 질병을 치료함을 뜻한다. '치유'란 영어로 '힐링(healing)'이라고 하고 하나님의 힘에 해당되는 단어로 전능하신 하나님의 도움으로 회복되는 초자연적이고 신적인 능력을 말한다. 대부분 영어 번역본에는 '치료'라고 번역되어 있지 않고 '치유'라고 번역되어 있다.

그러나 우리나라 성경에는 '치유'라고 번역된 것이 하나도 없고 '고치다', '낫다', '치료하다', '회복되다'라고 번역되어 있다. 그러므로 보다 신본주의적이고 통전적인 관점에서 제대로 번역한다면 '나는 너희를 치유하는 하나님이다(출15:26).'라고 번역해야 한다.

보통 우리가 전인적(全人的) 치유라는 말을 많이 사용하는데 '전인(whole person, man, being)'이란 '지(知) 정(情) 의(意)가 조화를 이룬 원만한 인격자'[18]를 뜻하며 기독교적으로 하나님께서 창조하신 인간의 실존(實存) 전체를 포함한다.

그러나 필자는 전인적이라는 단어보다 통합(統合, 모든 것을 합쳐 하나로 만듦)[19]이라는 의미를 담고 있는 통전적 이라는 말을 사용한다. 전인적은 주로 인간존재의 여러 부분과 관계성에 초점을 맞추고 있지만, 통전적은 보다 더 광범위하게 인간, 자연, 우주 그리고 영적인 것과 육적인 것, 보이는 것과 보이지 않는 것, 구원과 영생 까지를 모두 합일(合一)시킨 개념이다. 그러나 영어로는 전인적이나 통전적이나 모두 'holistic'으

---

18) Ibid., 2066.
19) Ibid., 2464.

로 사용할 수 있다. 통전적 치유(holistic healing)라는 단어는 치유의 대상인 인간을 총체적 혹은 통합적인 관점에서 보는 데서 비롯된 단어이다. 'Holistic'이라는 단어는 그리스어로 'holo(whole, entire의 뜻)'라는 단어에서 파생된 말로서, 철학의 'holism'에서 비롯되었다. 'Holism'이란 '전체론'으로 '현실의 기본적 유기체인 전체가 그것을 구성하는 부분의 종합보다도 가치가 있다'고 하는 이론이다. 통전적이란 개념은 인간은 분리할 수 없는 영·혼·육으로 이루어진 유기체이며 그 소속된 생명계, 사회환경과 갖는 관계성 모두를 포괄하고 있는 존재로 보는 관점에서 시작된다.

따라서 통전적 치유란, 전인적 치유라는 개념을 확장한 알파펫 W가 첨가된(Wholistic)이라는 영어 단어를 사용한다. 이 wholistic은 모든 영역의 전체(the sum of total of the parts)의 의미로서 whole에서 나왔으나, 사전에서 찾을 수 없는 신조어 단어이다. 기존의 holistic은 생물학에 있는 공생적(symbiotic) 용어이다. 그리스어 'sym'은 상호 의존(interdependence)을 의미하고, 'bios'는 생명(life)을 의미한다. 이 단어들은 서로 함께 두 개의 다른 방식의 생명체들이 서로에게 유익을 얻는 방식안에서 함께 조화로운 삶을 사는 것을 의미하고 있다. 이는 한 파트너가 다른 파트너 없이 살 수 없는 존재이고, 서로에게 절대적으로 의존된다는 점에서 필수적인 관계라는 뜻을 가장 잘 설명 해주고 있다.

'신유(神癒)'란 신앙 요법의 하나로 '신의 힘으로 병이 낫는 것'을 의미한다. 하나님께서 인간을 긍휼히 여기시고 질병을 고쳐주시기 위해 특별은총인 신유를 주셨다. 이 신유는 인간의 질병을 고쳐주시기 위한 하나님의 사랑과 은혜의 선물이다. 그러므로 신유를 신적 치유(divine healing), 영적 치유(spiritual healing), 신앙 치유(faith healing) 라고 한다.

몰트만(Jürgen Moltmann, 1926~2024)은 치유를 다음과 같이 설명하였다.

기적적인 치유들은 고대 시대에는 일반적이었다. 우리들은 역시 그것을 오늘날 발견한다. 그리고 예수님의 경우에는 그 기적적인 치유들은 하나님 나라 선포의 상황내에 속한다. 하나님이 당신의 창조물에 대한 권세를 떠맡았을 때 마귀들은 물러난다. 살아계신 하나님이 오시고 그의 창조물에 거하시니 모든 창조물들은 그의 영원한 생명력(활력)으로 가득 채워진다. 예수님은 하나님의 나라만 단지 가져온 것이 아니다(믿음을 일깨우는 단어들 속에). 그는 역시 건강을 되찾게 하는 치유들의 형태로 그 나라를 오게 하신 것이다. 하나님의 영은 남자들과 여자들의 몸에 침투하시고 죽음의 병균들을 물리치시는 살아 있는 에너지이다. 예수님의 기적적인 치유들은 블룸하르트가 말하였듯이 '왕국의 기적들'이다. 모든 만물들의 새 창조의 여명에 그것들은 사실 전혀 '기적들'이 아니다. 그것들은 완전히 자연스러운 것이요, 우리가 바로 기대하여야 할 것이다.[20]

버나드 마틴(Bernard Martin)은 '치유란 영원한 삶으로 이어지는 인격의 완전한 성숙을 저해하는 영적, 정신적, 육체적인 속박으로부터 자유롭게 되는 것을 의미한다'라고 정의하였다.

폴 틸리히(Paul Tillich, 1886~1965)는 '구원은 근본적으로 그리고 원칙적으로 치유이다. 다시 말하면 꺾어지고 와해되어진 것을 온전하게 만

---

[20] Jürgen Moltmann, The Spirit of Life: A Universal Affirmation(Mineapolis :Fortress, 2022), 189~190.
[21] Seward Hiltner, 목회신학원론 (Preface to Pastoral Theology), 민경배 역(서울:대한기독교서회, 2002), 317에서 재인용.

들어 주는 것이다.'라고 말하고 있다.[21] 질병 자체 보다는 질병으로 인하여 발생하는 환자 내부의 책임과 환자와 관련된 다른 사람과의 관계에서 일어나는 사회적인 문제 그리고 질병으로 인하여 발생하는 환자의 영적인 필요에 초점을 맞추고 있다. 그래서 그는 육체적, 정신적 질병에서의 치유와 영적인 죄악에서의 구원을 구별하지 않는다. 진정한 치유는 왜곡으로부터 온전히 만드는 회복의 기능을 의미하며, 영적, 정신적, 육체적, 통전적 구원을 의미한다는 것이다.

힐트너(Seward Hiltner)는 '치유란 단지 육체적인 질병에서 회복되는 것만으로는 온전한 치유라 할 수 없다. 치유는 온전하게 만드는 일, 다시 회복되는 일을 말한다. 여러 가지 면에서 손상 입었던 기능적 불완전성을 다시 회복하여 회복이전 단계보다 한 단계 더 발전된 상태로 회복시키는 것을 의미한다'고 정의하였다.[22]

우리나라 치유선교학(Healing Missiology)의 개척자 이명수(1920~2009) 박사는 치유를 다음과 같이 정의하였다.

> 치유는 타락된 상태(fallen state)를 창조의 상태(creation state)로, 비정상적 상태(abnormal state)에서 정상적 상태(normal state)로, 병리적 상태(pathological state)에서 생리적 상태(physiological state)로, 파괴된 상태(broken state)에서 온전한 상태(wholistic state)로, 무질서의 상태(disordered state)에서 질서의 상태(ordered state)로, 소외된 상태(alienated state)에서 화해의 상태

---

22) Ibid., 117~123.
23) 이명수, "Holistic Healing", 한국치유선교연구원 강의안, 2002에서 재인용. 참고. 치유와 선교 제2호, 2010년 11월.

(reconciled state)로, 부조화의 상태(disharmonized)이다.[23]

그는 총체적 치유 사역을 논했는데 그가 제안한 치유 사역을 보면 먼저, 치유 사역의 의미를 세우는데 필요한 기독교적 세계관을 규정하였다. 이를 창조와 타락, 회복과 완성의 맥락으로 보았으며 또한 치유 사역을 건강과 질병, 치유와 온전함의 과정으로 보아 기독교 세계관과 이를 대비시켰다. 결국 치유를 '회복시키는 과정'으로 이해하였다. 질병의 원인에 대해서는 인간이 '하나님과의 법'과 '자연의 법'을 범함에 기인한 것으로 보았다. '자연의 법'도 '하나님의 법'의 범주에 속한다고 보았다. 그리고 이들의 법을 어기는 요인은 바로 인간의 지나친 탐심 때문이다. 또한 치유 사역의 대상은 인간과 인간이 몸담고 살아가는 사회라 하였으며, 이 사회라는 개념 속에는 인간 공동체와 환경, 그리고 자연이 포함된다고 보았다. 또한 기독교의 인간 이해 측면에서 볼 때, 인간은 하나님의 형상(Imago Dei)대로 창조된 몸·마음·영으로 구성되어있으며 이를 분리할 수 없는 전인(whole being)으로 인식하였다. 인간의 건강 혹은 질병은 인간이 몸담고 있는 사회와 상호 영향을 주고받으며 몸의 병, 정신의 병, 영의 병 및 사회의 병 사이에는 상관관계가 있을 뿐만 아니라 이들의 병을 유발시키는 원인들은 상호작용한다고 생각하였다. 따라서 효과적인 치유 사역의 접근은 포괄적이고 동시적이어야 한다고 주장했다. 반면 치유 사역에 동원할 수 있는 인적 및 물적 자원은 무한한 것이 아니고, 극히 제한되어 있기 때문에 일차적인 대상은 사회 소외계층으로 하고 그것을 점진적으로 확장함을 그 전략으로 한다고 말했다. 치유 사역의 궁극적인 목표는 타락하고 병든 인간과 사회를 회복하여 '새 하늘과 새 땅'을

---

24) 박행렬, "총체적 치유 사역에 있어서 가족과 치유", 치유와 선교 제2호, 2010년 11월, 25~26에서 재인용.

건설하는데 있는 것으로 하였다. 다시 말해서 하나님 나라의 건설이 치유 사역의 궁극인 목표가 된다고 보았다.24)

이명수 박사가 제안한 치유 사역의 전제는 인간의 창조와 타락 그리고 회복과 온전함에 대한 전체적인 틀을 조망하고 총체적 치유를 끌

<그림 1-1> 총체적 치유 25)

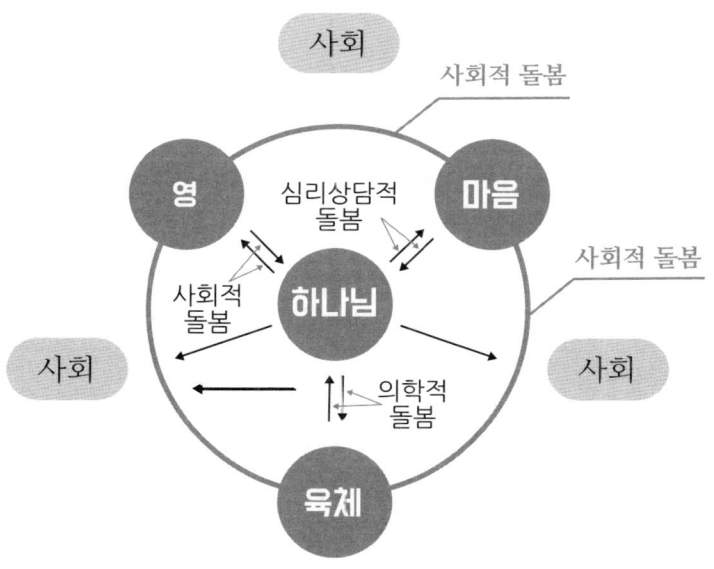

---

25) Ibid., 26에서 재인용하면서 이명수박사는 총체적 치유를 영어로 'Holistic care system'으로 사용하였다.
이명수, 치유선교론(서울:나임출판사, 1995), 63.
의사인 이명수 박사는 아세아연합신학대학교에서 한철하 박사와 함께 치유선교학을 개설하였으며 그 후 2004년 건양대학교대학원에서 치유선교학과를, 2007년 치유선교학 박사과정을 개설하였다. 그는 총체적 치유선교학의 개척자이다.

<표 1-1> 총체적 치유 사역의 개념[26]

주 제	설 명
기독교의 인간 이해	• 인간은 하나님의 형상대로 창조되었으며 몸과 마음의 영으로 구성되는 분리할 수 없는 전인적으로 이해한다.
건강한 상태	• 건강한 상태란 영·혼·육이 온전하고, 환경(사회)과의 관계가 온전한 상태를 말한다.
병 리	• 질병의 개념은 사람들, 환경, 하나님으로부터의 소외되는 것을 말한다. • 몸의 질병(somatopathy), 마음의 질병(psychopathy), 영의 질병(spiritopathy), 마음·몸 질병(psychosomatic disorder), 영·마음 질병(spirito psychic disorder), 영·마음·몸의 질병(humanopathy), 사회 질병(sociopathy) 등이 포함된다. • 병들게 되는 근원은 하나님께 불순종 또는 하나님께 대항하는 사탄의 행위이다.
치 유	• 회복시키는 과정을 말한다. • 기독교 세계관은 창조-타락-회복-완성의 맥락에서 본다. • 치유 사역은 건강-질병-치유-온전함의 과정으로 보고, 기독교 세계관과 대비 시켜 치유는 회복시키는 과정으로 이해한다. • 치유의 대상은 인간과 인간 주위의 사회(환경)이다.
총체적 치유	• 몸의 치유(의학적 돌봄), 마음의 치유(상담 심리적 돌봄), 영적인 치유(목회적 돌봄), 사회 환경 치유(사회적 돌봄)를 포함한다. • 총체적 치유 사역 방법은 전문가들의 팀 사역으로 이루어진다. • 육체적, 정신적, 영적, 사회적 차원까지 치유하기 위하여 목회자, 정신의학자, 상담사, 사회사업가 등의 협력을 통한 팀 사역이 필요하다. • 총체적 치유 사역의 궁극적인 목표는 하나님 나라의 건설에 있다.

---

26) Ibid., 27에서 재인용.

어 내는 통찰력을 제공하였다.

박행렬[27]은 이명수의 사상과 개념을 바탕으로 자신의 전공인 의학적인 지식과 경험을 바탕으로 미래의학 즉 심신사회의학, 노인의학, 예방의학, 정신의학, 호스피스, 사회개혁 등에 기대를 걸며 이러한 의학적 치료와 기독교적 신앙이 총체적으로 통합된 치유시스템을 구상하였다. 강경미[28] 역시 모든 것을 통합하는 총체적 치유 선교 전략을 통해 진보적인 치유 사역을 구상하였다.

통전적인 측면에서 존 윔버(John Wimber, 1931~1997)와 케빈 스프링거(Kevin Springer)는 치유의 영역을 다섯 가지로 구분하였다.[29]

첫째, 영의 치유(healing of the spirit)이다. 죄로 인해 병든 영혼을 치유하는 것을 말한다.

둘째, 마음 상처의 치유(healing of the effects of past hurts)이다. 흔히 '내적 치유'(inner healing)라고도 하는 것으로서, 과거에 손상된 감정이나 마음의 상처를 치유하는 것을 말한다. 물론 기억 그 자체가 치유되기는 어렵다. 그러나 과거에 입은 마음의 상처나 감정의 억압으로부터 오는 후유증들인 분노감, 죄책감, 수치감, 좌절감 등은 치유될 수 있으며, 그렇게 함으로써 사람들을 자유롭게 할 수 있다. 내적 치유는 우리로 하여금 풍성한 삶을 살지 못하게 저해하고 있는 정신 생활의 영역들에

---

27) see 박행렬, 기독인을 위한 전인치유 사역(서울:도서출판 나임, 2019)
_____, 성령사역(서울:은혜출판사, 2000)
28) 강경미, 예수님의 치유 사역과 21C 총체적 치유선교전략(서울:동문사, 2011), 136.
29) John Wimber and K. Springer, 능력 치유(Power Healing), 이재범 역(서울: 도서출판 나단, 2003), 77~78.

하나님의 은혜와 용서를 적용하는 것이다.

셋째, 귀신 들림과 정신 질환의 치유(healing of the demonized and mental illness)이다. 어떤 사람의 존재와 삶 속에서 귀신이 활동하거나 악한 영에 의한 외부적인 영향이든, 혹은 내적인 감정상의 혼란이든 간에, 이들은 모두 질병을 야기할 수 있으며 치유를 필요로 한다.

넷째, 육체적인 질병의 치유(healing of the body)이다. 사고 등으로 인해 손상된 육체 부위, 또는 병균의 감염으로 인한 질병 따위를 치유하는 것을 말한다. 여기에는 신경성 대장염이나 근육수축성 두통과 같이 겉으로 보기에는 정상적인 것 같으나 본인에게는 심각한 고통의 원인이 되는 질병들의 치유도 포함된다. 그러므로 치유는 질병 상태를 건강한 상태로 회복시키는 과정이라 볼 수 있다.

다섯째, 죽어가는 사람, 또는 이미 죽은 사람에 대한 치유(healing of the dying and the dead)이다. 죽어가고 있는 사람을 위로하고 굳센 마음을 갖도록 하는 것, 그리고 드문 경우이기는 하나 죽은 사람을 다시 살리는 것을 말한다(요11:44, 행9:40). 죽어가는 사람들은 자신의 한계를 인정하지 않으려 하기도 하고, 또한 너무 인정한 나머지 좌절하기도 한다. 인간은 주님의 은혜로, 믿음으로 구원을 받는다(엡2:8~9). 그러나 그들은 자신의 행위에 의하여 나타난 허물 때문에 구원에 대한 자신이 없는 것이다. 그래서 죽음을 두려워하고 죽음에 대하여 자유롭지 못하며 받아들이려 하지 않는다. 그때 사역자는 그리스도에 대한 믿음을 심어줌으로 죽음에 대한 염려로부터 자유로워지고 죽음을 준비할 수 있도록 도와야 한다. 죽음은 종말이 아니라 희망으로서의 부활이고(고전15:2), 죽음은 모든 인간에게 현실적으로 다가온다는 것을 인식시켜 주어야 한다. 이때 사역자는 그들의 말을 잘 들어주고 위로와 용기라는 선물을 주며 그리스도께서 그의 죄를 용서해 주신다는 사실과 천국에 대한 확신을 갖도록 해 주어야 한다. 또 죽은 후 남아있는 친구나 친척들에 대한 사역으로 이어져야 한다. 죽은 사람의 친지들은 그 사람 생전에 자기들이 잘못한 일이나 소홀히 했던 일들로 인한 가책으로 괴로워하는 경우도 있는데 그것으로부터 해방시켜 주는 것이 치유 사역이다.[30]

요즈음 죽음을 미리 준비하는 웰다잉(well-dying)모임과 교육이 활발하다. 우리는 누구나 죽는다는 것, 죽을 때 아무것도 가지고 가지 않는다는 것, 그리고 누구와 함께 죽을 수 없다는 것을 알면서도 모른 척 한다. 우리는 언제, 어디서, 어떻게 죽을지 아무도 모르는 상태에서 죽음의 준비 없이 살고 있다. 우리의 삶도 준비하고 죽음도 준비하는 것, 즉 잘 죽는 방법을 아는 것도 치유의 내용 중에 포함된다.[31]

위에서 살펴보았듯이 질병의 개념과 원인을 일반적 요인과 성경적 측면을 통해서 볼 때 인간의 육체적, 정신적, 영적, 사회적 요인 등으로 구분되어 나타난다. 그러므로 치유도 역시 질병의 원인에 맞게 다양하게 이루어져야 하고, 각 부분에 대한 전문적인 지식과 이해가 전제된 상태에서 치유가 진행되어야 한다. 치유 사역을 하는데 전제조건은 인간이 하나님의 형상대로 창조된 존재(창1:26)라는 사실을 바로 인식하는 것이다. 이 말은 곧 치유란 하나님의 형상대로 회복되어야 한다는 의미이다. 그러므로 치유는 인간으로 하여금 최상의 정상적인 상태에서 살아갈 수 있도록 해주는 것을 목표로 하고 있고, 인간의 통전적인 건강에 초점을 맞추고 있다. 그러므로 치유는 인간의 완전하고도 건강한 삶과 관련되어 있다. 치유는 하나님 나라를 확장시키기 위해 하나님이 원하시는 사역일 뿐 아니라, 그리스도 안에서 온전한 존재로 성숙해 가는 것을 총칭한다.

---

30) Ibid., 114~115.
31) 최영숙, "웰다잉 이론과 실제", 웰다잉지도사 교육교제 아름다운 황혼만들기(서울:한국고령사회교육원, 2011), 92.

치유와 병행하여 의학계에서 '케어(care)'라는 단어를 사용하고 있다. 우리말로 '돌봄'이라고 하는데 '의학적 돌봄(medical care)', '간호적 돌봄(nursing care)', '목회적 돌봄(pastoral care)', '영적 돌봄(spiritual care)', '호스피스 돌봄(hospice care)', '사회적 돌봄(social care)' 등 여러 방면에서 사용되고 있다. '돌봄'은 단순히 육체적인 것만 돌보는 것이 아니라 정신적, 사회적, 영적 분야까지 영향을 주는 광범위한 돌봄을 의미한다. 그러므로 의학적인 제공뿐만 아니라 친절, 상담, 신뢰, 봉사 등 환자를 위한 모든 행위를 포함한다.

내적 치유란 '기도와 훈련을 통해 증오심, 거부감, 자기연민, 우울증, 죄의식, 두려움, 슬픔 등의 감정으로부터 해방되는 과정'을 말한다. 내적 치유는 과거로 거슬러 올라가서 올바르지 않은 것을 파헤치는 것이 아니고, 또한 우리가 얼마나 마음속에 많은 쓰레기를 기억하고 있나를 점검하는 것도 아니다. 우리 마음속에 있는 쓰레기를 청소하는데 초점을 맞추는 것이다. 사탄은 상처와 고통스러운 기억들을 간직하게 하며 그 기억 속에서 벗어나지 못하게 함으로 그리스도의 영광에 거하지 못하게 한다. 그러므로 우리는 주님의 빛을 가지고 우리 안에 있는 불쾌한 감정들을 모두 제거해야 하는 것이다.[32]

---

32) 김경수, 성경적 내적 치유 이론과 실제(서울:도서출판 목양, 2010), 16.
see Tom Sledge, 가족 치유, 마음 치유(Making Peace with Your Past), 노용찬 역(서울:요단출판사, 2011)
Bruce Thompson and Barbara Thomson, 내 마음의 벽(Walls of My Heart), 정소영 역(서울:예수전도단, 2011).

찰스 크래프트(Charles H. Kraft, 1932~)는 내적 치유를 다음과 같이 설명하고 있다.

> 내적 치유 사역은 전인적인 치유를 목적으로 하는 성령의 능력을 통한 사역이다. 인간의 질병은 대체로 감정적, 영적인 부분에 입은 상처와 연관되어 있으므로 내적 치유는 그 곳에 초점을 맞춘다. 이 사역은 그러한 상처의 근원이 되는 부분에 그리스도의 능력을 적용하려 한다. 흔히 내담자의 기억에는 이러한 근원적인 것들이 무의식적으로 담겨있기 때문에 내적 치유는 '기억의 치유'라고 불리는 것에 초점을 맞춘다.[33]

존 윔버(John Wimber, 1934~1997)는 내적 치유를 다음과 같이 설명하였다.

> 쓰라린 기억을 포함한 정서적 또는 심리적 상처들은 우리 자신의 저지른 죄악 또는 다른 사람들이 저지른 죄악으로 인한 피해 때문에 생기게 된다. 이러한 과거의 상처들이 치유되면 속사람이 회복된다. 따라서 과거의 받은 상처가 치유되는 것은 육체적이고도 가시적인 치유 즉 외적인 치유와는 분명히 구별되는 개념으로서의 일반적인 내적 치유라고 불리고 있다.

Dwight H. Judy, 그리스도인의 묵상과 내면 치유(Christian Meditation and Inner Healing), 이기승 역(서울:이포, 2011).
주서택, 내적 치유의 상담(서울:순출판사, 2012).
33) Charles H. Kraft, 깊은 상처를 치유하시는 하나님(Deep Wounds Deep Healing), 이윤호 역(서울:은성출판사, 2022), 42~43

내적 치유란 손상된 감정 등으로 고통을 받고 있는 사람들에게 성령께서 죄와 용서, 그리고 정서적인 회복을 이루어 주시는 과정이다. 이는 곤경에 빠져있는 우리의 존재와 삶이 일정 영역에 복음의 능력이 역사할 수 있게끔 하는 것이다.[34]

샌드포드(Mark Sandford)는 내적 치유를 다음과 같이 정의하였다.

성령님의 인도하심 아래 땅을 깊게 파고 들어가 다시금 싹트려고 통통하게 물 오른 쓴 뿌리들을 찾는 것, 그리고 찾아낸 쓴 뿌리들을 십자가로 보내 효과적으로 죽이는 과정이다.[35]

그는 내적 치유는 "상담과 기도를 통한 변화와 성화의 과정이라고 불려야 한다"라고 말하면서 성화와 변화를 위해 사용되는 가장 중요한 수단으로 내적 치유를 강조하였다.[36]

탐 마샬(Tom Marshall)은 내적 상처의 원인을 다음과 같이 말하고 있다.

첫째, 우리가 감당할 수 없을 만큼 큰 감정상의 충격(사별, 결혼실패, 사업실패, 사고, 지위 상실, 건강)은 상처로 남는다.

둘째, 가장 보편적인 것은 오랜 기간 동안 스트레스를 받는 부정적인 환경 속(잦은 불화, 심한 잔소리, 엄한 권위 양육, 심리적 스트레스)에서 지냈

---

[34] John Wimber and K. Springer, 능력치유, 42.
[35] John and Mark Sandford, 축사 사역과 내적 치유(Deliverance and Inner Healing),심현석 역(서울:순전한나드, 2006), 62.
[36] Ibid., 67.

을 때이다.

셋째, 우리가 보기에 꼭 채워져야 하는 필요가 어느 수준에도 미치지 못하고 그만 좌절 되었을 때 부정적인 감정이 생긴다.

넷째, 자신이 세운 목표를 충분히 이루어 낼 수 있다고 믿었는데, 외부 환경이나 다른 사람 때문에 좌절 되었을 때 기본적으로 원망과 분노와 적대감이라는 쓴 감정이 생긴다.

다섯째, 계속해서 두려움이 되는 일을 접해야 하는 상황이나 또는 장기적으로 자신의 기본적인 자화상이 건드려지는 일이 생길 때(남들과 경쟁하는 직장이나 학교)는 불안과 긴장이란 내적 상처를 경험하게 된다.

여섯째, 자신 안에 있는 기준을 넘어서는 행동을 저질렀을 때의 죄책감은 고질적인 병처럼 될 가능성이 있다. 유아기에 거절당한 감정은 자아학대의 삐뚤어진 자화상이 생겨나게 되고 아동기에 질병을 앓았다거나, 어머니가 안 계셨거나, 부모의 이혼을 겪은 아이는 감정에 치명적인 해를 끼치게 된다. 가정상의 상처를 받게 되어 생활하는 삶의 단계에서 자신과 타인을 사랑하지 못하는 비정상적인 사람이 되어 버린다. 감정적으로 상처받은 영향은 일반적으로 사람의 행동이나, 태도에서 관찰할 수 있으며, 내적 상처로 인하여 밖으로 드러나는 증상을 이해해야 한다.[37]

그는 내적 상처가 있다는 증거로써 다음 증상을 열거하였다.
① 특별히 그럴만한 상황도 아닌데 감정적인 반응을 격하게 나타낸다.
② 감정의 변화가 있을 때에는 심한 통증이 따른다.
③ 어떤 경우에는 감정이 모두 억압되어 부자연스러워 보일 정도로 과묵

---

[37] Tom Marshall, 내면으로 부터의 치유(Healing from the Inside out), 이상신 역(서울:예수전도단, 2024), 108.

한 태도를 가지고 있다든지, 아니면 의존적인 태도를 취한다.
④ 자화상의 문제나 열등감의 문제가 있다.
⑤ 일반적으로 삶에 대해 비관적이며 부정적인 말과 태도를 비롯하여, 우울한 성격과 강박한 태도를 나타낸다.
⑥ 분명치 못하고 결단성이 없으며 극히 우유부단하다.
⑦ 생활환경이 무질서하고, 산만할 뿐만 아니라 제대로 정리할 줄 모른다.
⑧ 두려움이 앞선다. 자신에게 닥친 일이 많아질 때는 더욱 그렇다.
⑨ 도덕관념이 없다.
⑩ 흔히 여성인 경우 결혼해서 자녀 낳기를 원하지 않으며, 설사 아이들이 자랄 때에도 놀아주지 않으려 한다.
⑪ 내적인 상처를 안고 있는 그리스도인은 영적인 것에 의심이 많거나, 구원의 확신이 결여되어 있는 경우가 많다.[38]

결국 내적 치유란 '회개와 용서를 통해 정서(마음) 속에 쌓여 있는 영적 쓰레기들을 제거하여 통전적인 삶으로 변화되는 과정이다'라고 정의할 수 있다.

결론적으로 '치유 사역(healing ministry)'이란 '인간의 영과 마음과 몸이 병들고 부조화의 관계에 있는 사람들의 건강을 위하여 돌보아주고 치료해주는 통전적 사역'을 말한다. 하나님은 인간의 병을 고쳐주시는 치유자이시다. 그러므로 치유 사역자는 하나님의 주권아래 있는 것이다. 치유 사역을 인간에게 적용할 때 그 의미는 하나님께서 인간의 영·혼·육을 치유하시는데 그 치유의 은혜를 전달해주는 배달자 역할이란 뜻이다.

---

38) Ibid., 109.

사람은 하나님께서 하시는 일을 옆에서 수종들고 섬기며 동역하는 것뿐이다(고전3:9).

'치유 사역 훈련'이란 주님의 3대 사역인 복음 전파(preaching), 가르침(teaching), 모든 병과 약한 것을 고치심(healing)을 보다 전문적이고 체계적으로 잘할 수 있도록 주님의 사역을 모델로 삼아 가르치고, 훈련시켜 지속적으로 치유 사역이 확장되어 갈수 있도록 하는 '전문화 훈련 과정'을 말한다.

이와 같은 이해를 바탕으로 치유의 개념을 정의해 보면 '치유란 하나님의 은혜와 능력으로 영·혼·육의 인간 존재 뿐 아니라 생태(자연, 우주)와의 관계가 온전히 회복 되어 하나님의 백성으로 하나님 나라에서 영원한 삶을 누리도록 하는 과정' 이라고 말할 수 있다. 진정한 치유란 단지 질병의 회복단계로 끝나는 것이 아니라, 질병이 회복된 이후에도 계속적인 삶의 변화와 연관시켜 하나님 앞에서 헌신자의 삶을 사는 것을 의미한다.[39] 그래서 치유는 인간을 타락한 모습에서 하나님의 형상대로 회복시킴을 그 목표로 한다. 그 이유는 인간이 하나님의 형상대로 창조되었기 때문이다(창1:26). 하나님은 우리를 건강하게 살도록 온전하게 창조하셨다. 사람은 정신적으로나 육체적으로 건강하게 되기를 원하는 자연적인 본능을 가지고 있다. 따라서 우리는 치유의 과정에 참여해야 한다. 이러한 관점에서 건강과 구원은 양 날개와 같다. 즉, 참된 치유는 인

---

39) Paul Tournier, 인간치유(The Healing of Persons), 권달천 역(서울:생명의 말씀사, 2011), 140.
_____, 폴트루니에의 치유(A Doctor's Casebook in the Light of the Bible), 정동섭 역(서울:CUP, 2007)

간을 구원으로 인도하는 것이다.[40]

그러므로 통전적 치유(wholistic healing)의 개념은 하나님께서 창조하신 온전한 상태에서 손상된 부분을 다시 온전한 상태로 회복을 추구하는 과정을 말하며 또한 하나님과 인간, 인간과 인간, 인간과 사회, 인간과 자연과의 모든 관계의 회복과 조화를 이루어가는 과정을 의미한다. 그래서 치유의 범위는 영·혼·육의 모두를 치유하는 것과 마귀로부터의 해방과 자유 그리고 구원과 영생을 얻는 것까지를 포함한다.[41]

결론적으로 통전적 치유란 '예수그리스도의 보혈로 하나님과의 관계가 회복되고 하나님의 은혜로 전인인 영·혼·육이 회복될 뿐 아니라, 사회와 자연(우주)과의 관계도 회복되고 조화를 이루어 구원과 성화, 그리고 영생하는 모든 과정을 의미한다.'라고 정의할 수 있다.

---

[40] 한영제 편, "치료", 단권성경백과사전(서울:기독교문사), 835.
새성경신학대사전 편찬위원회 편, "치료", 새성경신학대사전 하(서울:아카데미아리서치), 2124.
정인찬 편, "치유(건강)", 성서대백과사전 제7권(서울:기독지혜사), 878~883.
강병훈 편, "치유", 쉐마주제별종합자료사전 제14권(서울:성서연구사), 526~530.
이재은 편, "치유", 기독교문화대백과사전 제21권(서울:성서연구사), 449~469.
[41] 염기석, 치유란 무엇인가(서울:쿰란출판사, 2012), 16~20.

II. 건강이란 무엇인가

  '병을 고치다', '병을 낫게 하다'는 영어 단어가 '힐(heal)'이다. 이 단어의 명사형이 '힐링(healing)'으로 바로 '치유'란 단어이다. 힐링이 동명사의 형태를 가졌다는 의미는 치유가 하나의 지속적이 과정으로 인식되었기 때문이다. 그러므로 고쳐지는 과정도 치유이며 고친받은 결과도 치유이다. 건강이란 치유의 결과를 말하는 것으로 건강과 치유는 동의어로 쓰인다. 또한 치유는 구원이라는 개념과도 함께 사용되어진다.[42] 건강이란 단어는 '헬스(health)'인데 고대어 '할(hal)'에서 유래되었다. Hal

---

42) 위르겐 몰트만(Jürgen Moltmann)은 '구원이란 말은 사실상 치유라는 뜻이며 상처를 낫게 해주는 것이야말로 구원의 구체적인 결과다. 그러므로 하나의 사건으로서의 구원(Saving)과 그 결과로서의 구원(Salvation) 그리고 그 구체적인 행위로서의 치유와 그 결과로서의 건강은 따로 떼어 놓을 수 없이 함께 존재한다. 구세주는 구원을 정확하게 말해서 치유행위, 곧 혼돈과 불멸에 쌓인 삶을 붙잡아 그것을 다시 완전하게 만드는 그 행위를 통해서 성취한다.'라고 말하였다.

은 기력이 왕성하거나 튼튼한 건강상태를 의미하는 '헤일(hale)'이며, 전체적인 건강의 조화를 의미하는 '홀(wohle)'에서 유래되었다.[43] 예전에는 단순히 질병이 없는 상태만을 건강이라고 생각했었다. 그러나 19세기 중반 이후에 건강을 육체와 정신, 두 가지 면에 의해 정의하게 되었다. 이 개념마저도 1940년대 이후에는 보다 포괄적이고, 관계적이고, 사회생활적인 개념으로 바뀌게 되었다. 건강한 상태가 무엇이냐에 대해서 세계보건기구(WHO)는 보건헌장에서 다음과 같이 정의하였다.

건강이란 단순한 질병과 허약의 부재상태만을 의미하는 것이 아니고 육체적, 정신적 및 사회적 그리고 영적인 안녕이 복합적으로 완전히 보장된 상태를 말한다.[44]

세계보건기구는 인간을 단지 육체, 혹은 정신의 관점에서만 바라보지 않고 생활하는 존재로 바라봄으로서 건강의 개념을 사회적 관점까지 확대시켰다. 그럼 사회적 안녕상태(social well-being)란 무엇인가? 인간이 사회적 존재로서의 기능과 역할을 다 한다는 뜻이다. 인간의 사회적 기능이란 늘 변화하는 것이 보통이다. 따라서 이와 같이 변화하는 복합적인 기능 분담에 그때그때마다 유효적절하게 적응해 나가는 것이 곧 사회적 안녕상태라고 보아야 할 것이다.[45] 건강의 척도를 간단히 나타낼

---

43) John A. Sanford, Healing and Wholeness(N.Y.:Paulist press, 2024), 6.
44) Constitution of the World Health organization.
    1974년에는 성적인 개방에 따른 성적 타락으로 건강정의에 '성적건강'이 추가되었고 1984년에는 영적 건강 없이 통전적 건강이 있을 수 없다는 생각으로 '영적 건강'을 인정하였다.
45) 양재모, 공중보건학 강의(서울:수문사, 2005),36.
    see 구성회, 공중보건학(서울:KMS, 2023).

수는 없으나 일반적으로 건강한 사람을 다음과 같이 말할 수 있다.[46]
① 질병이 없고 육체의 기능장애가 없는 상태
② 일상생활에서 삶의 보람을 느끼고 적당한 정력과 쾌활감이 있는 상태
③ 좋은 식욕과 안정된 몸무게를 유지하는 상태
④ 충분한 수면과 심신이 안락 하는 상태
⑤ 정서적 안정과 사회생활이 조화 있게 이루어진 상태를 건강한 사람이라고 말할 수 있다.

구약성경에는 우리가 상식적으로 말하는 건강이란 단어가 나오지 않는다. 개역개정성경에는 건강으로 번역된 구절이 두 군데 나온다.

첫째는 시편에 "주는 나를 용서하사 내가 떠나 없어지기 전에 나의 건강을 회복시키소서"(시39:13)라는 말씀이다. 여기서 건강은 히브리어로 '발라그(balag)'라고 하는데 '비추게 하다', '즐겁게 하다', '평안하게 하다'라는 뜻으로 건강하게 됨을 은유적으로 표현한 것이다.[47] 그러므로 시편의 말씀은 나를 용서하셔서 죄사함을 받고 영적인 힘을 회복하게 해 달라는 의미이고, 그 구원의 회복으로 말미암아 다시 웃을 수 있고 즐겁게 해달라는 간구이다.

둘째는 잠언의 말씀으로 '그것은 얻는 자에게 생명이 되며 그의 온 육체의 건강이 됨이니라'(잠4:22). 여기서 건강은 히브리어 '마르페(marpe)'를 번역한 것으로 앞에서 언급했듯이 '치유', '건강'등의 뜻으로

---

46) 서정교,김현영, New 공중보건학(서울:보문각, 2017), 9에서 재인용.
로고스편찬위원회 편, 스트롱코드 헬라어사전, 81~82.
47) 히브리 성경에는 14절로 되어있고, KJV에서는 '힘을 회복하다(recover, Strength)'로 번역하였으며, NIV는 '기쁨을 다시 회복하다(Rejoice Again)'로 NASB에서는 '다시 웃을 수 있게 하다(Smile Again)'로 번역하였다.

사용되었다.**48)** 이 구절에서 말하는 '그것'은 어떠한 약도 아닌 바로 '지혜'를 의미한다. 따라서 육체의 건강이 된다는 말도 은유적으로 사용된 말임을 알 수 있다. 즉 지혜는 그것을 얻는 자의 생명이 되며 통전적 건강함이 된다는 뜻이다. 이렇게 구약 성경에서 건강을 나타내는 단어들은 은유적으로 많이 사용되었다(렘30:17, 33:6). 구약 성경에서 건강의 가까운 단어는 '샬롬(shalom)'인데 '평화', '건강', '완전'의 의미가 있으며, 250회 사용되었다. 이 단어가 60회 정도는 '분쟁이 없는 안녕한 상태'(왕상 4:25)를 의미하고 있으며 25회 정도는 '작별인사나 문안인사'로 사용하였다(삿19:20, 삼상25:6). 구약에서 샬롬은 하나님께서 계약에 따라 행동하신 결과이자 공의의 결과이다(사32:17). 이 용어의 대부분은 하나님이 임재하신 결과로 나타난 충만한 상태를 묘사하고 있다. 특히 평화의 계약에서 그 언급이 나타난다(민25:12, 사54:10). 이 평화와 건강은 하나님께로부터 오는 선물이며 하나님의 은혜로 완성되는 것이다.**49)** 평화는 궁극적으로 하나님의 창조 속에 있으며 하나님의 은사다. 예언자들이 선포하고 소망가운데 기다리던 메시야는 평화의 왕이요, 평화로 통치하시는 분이다. 평화는 하나님에 대한 인간의 태도와 무관하게 주어지는 것이 아니라 인간이 하나님의 의지에 기초하여 정의를 행하고 하나님과의 계약관계를 올바르게 지킬 때에만 현실화 되는 것이다. 즉, 하나님의 의의가 평화의 본질적 요소가 되며 건강과 의의는 분리될 수 없는 관계이다. 건강은 하나님의 말씀에 순종하는 것으로 시작된다. 하나님의 말씀에 순종하여 의의를 이루면 하나님의 축복을 받고 그로 인해 영적, 정신적, 육

---

48) 대부분의 영어번역사들은 Health로 번역하였다.
49) R Laird Harris, Gleason L Archer, Bruce K Waltke, 구약원어신학사전 voll. Ⅰ, (Theological Wordbook of the Old Testament), 번역위원회 역(서울:요단출판사), 1163~1164.

체적 건강 뿐 아니라 경제적, 사회적 건강과 민족과 국가 전체에 평화가 임하는 것이다. 이 평화가 임한 상태가 바로 건강이다. 그러므로 구약에서의 건강은 신적, 종교적, 윤리적인 측면을 가진다고 볼 수 있다. 히브리적 사고에서 건강을 위한 삶이란 하나님의 뜻대로 살아가는 삶이다. 구약에서 인본주의적인 의사가 나오지 않는 이유가 바로 이 때문이다. 그러므로 구약에서의 건강은 하나님의 '평화', '하나님의 공의가 적용된 상태'라고 정의할 수 있다.

　　신약은 건강에 대하여 평화의 개념에다가 구원의 개념을 추가시켰다. 신약성경은 주님께서 행한 다양한 질병의 치유들을 묘사하고 있는데 이때 '소조(sozo, 구원하다)'라는 동사를 사용하였다. '소조'는 ①자연적인 위험이나 피해에서 구출하거나 그것을 당하지 않게 하는 것 ②영원한 죽음에서 구원하거나 영원한 죽음을 당하지 않게 하는 것을 의미한다. 인간의 '육'을 가리키는 '소마(soma)'가 이 단어에서 유래되었다.[50] 이 말은 치유와 구원이 같은 의미라는 뜻이다. 따라서 신약에 있어서 건강이란 '주님의 은혜(능력)로 치유 받아 구원받음'이라고 말할 수 있다. 왜냐하면 구원과 치유가 동의어로 쓰이기 때문이다. 그리스어로 '건강한', '건강해지다'라는 단어로 '휘기에스(hügies)', '휘기아이노(hügiaino)'가 있는데 이 단어는 육체적으로 건강한 것뿐만 아니라 정신이나 영적으로 또는 삶의 행실이 건전하고 바른 것, 진실함 등을 표현할 때 쓰는 말이다.[51]

---

50) 로고스편찬위원회 편, 스트롱코드 헬라어사전, 1026~1027.
51) Ibid., 1042.
　　요삼1:2, 눅5:31, 딤전1;10 등에서 휘기아이노는 동사형으로 나온다. '건강한 자', '바른 교훈', '온전케 하고'라고 번역되었다.

신약에서 이제까지의 모든 논의를 함축할 수 있는 건강의 개념을 찾으라면 단연 하나님 나라의 회복이다. 치유의 정의가 하나님 나라의 회복이듯이 건강도 하나님 나라가 온전히 회복된 상태, 하나님 나라가 임재한 상태를 의미한다. 인간의 영·혼·육을 비롯하여 사회, 환경, 자연 모두를 포함하여 하나님 나라가 건설되는 것이야말로 진정한 의미에서의 건강이다. 구약의 평화의 개념과 신약의 구원과 치유의 개념이 함께 녹아져 있는 하나님 나라가 건강 그 자체이다.

위에서 살펴본 바와 같이 신·구약 성경이 의미하고 있는 건강의 개념을 영역별로 정리하면 다음과 같다.

첫째, 영적 건강이란, 중생하여 성령충만함을 받고 성령의 열매를 맺는 생활을 하며, 하나님의 뜻을 실현하기 위해 악한 영과의 싸움에서 승리하는 상태를 말한다.

둘째, 혼적 건강이란, 다른 사람과 만족스러운 인간관계를 이루고 유지해 가는 것을 말하며, 변화하는 상황 속에서도 마음의 평화를 유지하고 자신의 마음을 조절할 수 있는 능력과 바른 대인 관계를 유지해 나가는 상태를 말한다.

셋째, 육적 건강이란, 세균 혹은 사건, 사고에 대한 저항력과 파괴력이 균형을 유지하는 상태를 말한다. 예를 들면 병균이 침투해도 저항력이 파괴력을 이겨내고 균형을 이루는 것을 말한다.

넷째, 사회적 건강이란, 정치적 자유와 경제적 평등이 실현되며, 모든 사람이 진리 안에서 자유와 평화를 누리고 질서와 신뢰와 조화를 이루는 상태를 말한다.

---

52) 권양순, "기독교적 관점에서 본 전인치유의 효과적 방법연구"(석사학위논문, 아세아연합신학대학원, 1986), 24에 있는 내용과 필자의 내용이 합쳐진 것이다.

다섯째, 자연·환경적 건강이란, 인간이 자신의 이익을 위해 자연을 파괴하지 않고 인간과 자연이 서로 공존하고 인간과 우주가 일체가 되는 상태를 말한다.52)

폴 투루니에(Paul Tournier, 1898~1986)는 건강하고 신실한 기독교 신앙은 비현실세계에서로의 도피가 아니라 오히려 구체적인 삶의 체험에 있다고 강조하면서 다음과 같이 말했다.

> 모든 사람들 앞에는 세 가지 길이 있다. 첫째, 하나님이 없는 현실이다. 이것은 물질주의자들의 분리이다. 둘째, 현실이 없는 하나님이다. 이것은 허위 신비주의자들의 분리이다. 셋째, 하나님도 있고 현실도 있는 길이다. 이것은 기독교의 신앙이다. 이 마지막 길이 가장 어려운 길이다. 왜냐하면 하나님의 부르심에 귀를 기울이지 않고 우리 자신이 보는 대로 사는 것이나, 현실에 대하여는 눈을 감고 하나님의 부르심을 감상적으로 받아들이는 삶이 훨씬 더 쉽기 때문이다. 물질주의자나 이상주의자가 되기는 쉽다. 그러나 그리스도인이 되기는 어렵다.53)

---

53) Paul Tournier, 인간치유, 140~141.
    그는 스위스 출신으로 내과 의사이자 정신의학자였다. 기술적인 의학만 존재하던 시기에 의사와 환자가 인격적으로 만나야 하고 의술과 인간이해, 종교가 결합해야만 치유가 가능하다는 '인격의학'을 주창하여 주목을 받았으며 현대 심리학과 기독교를 통합시키는데 지대한 공헌을 하였다. 그는 진정한 치유란 "단지 질병의 회복단계로 끝나는 것이 아니라 질병이 회벽된 후에도 계속적인 삶의 자세까지 연관시켜 하나님 앞에서 헌신자의 삶을 살아가는 것"이라고 보았다. 또한 회복된 건강을 어떻게 할 것이냐 하는 것이 건강 그 자체보다 훨씬 중요하다고 생각했다.

그는 하나님도 있고 현실도 있는 삶 가운데서 진정한 치유가 일어난다고 주장하였다. 조무성은 '전인'과 '건강'을 설명하면서, 전인 건강(holistic health)이란 '마음과 몸, 그리고 사회 및 자연 환경의 건강을 타나내는 일반적인 의미이며, 특히 성경적인 관점에서의 전인 건강을 말해야 한다'라고 말했다. 전인 건강 개념을 표현하는 영어로는 holistic health, wholistic health, whole person health, total health 등 여러 가지가 있다. 그 중 Holistic Health가 가장 많이 쓰이고 있으며, 기독교 아닌 다른 종교적인 배경이나 사상들이 혼합되어 쓰이는 경우도 많이 있다. 전인 건강은 마음과 몸의 건강 외에 보다 포괄적으로 사회나 환경의 건강을 포함하는 의미인 총체적 건강(total health)을 말한다. Holistic health는 마음과 몸의 통일체인 인격체의 건강에 보다 초점을 두는 개념이며, 전 인격체의 건강(whole person health)의 의미와 유사하다. 전인 건강의 범위를 어떻게 규정하며, 그에 따라 어떤 명칭이 더 나을지는 관점에 따라 다양한 견해가 나올 수 있다. 인격체와 그 인격체를 둘러싼 사회나 자연 환경이 긴밀하게 연결되어 있기 때문에, holistic health나 hole person health도 사회나 자연 환경을 포함하여 넓게 정의할 수 있다.[54]

---

54) 조무성, 암과 싸우는 10가지 방법(전인치료, 전인건강, 삶의 의미를 위한 암투병 팡세)(서울:예영커뮤니케이션, 2000), 405.
참조. 전우택 편저, 의료선교학(서울:연세대학교출판부, 2004), 126~127.

III. 질병이란 무엇인가

1. 질병의 어원

구약에서 질병을 의미하는 동사 '할라(chalah)'는 '힘이 빠지다', '피곤해지다', '약해지다', '고통당하다', '슬퍼하다'라는 뜻이다. 이 단어는 오랜 여행 후에 오게 되는 피곤함(사57:10), 육체적 손상으로 오는 질병(잠23:35), 전쟁에서 겪는 상처(왕하8:29), 낙상으로 다치게 되는 상처(왕하1:2), 다양한 원인의 질병(창48:1, 왕하20:1), 아사의 발에 들은 병(왕상15:23), 희생을 드리기에 합당하지 못한 짐승의 상태(말1:8, 1:3) 등에 사용되었다. 이 단어에서 파생된 '타할루임(tahaluim)'은 복수형으로 '질병들'을 가리킨다. 또한 이 단어는 '마음의 병'도 포함되며(아2:5, 5:8, 삼상22:8), 명사인 '홀리(choliy)'는 육체의 질병(대하16:12, 21:15)이나 여러 가지 물리적 요인(왕하1:2)으로 인하여 병들게 되는 것을 말하면서 상징적으로 국가와 민족에 대하여(호5:13), 주어진 재앙에 대하여(전6:2) 사용되기도 하였다.

또 다른 단어로 '마크오브(makob)'가 있는데 질병으로 인한 고통을 가리키는 것으로 이사야 53장 3~4절에 '간고(艱苦)'라고 번역되어 있다. '마크오브'는 영적 혹은 육체적 질병을 가리키기도 하며 슬픔으로 번역되기도 한다. 같은 단어를 선지자 예레미야는 예루살렘의 영적 타락에 대하여 사용하고 있다(렘6~7장). 그 외 파생어인 '마하레(mahaleh)'는 '질병', '허약함'을 뜻하고(대하21:15, 잠18:14), '마하루이(mahaluy)'는 '병' 혹은 '상처'라는 의미로 사용되었다(대하24:25).[55]

신약성경에서 '질병'을 의미하는 '아스데네이아(astheneia)'는 '약함', '질병'등을 의미하는데 '병들어 힘이 없는 상태'를 의미하며(막6:56, 눅4:40) 육체적인 질병(마10:8), 내적인 가난이나 무능함(롬8:3), 경제적인 가난(행20:35)등에 사용되었다.[56]

그 외 '말라키아(malakia)'는 '약한 것'을 의미하며 형용사 '카코스(kakos)'는 '나쁜 병', '악령을 가지고 있는 상태'(마4:24, 막1:32)를 묘사하고 '캄노(kamno)'는 '병들다'(약5:15)로, '노소스(nosos)'는 '마음의 근심, 걱정' 등을 의미한다(딤전6:4).[57]

결국 질병이란 다음과 같이 요약할 수 있다.

첫째, 영적으로 중생하지 못한 영이 죄의 지배를 받고 있는 상태이거나 중생한 그리스도인이라 할지라도 성령의 지배를 받지 못하고 인간의 타락한 육체의 본성을 쫓거나(갈5:19~21), 마귀의 지배를 받는 상태를 말한다.

---

[55] R Laird Harris, Gleason L Archer, Bruce K Waltke, 구약원어신학사전 vol. I, 356~357. 로고스편찬위원회 편, 스트롱코드 히브리어사전, 180~181.
[56] Gerhard Kittel, Gerhard Friedrich, "병", 신학성서 신학사전, 92)
[57] Ibid., 733~735.

둘째, 혼적 질병으로 마음의 평온이 깨진 상태로 불안, 공포, 초조, 질투, 시기, 분노 등에 휘말려 적절한 감정을 초월하거나 표현하거나, 조절하지 못하는 상태를 말한다.

셋째, 육적 질병으로 저항력과 파괴력의 균형이 깨져 병균이 침투할 때 저항력이 파괴력을 이기지 못한 상태를 말한다.

넷째, 사회적 질병으로 정치적 억압과 독재, 경제적 불평등으로 인해 민족전체가 고통을 당하고 있는 상태를 말한다.

다섯째, 자연·환경적 질병으로 인간이 자연을 파괴함으로 지구와 자연이 오염되어 각종 재난과 질병이 발생하는 상태를 말한다.[58]

결론적으로 '질병'이란 '하나님께서 창조하신 온전한 상태에서 벗어나 손상되어 하나님과 개인과 이웃과 자연과의 부조화'를 의미한다. 결국 하나님과 모든 피조물들 사이에 조화를 이루지 못하고 무질서와 불균형의 상태에 있는 것을 말한다.

2. 질병의 원인

성경은 하나님의 형상을 따라 온전하게 지음 받은 인간에게 어떻게 질병과 같은 불행이 찾아오게 되었는가에 관하여 자세히 기록하고 있다.

첫째, 질병의 원인은 인간의 원죄와 관련이 있다. 하나님께서 처음 아담과 하와를 창조하셨을 때 질병과 죽음이 없는 온전한 상태로 창조하셨다. 그러나 하나님의 말씀에 불순종하여 선악과를 따 먹고 범죄를 저지른 결과 그 죄의 값으로 질병과 죽음이 찾아왔다. 인간이 죄를 지음으

---

58) 권양순, 27에 있는 내용과 필자의 내용이 합해진 것이다.

로 하나님과의 교제가 단절되고 영적으로 죽음이 왔으며(창3:22~24), 정서적으로는 불안과 공포가 인간 내면을 지배하게 되었다(창3:8~10). 그리고 영적인 죽음이 육신의 죽음으로 이어지게 되었다(창3:19). 죄값으로 영·혼·육 전인이 이렇게 병들고 죽게 된 것이다(롬6:23). 또한 주위 환경마저도 인간의 죄로 인해 저주를 받았다(창3:18). 성경은 이렇게 질병의 원인이 일차적으로 원죄와 관련이 있다고 말하고 있다. 원죄뿐만 아니라 개인이 범한 죄와도 관련이 있다. 주님께서 38년 된 병자를 고쳐주시고 '다시는 죄를 범치 말라'(요5:14)고 말씀하신 이유는 그 사람의 질병 원인이 그가 범한 죄와 관련이 있다는 것을 암시하고 있는 것이다.

웨스트민스터 신앙고백(The Westminster Confession of Faith)서 제6장 1~6절에는 '인간의 타락, 범죄, 그리고 그에 대한 형벌'에 대해 다음과 같이 고백하고 있다.

① 인간들의 시조(始祖) 아담과 하와는 사탄의 간계와 유혹을 받아 금지된 열매를 따먹음으로써 범죄를 저지르게 되었다. 그들의 죄에 대하여 하나님께서는 자신의 지혜롭고 거룩한 뜻에 따라 기꺼이 허용하셨다. 이는 그것을 다스려 자신의 영광을 드러내시기로 작정하고 계셨기 때문이다.

② 이 죄로 말미암아 그들은 본래의 의(義)를 상실하게 되었으며, 하나님과의 교제가 단절되었다. 그리하여 인간들은 죄의 결과로 사망에 이르게 되었고, 그들의 영과 육의 모든 부분과 모든 기능들이 전적으로 더럽혀졌다.

③ 그들은 모든 인류의 시조이기 때문에 그들이 범한 죄의 책임은 모든 후손들에게 전가되었다. 죄로 인한 그 동일한 죽음과 부패한 성품이 대대로 유전되어 내려온 것이다. 이는 그 후손들이 통상적인 방법으로 출생함으로써 조상들의 모든 것을 유전 받았기 때문이다.

④ 이 최초의 부패로 말미암아 인간에게는 선한 마음이 전혀 없을뿐더러 그것을 행할 능력도 없게 되었다. 그 대신 전적으로 악을 행하는 성향만 남아 있다. 이는 근본적인 죄로 말미암는 것이며 거기서부터 인간들의 모든 실제적인 죄들이 발생하게 되었다.

⑤ 이러한 본성의 부패는 이 세상을 살아가는 거듭난 성도들 가운데도 여전히 남아 있다. 비록 그 부패성이 그리스도를 통하여 용서받고 억제되고 있다 할지라도 부패한 본성 자체와 그로부터 나오는 모든 행동들은 완전히 죄악된 것이다.

⑥ 원죄와 자범죄 등 모든 죄들은 하나님의 의로운 율법에 대한 범행이며 위반이다. 또한 죄인인 인간들은 자체의 성질로 인해 죄책을 가지게 된다. 그리하여 인간은 하나님의 진노와 율법의 저주 아래 결박되어 죽을 수밖에 없으며 영적으로 육적으로 그리고 영원토록 비참한 상태에서 벗어날 수 없다.[59]

둘째, 질병의 원인은 귀신과 관련이 있다. 성경은 귀신이 원인이 되어 발생한 질병에 대해 여러 군데에서 증거하고 있다. 예수님은 많은 병자들에게서 귀신을 쫓아냄으로 그 병을 고쳐주셨다. 귀 먹고 벙어리 되고 간질하는 아이(막9:20~29), 청각장애, 언어장애, 뇌전증이 있는 아이

---

[59] 이광호, 웨스트민스터 신앙고백(서울:도서출판 깔뱅, 2018), 26~27.
웨스트민스터 신앙고백서는 종교개혁시대 이후 영국을 포함한 서구의 교회들이 빛을 잃어 세속화되고 국가와 사회가 혼란스러운 시기인 17세기 중엽 영국에서 작성되었다. 그것은 올바른 교회를 확립하고자 하는 역사적 몸부림이었으며 하나님의 놀라운 은혜가 있었다. 혼탁한 시대에 처한 교회의 요청에 따라 성경의 가르침을 절대 표준으로 삼는 121명의 목사 및 신학자들과 18명의 귀족들, 그리고 20명의 하원의원들 등 총 159명의 성도들이 영국의 런던에 위치한 웨스트민스터사원에 모여 약 5년 8개월(1643.7.1~1649.2.22)에 걸쳐 신앙고백서를 작성하였다.

(눅13:11~13) 등 모든 사람들이 귀신에게 억압되어 있었으며 그 귀신들을 쫓아냄으로 질병에서 해방시키셨다. 이와 같이 악한 영들은 인간 내면에 들어와 인간을 파괴하고 있다. 우리도 악한 영을 쫓아냄으로 인해 하나님 나라가 이 땅에 건설될 수 있게 만들어야 한다.

셋째, 질병의 원인은 스트레스와 상한 감정과 관련이 있다. 인간은 영·혼·육이 유기적으로 결합되어 있기 때문에 어느 한 부분에 고통이나 아픔이 오면 모든 부위에 영향을 받게 된다. 스트레스나 정신적인 충격은 고혈압, 갑상선, 천식, 위장장애, 관절염, 피부병들을 일으켜서 인간에게 고통을 주고 있다.

넷째, 질병의 원인은 잘못된 삶과 습관과 관련되어 있다. 대부분의 육체적 질병은 갑자기 발생하는 것이 아니라, 점진적으로 잘못된 삶의 방법으로 인해 나타난다. 하나님의 부르심에 따라 신실하게 살아야 함에도 불구하고, 하나님께 복종하기는커녕 불순종하기 때문에 질병이 걸리게 된다. 우리는 건강한 삶을 살기 위해서 창조하신 건강의 원리를 이해하고 자연법칙에 순응해야 한다. 잘못된 식습관, 일중독, 비윤리적 생활 등이 쌓여서 결국 자기 자신에 해를 가져다주는 경우가 너무나 많이 있다.

다섯째, 질병의 원인은 유전과 사회 환경적 요인과 관련이 있다. 유전적 질환, 공해, 오염, 핵, 천재지변, 불의의 사고 등이 질병을 일으킨다.

여섯째, 질병의 원인은 하나님과 관련이 있다. 하나님은 치료하시는 분이시면서 동시에 질병을 내리시는 분이시다(출15:26). 하나님은 우리를 찢으시기도 하고, 싸매시기도 하시며, 상처를 내시기도 하시고, 다시 아물게도 하신다(호6:1). 하나님이 우리의 고통과 질병의 원인이 되신다는 말씀은 모세오경과 예언서에 굉장히 많이 나온다. 그렇다면 왜 하나님은 우리에게 질병을 내리시는가? 그것은 질병 자체가 목적이 아니라 질병을 통해 무엇인가를 이루시려는 의도 때문이다.

우리는 하나님의 의도를 대략 세 가지로 나누어 볼 수 있다.

① 우리를 구원하시기 위한 의도이다. 하나님은 우리에게 고통을 주시기 위해 창조하시지 않았다. 즉 심판이 아니라 구원이 목적이다. 그러므로 성경은 질병이나 고통도 하나님의 구원사역의 일환으로 증언하고 있다(요3:17). 우리가 죄를 짓고도 돌이키지 않음으로 인해 우리에게 질병도 내리시고 고통과 실패를 경험하게 하신다. 하나님은 질병의 고통 속에서 회개하고 하나님께로 돌아오기를 원하신다. 우리가 돌아오면 하나님은 구원하시고 다시 우리를 고치신다.

② 교훈과 교육을 위한 의도이다. 하나님은 의에 대한 교육을 위해 심판의 고통이나 질병을 내리신다. 하지만 악인은 하나님께서 은혜를 베푸셔도 옳은 일 하는 것을 배우려 하지 않는다. 그러므로 우리는 질병의 고통 속에 숨겨진 하나님의 의도를 잘 살펴 그것을 통해 하나님과 그리스도를 배우고 알아야 한다(엡3:16~19).

③ 우리의 신앙을 보다 높은 차원으로 이끄시기 위한 의도이다. 이는 질병으로 인한 고통이 연단의 의미를 갖는다는 말과 같다. 성화된 삶과 성령충만을 위해 성령님께서 거하시는 우리의 몸을 정결하게 하시는 과정이 연단이다. 사도바울은 연단을 통하여 소망을 이룬다고 간증하였다(롬5:3~4). 그 소망은 그리스도로 말미암아 하나님과 화목을 이루고 결국 영생에 이르게 하는 것이다(롬5:11).[60]

---

60) 악은 반드시 극복해야만 하는 대상으로 볼 것인가 아니면 악을 하나의 섭리로 볼 것인가 하는 문제에 대해서는 전통적으로 두 가지 견해가 있다. 아우구스티누스(Aurelius Augustinus, 354~430)는 악을 극복해야 할 대상으로 본다. 그래서 종국에는 영생과 영벌이라는 두 가지 심판론으로 결론짓는다. 그러나 오리게네스(Origenes, 185~254)나 이레니우스(Irenaeus, 140~203) 등과 같은 초기 교부들은 악을 하나의 섭리로 보며 종국에는 모두가 하나님의 구원하심 속에 이르게 된다고 본다. 즉 '만유화해론'으로 결론을 짓는 것이다. 섭리론에 대해 부정적인 사역자들은 아우구스티누스 신학에 기초하고 있기 때문이다.

〈표1-2〉 질병의 10가지 원인 [61]

	원 인	말 씀	치 료
1	사단으로 인한 질병	욥2:7, 눅13;16, 행10:38, 고후12:7	하나님께 의지하고, 예수의 이름으로 사단을 대적하라
2	귀신으로 인한 질병	마9:32, 12:22, 막9:17, 눅11:14, 13:11	금식과 기도(막9:29)와 말씀(마4:4, 6, 10, 8:16)에 의지하여, 성령을 힘입어 (마12:28) 병들게 하는 귀신을 예수의 이름으로 저주(행16:18)하라
3	죄로 인한 질병	신28:20~22, 마9:2, 요5:14, 약5:15~16, 요9:1~2	죄를 회개하고(요일1:9,사1:18), 병 낫기를 위해 기도(약5;16)하라
4	주님의 징계로 인한 질병	계2:22	경히 여기지 말며, 낙심치 말고 (히12;5), 영의 아버지께 더욱 복종(히12:9)하라
5	은혜의 질병(교만치 않게 하기 위해)	고후12:7~10	겸손한 마음으로(잠16:18) 순종(삼상15;22)하라
6	성만찬 때 경건치 못함으로	고전11:29~30	경건한 마음으로 성만찬에 참여하라
7	하나님의 영광을 위한 병	요9:3, 11;4	하나님의 때(전3;2)가 이를 때까지 소망을 갖고 참아 기다리라
8	천사로 인하여 생길 수 있는 병 (사고)	창32:25	하나님 말씀에 순종하라
9	자연적인 현상, 육체적인 조건, 인간의 부주의로 인한 질병	딤전5:23	가능하면 약을 써도 무방하다(딤전5;23, 왕하20:1~7, 막8:23~26)
10	죽을병	왕하13:14, 사31:1~8	하나님께 부름을 받거나 히스기야 왕처럼 간절히 기도함으로 생명 연장을 축복으로 받을 수 있다 (사31:1~8).

61) 전요셉, 정신장애와 귀신 쫓음(서울:문성, 2019), 314.

IV. 치유 사역의 필요성

　　예수님의 사역 가운데 대부분이 치유 사역이었다. 예수님과 제자들 그리고 초대교회는 치유 사역을 아주 중요하게 여겼다. 치유 사역의 필요성은 다음과 같다.

　　첫째, 치유 사역은 예수님의 명령이다. 예수님은 직접 치유 사역을 하셨을 뿐만 아니라 제자들에게 가르치고 훈련시키신 후 병든 자들을 치유하라고 명령하셨다(마10:7~8, 막16:17~18, 약5:14~16). 이것은 치유 사역이 자신으로 끝나지 않고 앞으로 교회시대에도 계속 이어지게 하기 위함이었다. 주님은 제자들에게 모든 질병과 귀신을 제어하는 권세를 주셨다. 주님의 명령이기 때문에 주님을 따르는 모든 백성들은 누구나 치유 사역을 해야 한다. 치유 사역을 안하는 것 자체가 불순종이다. 교회는 그리스도인들이 치유 사역을 할 수 있도록 가르치고 훈련시켜야 하며 훈련을 통한 적용으로 교회를 부흥시켜야 한다.

　　둘째, 치유 사역은 하나님께 영광 돌리는 일이다. 인간의 제일 되는 목적은 하나님께 영광을 돌리는 것이다.[62] 예수님께서 치유 사역을 하셨을 때에 비난하고 핍박하는 사람들도 있었지만 대부분의 사람들은 놀라워하고 두려워하며 하나님께 영광을 돌렸다(막2:11~12, 눅7:13~16). 병든 자가 고침을 받는 것은 하나님께서 사랑과 권능을 나타내서 고치신 것이며 선하고 영광스러운 일이다(행10:38).

셋째, 치유 사역은 주님을 기쁘시게 하는 일이다. 누가복음 10장에 70인의 제자들이 주님의 보냄을 받고 나가서 사역을 한 후 돌아와 "주여 주의 이름으로 귀신들도 우리에게 항복하더이다"라고 보고를 드렸다. 주님께서 보고를 들으시고 성령으로 기뻐하셨다(눅10:21). 주님은 제자들이 귀신을 쫓아내고 병든 자들을 고친 치유 사역으로 인하여 기뻐하시고 하나님께 감사기도를 드렸다(눅10:21~22). 이렇게 치유 사역은 주님을 기쁘시게 해 드리는 일이다. 그러므로 믿는 자들에게 치유 사역을 훈련시켜 치유 사역을 할 수 있도록 해야 한다.

넷째, 치유 사역은 사랑의 표현이다. 하나님은 사랑이시며(요일4:8), 그 사랑은 치유로 표현된다. 성부 하나님께서 병든 자들을 불쌍히 여기시고 치유해주시기 원하셨기 때문에, 성자 하나님을 보내어 십자가에 달려 죽게 하심으로 우리 모든 질병을 고쳐 놓으시고 구원시키셨다(사53:4~5). 주님께서는 육신을 입고(incarnation) 오셔서 하나님의 사랑을 이 땅에 표현하셨다. 가는 곳 마다 병자들을 보고 민망히 여겨 손을 내밀어 만지시며 치유하여 주신 것이다(막1:40~42). 이 치유는 십자가의 고난과 부활을 통하여 완성되었다. 오늘날 교회가 병자들을 불쌍히 여기고

---

62) 대한예수교장로회헌법개정위원회, 대한예수교장로회총회 헌법(서울 : 장로교출판사, 2023), 40.
제3부 요리문답에 보면, '사람의 제일 되는 목적은 하나님을 영화롭게 대하고 영원토록 그를 즐거워하는 것이다'(요17:22, 고전10:31, 롬11:36, 시73:24~26)라고 기록되어 있다.

치유해야 될 이유가 여기에 있는 것이다. 하나님의 사랑을 받은 믿는 신자들은 그 사랑을 치유를 통해 표현해야 한다.

다섯째, 치유 사역은 해방의 축복이다.

> 주 여호와의 영이 내게 내리셨으니 이는 여호와께서 내게 기름을 부으사 가난한 자에게 아름다운 소식을 전하게 하려 하심이라 나를 보내사 마음이 상한 자를 고치며 포로된 자에게 자유를, 갇힌 자에게 놓임을 선포하며 여호와의 은혜의 해와 우리 하나님의 보복의 날을 선포하여 모든 슬픈 자를 위로하되 무릇 시온에서 슬퍼하는 자에게 화관을 주어 그 재를 대신하며 기쁨의 기름으로 그 슬픔을 대신하며 찬송의 옷으로 그 근심을 대신하시고 그들이 의의 나무 곧 여호와께서 심으신 그 영광을 나타낼 자라 일컬음을 받게 하려 하심이라(사 61:1~3).

치유는 환자 본인이나 가족이나 주위 사람들에게 큰 기쁨을 주며 참 자유와 축복을 가져다주는 선한 사역이다. 치유는 하나님께서 우리를 축복해 주시기 위해 은혜와 권능을 나타내시는 특별한 순간이다.

여섯째, 치유 사역은 하나님의 말씀을 확실하게 증거하는 표적이다. 말씀이 말씀되게 하기 위해, 복음이 복음 되게 하기 위해, 진리가 진리 되게 하기 위해 그 증거로 치유는 필수적이다. 주님께서 뇌혈관 질환자를 고쳐주심으로 자신의 말씀이 진리이며 죄를 사하는 권세가 있는 메시야임을 증거하셨다(눅5:18~26). 치유는 전해진 말씀이 진리이며 사실이라는 것을 증거 해 주는 하나의 표식이다. 그냥 언어로 전하는 것 보다 표적과 기사로 치유로 복음을 전할 때 확실하게 믿음이 생겨나는 것이다.

일곱째, 치유 사역은 이 땅에 하나님의 나라를 세우는 것이다. 하나님의 나라는 말에 있지 않고 그 능력과 권세에 있으며 하나님의 능력과 권세에 기초한 하나님의 나라가 세워지는 것이다. 우리는 하나님의 나라를 세우고 대적자인 귀신들을 내어 쫓고 병든 자들을 치유하는 사역 속에서 온전한 하늘나라를 체험할 수 있다.

여덟째, 치유 사역은 부흥의 원동력이다. 하나님 나라의 임재를 체험케 하는 치유가 동반된 선교는 많은 사람들이 복음을 믿도록 하는 능력이 되고 부흥의 기초가 된다. 사도베드로가 모여 든 군중에게 복음을 전하자 말씀을 듣는 사람 중에서 믿는 자가 오천 명이나 된 것은(행 3:2~4:4) 사도 베드로가 성전 미문에 앉아 구걸하는 나면서부터 신체장애인이 된 자를 일으키는 치유를 행했기 때문이었다.

| 제2장 |

기독교적 인간이해

하나님이 이르시되 우리의 형상을 따라 우리의 모양대로 우리가 사람을 만들고 그들로 바다의 물고기와 하늘의 새와 가축과 온 땅과 땅에 기는 모든 것을 다스리게 하자 하시고 하나님이 자기 형상 곧 하나님의 형상대로 사람을 창조하시되 남자와 여자를 창조하시고 하나님이 그들에게 복을 주시며 하나님이 그들에게 이르시되 생육하고 번성하여 땅에 충만하라, 땅을 정복하라, 바다의 물고기와 하늘의 새와 땅에 움직이는 모든 생물을 다스리라 하시니라 (창1:26~28)

Ⅰ. 하나님의 형상으로 창조된 인간

성경은 인간이 하나님의 형상(Imago Dei)으로 창조되었다고 증거한다(창1:27, 2:7). 이러한 성경의 견해는 인간이 오랜 기간을 통해 진화된 것으로 보는 진화론을 부정하는 것이다. 인간이 하나님의 피조물이라고 할 때 이것은 하나님과의 관계를 나타내는 말로서 인간의 모든 삶이 궁극적으로 하나님과의 관계 속에서 이루어진다는 의미이다.[63] 즉, 하나님과의 관계 속에서만 인간은 참된 존재의 가치가 있다는 말이다. 인간이 하나님의 형상대로 창조되었다는 것은 구체적으로 구약에 세 번밖에 언급되어 있지 않지만(창1:26~27, 5:1~2, 9:6), 이 구절은 모든 창조기사의 핵심이다. 하나님의 형상에 의하여 창조된 인간에 대한 언급은 모두

---

63) 폰 라드(Von Rad)는 하나님의 형상으로 창조되었다는 것은 형상적인 삶을 의미하는 것 보다는 '닮은 어떤 것'이 주어졌다는 것을 의미하는 것으로 보았고, 아우구스티누스는 하나님의 형상은 인간 속에 있는 혼(soul)의 파워를 형성하는 기억력, 지성과 의지를 포함하는 것이라고 보았다.

예루살렘 성전을 중심으로 성전에서 일하던 제사장들에 의해 보존되고 전승되어 내려온 구절들이다. 제사장 전승은 인간의 창조를 하나님 창조 사역의 완성품으로 기록하고 있다. 즉 인간의 창조는 다른 피조물의 창조와는 달리 특별한 창조임을 분명히 밝히고 있다.[64]

다른 피조물들의 창조는 모두 그 종류대로 창조되었다. 그런데 인간만은 그 종류대로 창조된 것이 아니라 하나님의 형상대로 창조되었다. 인간의 창조는 다른 피조물과는 근본적으로 다른 특별한 창조임을 밝혀 주는 것이다. 하나님은 다른 피조물의 경우에는 일방적 선포를 통해 창조하셨다. 그러나 인간의 경우에만 특이하게 의논의 형태가 되는 1인칭 복수사역 형태로서 인간을 창조하셨다. 여기에는 히브리어 '바라(bara)'라는 동사가 집중적으로 사용되었다. '창조하다'라는 뜻을 가진 '바라'는 구약에 모두 49회 사용되고 있다. 이 단어는 '만들다', '형성하다'의 '아사르(yasar)'와는 다른 뜻이다. '아사르'는 이미 있는 재료를 가지고 어떤 대상을 만드는 것이고 '바라'는 그 어떤 대상의 시작을 의미하기 때문이다. '무(無)로부터(ex nihilo)'라는 개념을 가진 '바라'는 천지창조보다 인간창조에 더 반복적으로 사용되었다(창1:26~27). 이것은 인간창조가 특별한 것이었음을 강조한 것이다.[65]

창세기 1장의 창조 사역은 6일에 걸쳐 이뤄진 것으로 기록되어 있다. 그런데 인간이 창조된 여섯째 날만은 유독 날짜 앞에 히브리어 정관사 '하(ha)'가 붙어 있다. 즉 여섯째 날만은 '그 여섯째 날'이라고 관사를 사용함으로 다른 창조의 날보다 구별된 특별한 날임을 암시해 주고 있

---

64) 박준서, "하나님의 형상에 관한 성서적 이해", 기독교사상 1989년 9월호(서울: 대한기독교서회, 1989), 104~106.
65) R Laird Harris, Gleason L Archer, Bruce K Waltke, 구약원어신학사전, 158~159.

다.[66)]

　　창세기 기록에서 인간이 하나님의 형상대로 창조되었다는 말은 '창조자 하나님'을 어떠한 형상으로든지 만들어서는 안 된다는 것을 의미하기도 한다. 왜냐하면 그 형상 자체가 숭배의 대상이 되기 때문이다. 하나님은 인간을 피조세계에서 왕 같은 존재로, 창조하셨다. 고대시대의 왕은 인간으로서는 그 이상의 존재를 생각할 수 없는 최고의 존재였다. 하나님은 인간을 왕과 같이 최고의 존재로 피조물 중에서 가장 존귀한 존재로 창조하셨다. 이 말은 모든 인간에게 적용되는 말이다. 모든 인간은 사회적 지위나 경제적 차이에 관계없이 왕과 같이 존귀한 존재이다. 인간이 다른 피조물 중에서 가장 귀한 존재이기 때문에 인간은 피조물들을 다스리고 또한 활용할 수 있는 것이다. 인간에게 주어진 통치권은 하나님의 대리인으로서 다른 피조물들을 다스릴 책임과 의무를 위임받는 것이다. 그러므로 인간의 동물과 자연에 대한 통치는 자연의 질서를 유지하고 보존하는 통치가 되어야 하며, 자연의 질서를 파괴하고 자연을 수탈하는 통치가 되어서는 안 된다. 구약의 신앙은 자연을 경배의 대상으로 생각하지도 않았을 뿐 아니라, 동시에 자연에 대한 착취와 수탈도 금지하고 있다. 그러므로 인간의 피조세계에 대한 통치는 피조물에 대한 하나님의 사랑이 드러나는 통치가 되어야 하며, 창조주 앞에서 책임을 질 수 있는 책임적인 통치가 되어야 한다. 오늘날 인간들이 자연에 대해 저질러 놓은 환경오염의 죄는 하나님께서 인간에게 위임해 주신 책임을 져버린 것이며, 하나님 앞에서 인간의 배임행위가 되는 행위가 되는 것이다.[67)] 그러므로 모든 치유 사역 역시 하나님의 형상을 회복시키는 쪽

---

66) 박준서, 106~108.
67) Ibid., 109~119.

으로 목표를 삼아야 한다.

브리스터(C.W. Brister)는 인간본성에 대해 다음과 같이 말했다.68)

첫째, 인간은 '자유'하면서 동시에 '결정'되어 있다. 인간은 하나님의 형상대로 지음을 받고 하나님과 교제하도록 지음을 받았다. 그러나 하나님께 불순종하여 타락한 후 인간은 죄의 노예가 되어 자유를 상실했다. 그러므로 인간은 정신결정론(psychic determinism)69)이 주장하는 대로 이미 결정되어 있고 실존주의(實存主義, existentialism)70), 인본주의의 주장과 같이 아직도 제한되어 있지만 자신을 선택할 최소한의 자유는 남아있다. 하나님은 예수 그리스도를 통하여 우리를 구속하시고 성령님을 보내어 우리를 감동시키시면서 우리에게 예수님을 영접하여 믿음의 삶을 결단하라고 촉구하신다.

둘째, 인간은 '몸'인 동시에 '영혼'이다. 인간은 흙으로 지음을 받았기 때문에 흙은 흙으로 돌아갈 것이다. 육체의 아름다움이 아무리 찬란

---

68) 오성춘, 목회상담학(서울:한국장로교출판사, 2002), 226~230에서 재인용.
69) 김상인, 상담심리용어사전(서울 : 생명의 샘가), 154~157.
정신결정론이란 인간의 생각, 감정에는 목적이 있으며 과거의 경험에 의해 이미 결정되어 있다는 정신분석이론의 한 개념이다. 정신역동적 치료(Psychodynamic Psychotherapy)는 이런 과거의 경험 중 반복되는 것을 극복하면서 새로운 희망을 갖고 과거를 통찰시키는 것이다.
70) 사물이나 인간에 관한 보편적, 추상적 본질을 부정하고 개별적, 구체적으로 존재하는 실재만을 다루는 사상으로 대표적인 철학자로 야스퍼스(Karl Theodor Jaspers, 1883~1969), 키에르 케고르(Søren Aabye Kierkegaard, 1813~1855), 니체(Friedrich Wilhelm Nietzsche, 1844~1900), 샤르트르(Bernard de Chartres, 1905~1980), 포이어 바흐(Paul Johann Anselm von Feuerbach, 1804~1872) 등이 있다.

해도 결국 끝이 나고 말 것이다. 그러나 동시에 인간은 영혼이기 때문에 육체의 삶이 끝난 후에도 우리는 영원한 내일의 희망을 믿는다. 이것은 우리가 몸을 중시하여 상담해야 하나, 동시에 영혼의 희망으로 상담해야 함을 암시한다.

셋째, 인간은 '종속적'이면서도 동시에 '독립적'이다. 우리는 부모와 부부와 자녀들과 이웃들과의 관계 속에서 살도록 지음을 받았다. 인간은 이웃에 대한 책임과 사명을 결코 피할 수 없다. 그러나 동시에 인간은 혼자이다. 스스로 결단하며, 스스로 하나님 앞과 이웃 앞에서는 법을 배우면서 성장한다. 성장이후에는 홀로서기를 시도한다.

넷째, 인간은 '남성'인 동시에 '여성'이다. 창세기 2장의 인간창조의 기사는 남성과 여성의 관계에 시사하는 바가 많다. 남자의 갈비뼈를 취하여 여성을 만들었기 때문에 여성(갈비뼈)이 없는 남성은 불완전하다. 마찬가지로 여성은 남성 안에서 완전해진다. 여성이 남성의 소유물일 수도 없고 남성이 여성을 지배하거나, 여성에게 지배받거나 할 수 없다. 남성과 여성은 서로 안에서 완성되기 때문에 서로에게 평등하며, 서로를 존중하며, 서로의 완성을 위해 헌신하는 동안에만 참 만족이 있을 수 있다. 이 원리는 부부상담의 기초가 된다.

다섯째, 인간은 '죄인'이요, 동시에 '성자'이다. 현상학(現象學, phen_omenology)[71]적으로 인간에게는 공격성, 미움, 배반, 원한 등의 부정적인 세력으로 몸부림친다. 그러나 동시에 인간은 사랑, 믿음, 사명, 소망, 자기희생 등을 소유한다. 신학적으로 볼 때 인간은 타락한 죄인이다. 그

---

71) 김상인, 188.
　　현상학이란 자세한 설명이나 해석 없이 인간 경험이나 행동내용 등을 있는 그대로 연구하는 학문을 말한다.

러나 그리스도 예수의 피로 용서와 칭의를 받은 성도들이다.

여섯째, 인간은 '받아야 사나' 동시에 '주어야 완성'된다. 인간은 태어나면서부터 받지 않으면 생존할 수 없게 되었다. 인간은 죽을 때까지 받으며 산다. 받지 못하는 인간은 생존할 수 없다. 그러므로 받는 것은 덕이요, 믿음이요, 가치 있는 일이다. 그러나 인간은 줄 때에 완전해진다. 나누어 주는 법을 배우지 못한 사람은 항상 불만과 미완성에 머무를 것이다. 신학적으로 볼 때 인간은 끊임없이 하나님께 받아야 산다. 하나님이 주시는 것을 받는 것(특히 예수님의 선물)이 믿음이다. 그러나 우리의 믿음은 하나님께 받은 것을 이웃에게 나누어 줄 때에만 완전해진다.

일곱째, 인간은 '불안'을 야기시키면서도 '희망'을 전하는 존재이다. 인간이 모이는 곳에는 언제든지 싸움과 미움과 혼란과 전쟁의 소리가 드높다. 그러나 동시에 평화와 사랑과 희망과 기쁨 등이 인간들을 통해서 전달되기도 한다. 인간들이 모이는 곳에는 죄악의 악독한 것이 넘치면서도 바로 그곳에 임재하시는 하나님은 우리에게 희망을 전달한다. 즉 어떠한 상황도 완전히 낙관적일 수 없고 또한 비관적일 수 없다.

여덟째, 인간은 '보수적'이면서도 '변화'를 원한다. 인간은 생존을 위한 방어수단을 강구하면서 끊임없이 보수적이며 새로운 변화를 두려워한다. 그러나 동시에 인간은 내일을 보면서 새로운 꿈을 심으며 오늘보다 더 나은 내일을 희망하며 변화되기를 위해 몸부림친다. 치유목회는 인간의 보수성을 존중하며 변화의 희망을 실현할 수 있도록 격려한다.

아홉째, 인간은 '의식의 결단'을 중시하나 '무의식의 충동'에 떠밀려 산다. 인간은 그가 결정한 대로의 인생을 살 수밖에 없다. 미움으로 가득한 삶이나 사랑으로 가득한 삶은 결국 그 자신이 결정한 것이다. 최악의 상황에서도 우리는 용서와 사랑을 선택할 수 있다. 그러나 동시에 인간은 끊임없이 자기도 알지 못하는 어떤 욕망을 극복하지 못하고 원치 아니하는 것을 선택하고 행하는 존재이다. 하나님이 우리를 받으신다는 것은 우리의 의식뿐 아니라 무의식의 충동까지 받으신다는 의미이다. 우리의 인생이 그분의 손에 맡겨질 때에만 진정으로 하나님의 영광을 위한 삶을 살 수 있을 것이다.

열째, 인간은 '질병'과 '건강'의 연속체이다. 하나님은 우리 편에 서서 우리를 지키시고, 질병을 고치시며, 평화의 삶을 은혜로 주신다. 그러므로 우리는 끊임없이 하나님께 감사하며 건강하게 살아간다. 그러나 우리 가운데는 무수한 장애들이 있어 몸과 정신과 영혼을 병들게 만든다. 세상에 사는 동안 인간은 결코 이런 장애에서 해방될 수 없으므로 질병의 고통은 끊이지 않을 것이다.

열한째, 인간은 개인적인 '생존목표'와 사회적 '생산적 목표'를 동시에 갖는다. 인간은 자신의 생존을 지향하여 살도록 지음을 받았기 때문에 끊임없이 자기완성의 목표를 세우고 자기완성을 달성하고 있다고 믿을 때만 만족을 얻는다. 그러나 동시에 인간은 이웃을 위해 그리고 사회 속에서 사회를 위해 살도록 지음 받았기 때문에 사회적으로 생산적인 인간이 되었을 때에 참 만족과 진정한 자기완성에 도달할 수 있다.

열두째, 인간은 '단순'하면서도 무섭도록 '복합적'이다. 인간은 단순하게 생각하며 단순하게 행동한다. 그러나 위에서 언급한 바와 같이 인간은 양면성을 가지고 있어 이것인가 하면 이것도 아니요, 저것인가 하면 저것도 아닌 경우를 많이 경험한다. 그러므로 기독교 상담자는 인간을 단순화하여 '신경질적이다', '타락했다', '편집광적이다', '성자(聖者)이다' 등으로 보아서는 안 된다. 인간은 양면적이며 복합적이기 때문에, 하나님 안에서만 모든 것의 조화와 질서를 발견할 수 있는 존재들이다.

성경은 영·혼·육을 묘사하는 방식에 있어서 어떤 철학적인 인간론을 제시하려는 목적이 있는 것이 아니라, 인간존재와 관계로서의 인간론을 제시해 주고 있다. 성경의 관심은 인간의 속죄와 구원의 선포이다. 이런 관점에서 인간이 취해야 할 태도와 그가 추구해야 할 목표를 중심으로 인간의 상황을 묘사하고 있다. 그러므로 문제의 핵심은 인간이 허망하고 없어질 것을 중심으로 살아가느냐, 그렇지 않으면 하나님의 중심으로 살아가느냐 하는 것이다. 성경에는 인간적인 것과 하나님 것을 분명히 구별해야 한다고 가르친다. 하나님의 영은 인간 속에 거주할 수 있다. 이 영은 사람됨의 새로운 차원으로 인간에게 존재한다. 사도바울이 육체와 영적인 것을 말하면 그가 그리스철학의 영향을 받았다기 보다는 인간을 이해함에 있어서 구원론에 입각하여 말하고 있는 것이다. 따라서 바울이 육체적으로 산다고 말할 때 정신과 영이 배제된 어떤 삶을 산다는 의미가 아니고 하나님을 모르거나 인식하지 않고 사는 사람을 가리켜서 말한 것이다. 그래서 육신 안에 있는 몸이란 구원받지 못한 사람, 거듭나지 못한 사람, 새 생명을 소유하지 못한 사람으로 취급된다. 바울은 육은 죄와 사망의 법에 복종하며 사망선고 아래 있다고 증거한다(롬8:13). 어떤 종류의 죄라도 그것은 육신의 일이고 결과는 사망으로 끝난다는 것이다. 반대로 바울은 영에 따라 사는 것을 이야기하면서, 그것은 부활시에 영생하는 영적인 몸으로 이해하고 있다. 그러나 이것은 이원론적 차원에서 이해하는 것이 아니고 구원론적인 차원에서의 해석이다. 한 마디로 신약은 영·혼·육의 상호연관성을 가진 인격적 존재에 대하여 이야기하고 있다. 신약에서 정신이라고 번역한 성경구절은 네 군데 있는데(마5:15, 눅8:35, 고후5:13, 엡1:17), 여기서도 정신은 육체에 영향을 주는 것으로서의 정신을 말하고 있는 것이다. 즉 정신이 온전하여졌다는 말은 그의 몸 상태도 온전하여졌다는 말이다. 결론적으로 성경은 인간은 영·혼·육을 분리시키지 않고 전인으로 이해하였다는 것을 볼 수 있다.

Ⅱ. 통전적(統全的) 존재로서의 인간

　　인간을 통전적으로 이해한다는 것은 인간의 각 구성요소들이 분리되어 있지 않고 상호 연결되어, 각 요소 중 그 어떤 것도 무시되지 않고 하나의 전체로서 다루어진다는 것을 의미한다. 우리는 사도 바울이 언급한 영·혼·육의 삼분설 보존을 위해 인간을 유기적인 전체로 보아야 한다. 성경에서는 다양한 용어들이 인간을 하나님과의 관계성 또는 환경과의 관계성에 따라 사용되었다. 즉 영·혼·육이 인간의 활동이나 존재의 각기 다른 주변을 강조하기 위해 사용되고 있다. 이 단어들은 인간을 구성하는 분리될 수 없는 부분을 묘사한 것이다. 다시 말해서 인간의 유기적 통일성을 강조하는 것이 성경적 인간관이라고 볼 수 있다.

　　영·혼·육을 논하는 삼분설(trichotomy)이나 영과 육만을 논하는 이분설(dichotomy) 등은 그리스철학에서의 인간개념인 반면 구약에 나타난 히브리적 인간관은 모두 통전적 인간관이었다. 통전적 인간관에 대한 성경구절은 창세기 2장 7절의 "여호와 하나님이 땅의 흙으로 사람을 지으시고 생기를 그 코에 불어 넣으시니 사람이 생령이 되니라"에서 '생령'이란 문자적으로 번역하면 살아있는 혼(living soul)을 뜻한다. 이 생령이란 말은 동물들에게도 적용이 된다.

창세기 1장 24절에 '하나님이 이르시되 땅은 생물을 그 종류대로 내되 가축과 기는 것과 땅의 짐승을 그 종류대로 내라 하시니'란 말씀 중에서 생물이라는 말은 창세기 2장 7절의 생령이란 말과 언어상의 차이가 없이 다 같이 살아 있는 혼이라는 뜻이다. 그러나 인간의 혼과 동물의 혼이 분명히 다른 것은 전자는 하나님께서 직접 인간개인에게 그의 생기를 불어 넣음으로서 생겨진 것이고, 후자는 다만 그 종류대로 되어 말씀대로 명하여 생겨진 것이 다르다. 이런 의미에서 인간의 영혼이라는 말은 존재(being)라는 말과 동일한 것이다.

인간의 영은 하나님을 모시는 그릇이다. 그러므로 인간은 영을 통하여 하나님을 알고 하나님께 예배를 드린다. 그러나 동물들은 영을 소유하고 있지 않기 때문에 진정한 예배를 드릴 수 없다. 즉 물질적이고 감각적인 것으로는 하나님을 알 수도 없고 하나님께 예배드릴 수도 없다는 의미이다. 인간의 혼은 인격적인 하나님으로부터 받은 지성과 감정과 의지를 가지고 외적인 세계를 안다. 인간은 지성으로 사물을 인식하고 사고하며, 감정으로 희로애락을 느끼고, 의지로 사물을 판단 분별한다. 이러한 지·정·의 세 가지 요소가 인격을 이루는데 인격이 사람을 대표하기 때문에 성경이 사람을 말할 때는 인격 혹은 성격이라는 개념이 포함된 것이다. 인간의 육은 영과 혼을 담고 있으며 오관을 통하여 외부의 물질 세계와 접촉한다. 육은 보고 듣고 냄새 맡고 맛보고 감각하는 기능을 가지고 있어서 혼으로 하여금 세상을 알게 하는 것이다. 이 유기적 관계가 끊어지면 인간의 죽음을 의미하는 것이므로, 이 유기적 관계에 의해 인간의 존재는 유지되는 것이다.

1. 육(肉)

　신약 성경에서 나타난 용어 중 '육(肉)', '육신(肉身)', '육체(肉體)', '몸'[72]으로 표현된 네 가지 단어는 140회 이상 연속적으로 사용되는 가장 흔히 볼 수 있는 용어들이다. 위의 네 가지 용어 중 육, 육신, 육체의 세 용어는 모두 그리스어 '사르크스(sarx)'가 사용되었고, 영어로는 '플레쉬(flesh)'로 번역되었다. 그러나 우리말로 번역할 때 그때의 장면과 형편에 따라 각각 다르게 번역되었다.

　신약 성경에 기록된 '몸(소마, soma, body)'은 '육' 보다 오히려 더 많은 곳에서 발견된다. '몸'은 순수한 한글로, 한문으로 번역하면 '육(肉)'이 된다. 그러나 우리말로 번역한 '몸'은 그리스어 'soma'로, 영어로는 'body'로 번역되어 있으므로 '육체(sarx, flesh)'와는 전혀 다른 단어이다.

1) 육, 육신, 육체(sarx, flesh)
　그리스어로 '사르크스'는 인간, 짐승, 물고기의 '살'을 의미한다. '살'에는 종종 '뼈'와 '피'가 수반되었다. '사르크스'는 추위나 더위로부터 수족이나 뼈를 보호해준다. 때로는 '사르크스'가 '고기'라는 의미로 사용되기도 하였지만, 이런 경우는 보통 '크레아스(kreas)'가 자주 사용되었다.[73]

---

72) 두산동아편, 동아새국어사전 제5판, 843, 1845~1850. 국문학적으로 육은 짐승이나 사람의 고깃덩어리 또는 살을 의미하고 육신은 사람의 살아있는 몸뚱이, 육체는 구체적 물질로서의 사람의 몸을 의미한다. 몸은 사람이나 동물의 머리에서 발끝까지 또는 거기에 달린 모든 것을 통틀어 이르는 말이다.
73) Gerhard Kittel, Gerhard Friedrich, "육", 신약성서 신학사전, 1111~1118.

우리말 성경에는 원어의 육과 몸을 서로 바꾸어 번역한 것도 몇 곳 있을 뿐만 아니라, 성경 전체의 흐름 속에서도 몸과 육을 비슷한 뜻으로 사용한 곳도 있다. 우리말 번역으로 육은 고기 육(肉)자로 되어 있어 비기능적인 물질을 의미하는 듯하다. 그러나 신약 성경에 기록된 많은 내용 중에서 육체와 관련된 부분을 읽어보면 '육'은 대부분 인격적인 사고와 관계됨을 쉽게 알 수 있다. 즉, 육은 모든 생명체의 동물적 기능을 가진 그리스어 '소마'(soma) 위에 인격이 포함되어 비가시적 인간구조를 더해 가시적 그리고 비가시적인 연합 공동체의 의미로 사용되었다.

따라서 '육'(sarx)은 지능과 감정과 의지를 가진 비가시적 인격적 존재와 삼차원적인 실체인 가시적 존재가 연합한 기능적 존재를 의미한다. 때때로 우리의 육체(sarx)는 기능에 따라 흙에 속한 즉, 땅에 속한 저속한 욕구를 충족시키려는 성향이 있다. 성경에는 육체(sarx)의 소욕을 따라서 행하지 말라고 강조한다. 육체적 욕구는 감각적이고 원초적인 것들을 더 원하는 경향이 있다. 왜냐하면 인간의 타락한 육체(sarx)는 하나님을 멀리하는 성향이 있기 때문이다. 그러나 육체가 성령의 인도를 따라 부패한 몸이 회복되기를 원하며 노력할 때에 우리의 육체(sarx)는 선한 일을 할 수 있는 잠재력을 갖고 있다. 성경에는 이를 뒷받침할 수 있는 많은 구절들이 있다.

> 육체의 소욕은 성령을 거스르고 성령은 육체를 거스르나니 이 둘이 서로 대적함으로 너희가 원하는 것을 하지 못하게 하려 함이니라(갈5:17)

> 무릇 육체의 모양을 내려 하는 자들이 억지로 너희에게 할례를 받게 함은 그들이 그리스도의 십자가로 말미암아 박해를 면하려 함뿐이라(갈6:12)

우리 살아 있는 자가 항상 예수를 위하여 죽음에 넘겨짐은 예수의 생명이 또한 우리 죽을 육체에 나타나게 하려 함이라(고후4:11)

그러므로 모든 육체는 풀과 같고 그 모든 영광은 풀의 꽃과 같으니 풀은 마르고 꽃은 떨어지되(벧전1:24)

그러므로 생각하라 너희는 그 때에 육체로는 이방인이요 손으로 육체에 행한 할례를 받은 무리라 칭하는 자들로부터 할례를 받지 않은 무리라 칭함을 받는 자들이라(엡2:11)

이상의 구절들을 보면 인간의 육체(sarx)는 죄악된 세상에 기울어져 있으며 반면에 사고하고 고뇌하고 기뻐하는 감정과 의지를 가지고 있음을 알 수 있다. 사도 바울은 몸된 교회를 위하여 그의 고난을 육체(sarx)에 채운다고 하였다. 즉 그리스도를 위한 고난을 감수한다는 뜻이다. 예수님께서도 육체(sarx)의 고난을 받으셨다. 여기서 고난은 육신(sarx)의 고난, 즉 예수님이 십자가상에서 절규하셨던 고난을 의미한다.

엘리 엘리 라마 사박다니 하시니 이는 곧 나의 하나님, 나의 하나님, 어찌하여 나를 버리셨나이까 하는 뜻이라(마27:46)

Ηλι ηλι λεμα σαβαχθανι; τοῦτ᾽ ἔστιν, Θεέ μου θεέ μου, ἱνατί με ἐγκατέλιπες;(마27:46, NTG)

우리의 '육체(sarx)'는 죄악으로 향하는 성향이 있으나, 우리의 육체(Sarx)가 그리스도 안에서 회복될 때 하나님께 속하게 된다. 그러나 이 땅에 사는 날 동안에는 완전한 회복이란 불가능하다.

2) 몸(soma, body)

그리스어 '소마(soma)'는 호머에서 인간이나 동물의 죽은 몸을 가리키는 말로 처음 나온다. 이 단어는 인간의 '몸통'이나 '몸' 전체를 의미한다. '몸'은 인격 혹은 비인격을 동시에 의미하기도 하지만, 대부분 가시적이고 해부학적인 상태를 의미한다.[74]

인간의 몸은 많은 원자와 분자의 유기적 결합으로 구성된 가시적 물질이 연합하여 그 형체가 이루어진 것이다. 즉, 하나님께서 인간을 창조하실 때 '흙으로 사람을 지으셨다(창2:7)'라는 의미는 인간은 물질로 구성된 형체라는 뜻이다. 이 물질로 된 형체는 생명체로서 특수한 기능을 발휘한다. 그 기능에 따라 순환계, 호흡계, 소화계, 신경계 등의 중요한 기관들이 유기적으로 연합하여 총체적인 몸의 기능을 유지한다. 따라서 몸은 물질계에 속하나 기능적 물질이며 기능하는 몸(functioning body)이다.

만물의 영장인 인간은 형이상학적(形而上學的)[75]인 특수한 많은 기능들을 가지고 있으나 몸(soma)은 모든 동물들이 갖고 있는 보편적이며 원초적인 기능 즉 먹고, 자고, 생산하는 기본적 기능도 동시에 갖고 있다. 이와 같이 인간의 몸(soma)은 원초적 본능과 전인(全人)이 결합된 예속적 기능을 하고 있으므로 결코 개별적으로 분리할 수 없는 기능이다.

---

74) Gerhard Kittel, Gerhard Friedrich, "몸", 신약성서 신학사전, 1270~1279.
75) 형이상학이란 형체가 없는 사물의 본질이나 존재의 근본원리를 논리적으로, 정신적으로 연구하는 학문을 말한다. 반대되는 개념으로 형이하학(形而下學)이 있는데 이것은 형체가 있는 사물에 대한 연구를 말한다.

따라서 인간의 몸(soma)만을 분리하여 생각할 수 없고 통합된 인간 전체로 보아야 한다. 인간의 몸을 동물적 입장에서 볼 때는 저속하고 죄악시되나 통전적 입장에서 볼 때는 성스럽고 경이롭게 보이는 양면성을 갖게 된다. 성경에는 이를 뒷받침하는 몸에 관한 많은 구절들이 있다.

> 나의 간절한 기대와 소망을 따라 아무 일에든지 부끄러워하지 아니하고 지금도 전과 같이 온전히 담대하여 살든지 죽든지 내 몸에서 그리스도가 존귀하게 되게 하려 하나니(빌1:20)

> 이 후로는 누구든지 나를 괴롭게 하지 말라 내가 내 몸에 예수의 흔적을 지니고 있노라(갈6:17)

> 몸이 하나요 성령도 한 분이시니 이와 같이 너희가 부르심의 한 소망 안에서 부르심을 받았느니라(엡4:4)

> 그러므로 내가 너희에게 이르노니 목숨을 위하여 무엇을 먹을까 무엇을 마실까 몸을 위하여 무엇을 입을까 염려하지 말라 목숨이 음식보다 중하지 아니하며 몸이 의복보다 중하지 아니하냐(마6:25)

> 몸은 죽여도 영혼은 능히 죽이지 못하는 자들을 두려워하지 말고 오직 몸과 영혼을 능히 지옥에 멸하실 수 있는 이를 두려워하라(마10:28)

> 너희 몸이 그리스도의 지체인 줄 알지 못하느냐 내가 그리스도의 지체를 가지고 창녀의 지체를 만들겠느냐 결코 그럴

수 없느니라(고전6:15)

성경에 기록된 '몸(soma)'은 기능하는 가시적 구조임을 충분히 알수 있게 해 주며, 또한 몸(soma)의 역할이 얼마나 중요한가를 깨닫게 한다. 그러므로 우리는 각자 자신의 몸을 건강하게 유지, 관리할 책임과 의무가 있다. 몸(soma)의 기능을 잘 유지하도록 한 노력이 지금까지 근대의학이 해온 일이다. 몸(soma)에 이상이 있을 때 우리는 의학적으로 몸(soma)의 병 혹은 육체적 질병(somatic disease)이라 부른다.

결론적으로 육체(sarx)는 인간의 몸만 의미하는 것이 아니라, 인간의 몸과 마음 그리고 영혼까지를 포함하는 전인격체를 의미하고 몸(soma)은 해부학적인 몸만을 의미한다.

2. 혼(魂)과 영(靈)

'혼'은 히브리어로 '네페쉬(nephesh)' 그리스어로 '프쉬케(psüche)'라고 하는데 네페쉬는 '숨을 쉬다'란 뜻이고, 프쉬케는 '목숨' '생명력'이란 의미다. 이 '혼'을 다른 말로 '정신(누스, noos)', '마음(카르디아, kardia)'이라고도 한다.[76)]

혼은 지·정·의를 조정하는 영역이며 사람의 사고와 정신영역을 다루는 인격을 성숙시키는 실체이다. 영은 믿고 거듭나지만, 혼은 말씀으

---

76) Gerhard Kittel, Gerhard Friedrich, "혼", 신약성서 신학사전,1496~1508.

로 새로워지고(약1:21) 반성하고 깨닫고 자신을 날마다 십자가에 못 박는 의지적 활동을 통하여 성숙해진다.

성경에 때로는 살아 있는 인간을 대표하는 말로 '혼'을 사용하였는데, 영어로는 '소울(soul)'로 번역하였으며 '마음(mind)'과 '심장(heart)'은 서로 같은 뜻으로 사용하였다. 인간은 하나님의 생기를 받아 생령(living soul)이 되었다(창2:7). '살아있는 존재로서의 인간'은 하나님의 영을 갖고 있기 때문에 천하보다도 귀한 것이다. 만약 하나님의 영이 우리의 영에서 떠나버리면 우리는 고깃덩어리에 불과하다. 하나님의 영이 인간 안에 들어와 인간의 영과 혼이 새롭게 될 때 인간은 하나님의 법칙 안에서 살게 되고 신격(信格, 신앙의 인격)이 성장하게 된다. 하나님은 인간의 '영'에도 그리고 인간의 '혼'에도 작용하는 것이다(시 34:18, 51:10, 신2:30).

인간의 혼은 자유의지(free will)가 있어서 하나님의 영을 따르기도 하고, 또한 그것에 거역해서 살 수도 있는 자아의식의 주체이다. 혼은 이처럼 의지의 기능과 이해하는 지성의 기능이 있고 감정의 기능이 있다. 자유의지를 가진 인간의 혼이 몸(soma)의 말을 들으면 육(flesh)이 되고, 결국 육체(physical body)가 되는 것이다. 따라서 인간은 혼의 활동에 따라 영의 사람도 될 수 있고 육의 사람도 될 수 있다(고전15:44).

> 육체는 다 같은 육체가 아니니 하나는 사람의 육체요 하나는 짐승의 육체요 하나는 새의 육체요 하나는 물고기의 육체라
> (고전15:39)
>
> οὐ πᾶσα σὰρξ ἡ αὐτὴ σάρξ, ἀλλὰ ἄλλη μὲν ἀνθρώπων, ἄλλη δὲ σὰρξ κτηνῶν, ἄλλη δὲ σὰρξ πτηνῶν, ἄλλη δὲ ἰχθύων(고전15:39, NTG).

사도 바울은 모든 육체(all flesh)가 다 같은 육체가 아니라고 주장한다. 모든 동물에도 각각 다른 혼이 있다. 그러나 동물에는 인간에게 있는 영과 하나님의 영(루아흐, ruwach)이 없다.

너희가 진리를 순종함으로 너희 영혼을 깨끗하게 하여 거짓이 없이 형제를 사랑하기에 이르렀으니 마음으로 뜨겁게 서로 사랑하라 너희가 거듭난 것은 썩어질 씨로 된 것이 아니요 썩지 아니할 씨로 된 것이니 살아 있고 항상 있는 하나님의 말씀으로 되었느니라(벧전1:22~23)

베드로전서에는 '너희 영혼(your souls)을 깨끗케 하라'고 했는데 이 영혼은 복수인 souls로 되어 있어 '너희 혼들'이라고 번역되어야 마땅하다. 혼은 복수로 되어 있고 영은 항상 단수로 되어 있음도 기억해야 할 것이다. 이와 같이 인간의 혼은 영과 동일시되기도 하고 몸과 동일시되기도 한다.

마리아가 이르되 내 영혼이 주를 찬양하며 내 마음이 하나님 내 구주를 기뻐하였음은(눅1:46~47)

Καὶ εἶπεν Μαριάμ, Μεγαλύνει ἡ ψυχή μου τὸν κύριον, καὶ ἠγαλλίασεν τὸ πνεῦμά μου ἐπὶ τῷ θεῷ τῷ σωτῆρί μου, (눅 1:46~47, NTG)

위 구절에서 '내 영혼(my soul)이 주를 찬양하며 내 마음(my spirit)이 하나님을 기뻐하였다'함은 찬양의 주체는 혼(psyche, soul)이며 기뻐함의 주체는 영(pneuma, spirit)임을 보여준다. 따라서 사람은 영으로서 혼을 가지고 육체 가운데 거하는 존재라 정의할 수 있다. 인간의 영적 영역은 하나님과 교통하는 가장 중요한 영역이다. 인간의 영은 하나님이 임재 하는 곳이요, 성령의 처소요, 지성소이다. 즉. 인간의 혼은 지·정·의가 역사하는 곳이며 신실한 신앙인이 하나님을 섬기는 장소이다. 인간은 이 성소에서 하나님의 지시를 받는 것이다.

'영'은 성전의 지성소와 같아서 하나님의 영이 임재 하는 곳이다. 직관으로 인간의 영과 하나님의 영은 교제한다. 영은 믿고 혼은 깨달아 알게 되며 이해한다. 혼이 영의 말을 믿고, 말씀으로 깨닫고 이해해 가면 신앙이 자라게 된다. 믿음도 지·정·의의 인격성을 가지고 성장하므로 이를 신격(信格)이라 할 수 있다. 신격이 잘 성숙 되어 가면 영적건강(spiritual health)이라 부르고, 이상이 있을 때 영적질병(spiritopathy)이라 한다. 이를 치료하고 돌보는 것을 영성치료(spiritual therapy)혹은 영적 돌봄(spiritual care)이라고 한다. 그리고 회복된 사람이 더욱 깊이 성화된 삶을 살아가는 것을 '영성(spirituality)'이라고 한다.[77]

우리 인간은 영과 혼과 육을 가진 삼분적 존재(Tripartite Being)이다(살전5:23). 이런 인간을 다시 외면적인 몸(물질, soma)과 내면적인 영혼(비물질)으로 되어 있는 이분적 존재(bipartite being)로 구분할 수 있다(마 10:28)[78]. 인간의 영은 초자연적, 인격적, 상호관계적 측면과 관련이 있

---

77) 전요섭, 공동체영성(서울:치유하는별, 2024), 67.
see Jordan Aumann, 영성신학(Spiritual Theology), 이홍근 역(왜관:분도출판사, 1987), 13.
이런 성화된 삶을 영성생활(Spiritual Life), 신심생활(Devout Life), 내적생활(Interior Life), 신비적 수련(Mystical Evolution) 등으로 불린다.
78) Bruce Litchfield and Nellie Litchtield, 기독교 상담과 가족치료(Christian Counselling and Family Therapy vol I), 정동섭 역(서울:예수전도단, 2010), 19.

다. 인간의 영은 선이든 악이든 상관없이 초자연적인 존재와 연관을 맺거나 영향을 받는다. 인간의 혼은 생각, 의지, 정서(감정) 등을 포함하고 있으며 영적인 것과 육적인 것을 조절할 수 있는 능력을 가지고 있다.

인간의 육은 성령님이 거하시는 성전이며 보건, 위생, 질병, 건강 등과 관련이 있다. 육은 바로 외부 세계와 자신을 연결하는 고리인 셈이다. 이 세 부분은 서로 긴밀하게 상호작용을 한다. 만약 영과 혼이 상처를 받으면 육은 금방 얼굴과 각 장기에서 그 증상을 보이고 있으며 반대로 육이 건강한 식생활을 하고 절제하고 적당한 운동을 한다면 영과 혼의 영역은 더욱 건강해질 것이다.

우리의 영적인 부분은 특별히 창조주와의 관계를 통하여 신(神)에 대한 인식(god-consciousness)을 하며 혼적인 부분은 심리적 내용을 포함하여 자기 자신에 대한 인식(self-consciousness)을 하고 육체적 부분은 환경과의 관계를 포함하여 세상에 대한 인식(world-consciousness)을 하고 있다.

우리는 하나님의 왕국(The Kingdom of the God)과 사단의 왕국 사이에 있는 이런 영·혼·육의 상호관계를 잘 인식하면서 어느 한 분야에만이 중요하다고 주장하지 말고 서로의 상관성을 인정해야 할 것이다.

하나님은 성부, 성자, 성령의 독립된 객체로 사랑과 교제를 통해 뗄 수 없는 한 지체가 되었듯이 인간의 영과 혼 그리고 몸이 분리되어 있는 것이 아니다. 각 객체가 하나로 결합된 통전적인 한 존재이다. 성경은 그리스철학처럼 인간을 이원론적으로 영혼과 몸을 구별하여, 영혼은 귀한 것이고, 몸은 하찮은 것이거나 악한 것으로 보지 않는다. 성경은 몸이 예수 그리스도께서 입고 오실 정도로 귀한 것이며, 지금은 비록 약하고 썩을 몸이지만 예수님께서 재림하실 때 영광스러운 신령한 몸으로 부활한다고 증거한다(고전15:35~49).

우리가 환자를 위해 기도할 때, 인간의 통전적인 개념을 견지하면서 인간의 다양한 영역을 고려해야 한다. 인간의 영과 마음과 몸의 각 영역은 서로 영향을 미치고 있다. 영의 질병은 마음과 몸에 영향을 미쳐 질병을 유발시킬 수 있고, 마음의 질병은 영과 몸에 영향을 미쳐 질병을 유발시킬 수 있다.**79)** 또한 몸의 질병은 영과 마음에 영향을 미쳐 질병을 유발시킬 수 있다. 질병이 인간의 한 영역에서 발생하면, 그것으로 끝나지 않고 그 영향은 인간의 다른 두 영역에 상호영향을 미치며, 삶의 모든 영역에 영향을 미친다.

이와 같이 치유 또한 인간의 한 영역에서 치유가 일어나면, 다른 두 영역에 영향을 미치고 삶의 모든 영역에 영향을 미친다. 그러므로 치유기도를 할 때, 인간의 어느 한 영역만 강조하거나 어느 한 영역만 다룰 수는 없다. 통전적 기도를 해야 한다. 통전적 기도를 할 때, 다양한 영역이 서로 연관되어 상호 영향을 미치고 있기 때문에, 다양한 영역을 통합하면서도 하나하나 다루어야 한다. 그러면 모든 영역이 치유되어 결국 전인이 온전케 된다. 물론 주님께서는 단번에 모든 영역을 다 고치실 수 있다. **결국 통전적 치유란 '영·혼·육의 균형 있는 회복' 자체**를 의미한다.

이상에서 본 바와 같이 성경적으로 인간의 본질 이해는 비록 성경이 영·혼·육·마음 등의 용어들로 사용하지만 이러한 분류가 사람 안에 있는 각각 다른 부분들을 언급하는 것이 아니고 다른 관점에서 인간 전체를 가리키는 것이다. 이러한 표현들은 전체로서의 인간, 통전적 인간에게서 나타날 수 있는 다양한 내용 중의 하나이다.

결론적으로 성경은 인간을 통합된 인격체로 표현하고 있으며 예수님의 치유 사역에 있어서도 단순히 질병의 고통만 제거하는 수준의 치유가 아니다. 바른 인간이해 즉 본질적인 인간이해를 통해 통전적 회복을

---

79) 김남수, 하나님의 사랑과 치유 사역 (서울: 서로사랑, 2006), 41~44.

<그림2-1> 인간의 3가지 요소와 치유 80)

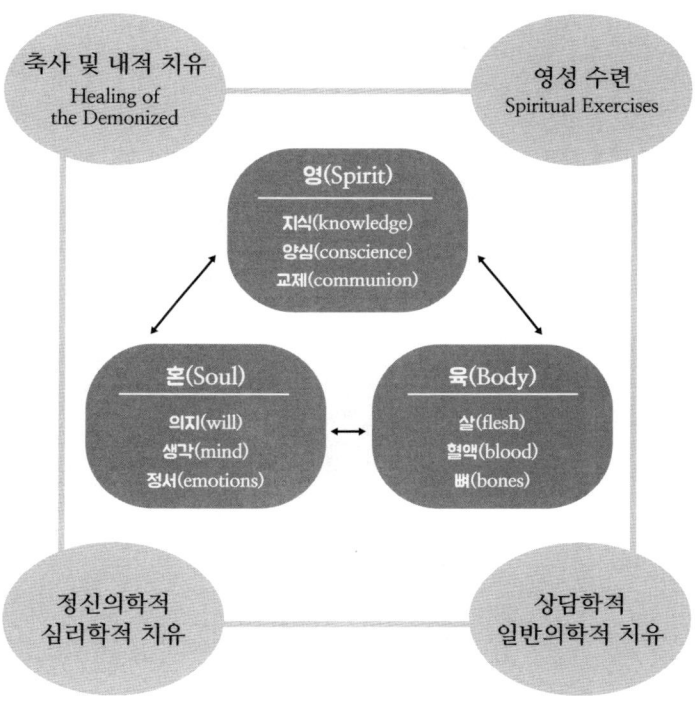

목적으로 한 치유였다. 성경의 모든 치유개념은 통전적 회복이다.

---

80) Tom Marshall, 자유케 된 자아(Free Indeed), 예수전도단 역(서울:예수전도단, 2018), 63~90에서 재편집하였다.
see, 김영춘, 전인치유(현대과학이 증명하는 전인치유의 복음, 서울:예영커뮤니케이션, 2003).

| 제3장 |

교회사에 나타난 치유

여러분 오늘 맛있게 드셨고 재미있는 시간 가지셨죠? 우리는 다음 주 토요일에 여러분을 다시 초대합니다. 오늘 휠체어 타고 오신 분들 중에는 의사들에게 여러분의 재산을 몽땅 다 가져다 바친 사람도 있고, 아무리 의사를 찾아 다녀도 차도가 없으신 분도 계십니다. 그러나 다음 주 집회에 참석하시는 분들 중에는 휠체어를 더 이상 타지 않고 여기에 오실 분이 계십니다. 여러분들 중에 그런 사람들이 되어 사람들 앞에서 간증하는 기쁨을 누리길 원하는 사람은 손들어 보세요. – 스미스 위글스워스

나는 법정에 섰다. 재판관은 나에게 사람들이 소란을 피우도록 조장한 죄를 인정하느냐고 물었다. 그래서 나는 "도대체 내가 무슨 소란을 피우도록 조장했다는 말입니까?"라고 물었다. 그러자 그는 "당신 집회에 모인 사람들이 손뼉치고 소리 지르는 것이 소란이 아니고 무엇입니까?"라며 나를 힐문하였다. 그래서 나는 "그렇다면 야구장에 가면 손뼉치고 소리 지르는 사람이 한 둘이 아닌데 왜 그런 사람들은 안 잡아 갑니까?"라며 되받아 쳤다. 그러자 그는 "야구장에 모인 사람들이 손뼉치고 소리 지르기 때문에 잠 못 자는 사람은 없습니다. 그러나 당신 집회에 모인 사람들 때문에 잠 못 이루는 사람들은 매우 많습니다"라고 말하였다. 그래서 나는 "집회장에서 나는 소리는 야구장에서 나는 소리와 어떻게 다른지 당신은 도대체 알기라도 하면서 그런 말을 하시는 겁니까?"라고 물었다. 그러자 그 재판관은 나에게 "어떻게 다른지 나에게 설명해 보십시오"라고 말하였다. 그 질문을 받은 나는 "나의 집회에서 나는 소리는 성령 하나님으로 인해 나는 소리입니다. 나의 집회에서 나는 소리로 인해 잠을 설치는 사람들이 더러 있을지는 몰라도, 그 소리는 바로 악의 소굴인 술집의 문들을 닫게 만드는 거룩한 소리입니다"라고 대답하였다. - 잭코

설교가 시작도 되지 않았다. 심지어 첫 번 찬양도 시작되지 않고 있었다. 집회에 참석한 사람들은 그저 조용히 앉아 집회가 시작되기만을 기다리고 있었다. 바로 그 때에 수백 명의 사람들이 치유를 받는 기적이 일어났다. - 캐더린 콜만

Ⅰ. 초대교회 시대

예수님은 그에게 오는 병자들을 치유하셨을 뿐만 아니라, 그의 제자들에게 같은 사역을 하도록 위임하셨다.

예수께서 열두 제자를 불러 모으사 모든 귀신을 제어하며 병을 고치는 능력과 권위를 주시고 하나님의 나라를 전파하며 앓는 자를 고치게 하려고 내보내시며… 제자들이 나가 각 마을에 두루 다니며 곳곳에 복음을 전하며 병을 고치더라(눅 9:1~2, 6)

주님으로부터 위임받은 치유 사역은 열두 제자들이 병을 고치는 권세를 받고 주님의 이름으로 시행되었다. 이러한 기록은 우리 역시 믿음으로 나가 사역하면 얼마든지 병을 낫게 할 수 있음을 보여주는 것이다. 사도행전에 펼쳐지는 초대교회의 역사를 보면 치유의 사건이 실제로 일어나고 있음을 알 수가 있다. 기사와 표적이 초대교회의 전형적인 특징이었고 사도들은 병자를 고치는 사람으로 보일 정도였다. 그래서 질병의 치유는 처음부터 교회의 중요사역 중 하나였다.

초대교회의 치유 사역의 특징을 보면 다음과 같다.

첫째, 초대교회는 치유 사역이 일상적인 사역에서 핵심적인 부분을 차지하고 있었다. 그것은 예수님의 치유 사역을 이어받은 것이었으며, 주님의 지상명령을 실천에 옮기는 일이었다. 제자들은 예수님의 이름으로 치유의 권능을 받아 행하였다.

> … 병든 사람에게 손을 얹은즉 나으리라 하시더라(막16:18)

둘째, 초대교회는 치유의 능력이 삼위공동체[81] 하나님으로부터 비롯된 것임을 증언하였다. 치유는 항상 하나님의 거룩하신 아들 예수 그리스도의 이름으로 행해지곤 했다(행3:6, 16, 19:11~13). 그리고 초대교회의 치유 사역에는 언제나 성령님이 임하셨으며, 사람들에게 넘치는 기쁨을 가져다줌은 물론, 집단적인 복음전도에 효과를 가져다주었다(행 2:43, 46~47, 3:8, 4:21, 5:14, 8:6~8).

셋째, 초대교회는 치유 사역을 통해 예수그리스도의 부활, 재림 등을 궁극적으로 증거하였다. 부활하신 그리스도께서는 그들 가운데에서 능력으로 역사하시곤 하였다. 따라서 그들의 대적자들조차도 예수를 주님으로 경배하는 새로운 영적인 운동의 거센 물결 앞에 무력할 수밖에 없었다.

---

81) 전요셉, 공동체 영성(서울:치유하는별, 2024), 33~40.
  필자는 삼위일체라는 말 대신에 삼위공동체라는 말을 사용한다. 왜냐하면 각각 독립(성부, 성자, 성령)적인 하나님이 서로를 위해 존재하는 공동체로 계시기 때문이다.

넷째, 초대교회는 치유 사역이 모든 기도의 핵심이었다.

> 손을 내밀어 병을 낫게 하시옵고 표적과 기사가 거룩한 종 예수의 이름으로 이루어지게 하옵소서 하더라(행4:30)

다섯째, 초대교회의 부흥은 치유 사역 후에 일어났다.

> 말씀을 들은 사람 중에 믿는 자가 많으니 남자의 수가 약 오천이나 되었더라(행4:4)

여섯째, 초대교회는 치유 사역으로 인해 박해도 받았다. 사도바울과 바나바는 루스드라에서 발을 쓰지 못하는 장애인을 치유했는데, 그 지역사람들은 이 치유사건을 보고 그들을 신으로 숭배하려고 하였다. 그러나 오히려 유대인들은 무리를 충동질하여 사도바울을 돌로 죽도록 쳐서, 시외로 끌어 내치는 악행을 저질렀다.

> 유대인들이 안디옥과 이고니온에서 와서 무리를 충동하니 그들이 돌로 바울을 쳐서 죽은 줄로 알고 시외로 끌어 내치니라 (행14:19)

위와 같이 초대교회 치유 사역은 때로는 복음 선교의 가장 유용한 무기로, 때로는 교회 부흥의 도구로, 때로는 모든 핍박의 원인으로 자리매김을 하면서 발전해 나갔다.

Ⅱ. 교부시대

　　초대교회 이후 고대 교부들의 문헌들에게서도 우리는 치유역사에 관한 많은 기록들을 발견할 수 있다. 이는 교회 안에 살아계신 그리스도의 영이 예수께서 살아계실 때 행하신 것처럼 인간들의 영혼을 위해서 뿐만 아니라, 인간의 몸과 마음을 위해 치유를 베푸셨음을 의미한다. 이 시기에는 육체적 질병의 치유가 그리스도의 성령이 그리스도인들 가운데서 실제로 임하여 활동하신다는 증거를 말해주는 것으로 간주된다.

　　인간의 필요를 충족시켜 주시는 하나님은 교회를 통해 또한 신앙의 후손들을 통해 계속 고치시고 회복하고 계셨다.

　　기원후 100년경 순교자 저스틴(Justin Martyr, 100~165)은 "전 세계와 각 도시에 있는 수많은 귀신들린 사람들을 위하여 많은 우리 그리스도인들이 본디오 빌라도에 의해서 십자가에 못 박히신 예수그리스도의 이름으로 기도하여 귀신을 쫓아내고 병자들을 고쳤고 지금도 고치고 있다. 이들은 무당이나 주문이나 약을 사용하는 사람들에 의해서는 결코 치료될 수 없었지만, 그리스도들에 의하여 비참한 처지에서 도움을 받았

으며 귀신의 얽매임에서 해방되었다"고 주장하였다.[82]

　기원후 192년경 이레니우스(Irenaeus, 140~203)는 "… 그리스도로부터 은혜를 받은 진리 안에 거하는 제자인 사람들은 그리스도로부터 받은 각자의 은사에 따라서 다른 사람들의 행복을 증진시켜 주기 위하여 그리스도의 이름으로 기적을 행하고 있다. … 더욱 놀라운 사실은 죽은 사람까지 살아났는데 지금까지 그가 우리 가운데서 수년째 살고 있다"고 기록하고 있다.[83]

　기원후 216년에 터틀리안(Tertullian, 160~225)은 "악령 때문에 땅에 내동댕이쳐질 뻔했던 사람들이 있었는데 그 중의 한 사람이 그 고통 가운데서 해방되었고 … 평민들이 치료받는 것은 언급하지 않는다 해도 상당수의 고위층에 있는 사람들이 귀신으로부터 해방되었고 질병에서 치료함을 받았다."라고 말했다.[84]

　기원후 205년 기록된 글에서 오리겐(Origen, 185~254)은 "도움을 필요로 하는 사람들을 향하여 오직 만물을 지으신 하나님의 이름과 예수의 이름으로 기도드림으로써 놀라운 치료의 능력을 체험했다고 증거하는 사람들이 있다. 우리는 이러한 방법을 통해서 슬픈 재앙, 상심한 상태 및 미친 상태에서 인간이나 귀신의 힘을 빌어서는 치료할 수 없는 수많은 다른 질병으로부터 벗어난 많은 사람들을 볼 수 있다"고 말했다.[85]

　또한 알렉산드리아의 클레멘트(Clement, 150~215)는 "그러므로 그들로 하여금 금식과 기도를 통해서 중보기도를 하게 하되 미리 준비된

---

82) Justin Martyr, Apol., I, ch.6, as quoted in Gordon, 60.
83) Irenaeus, Versus Heretics, I, ch.34, as quoted in Gordon, 60.
84) Tertullian, Ad.Scap., IV, 4, as quoted in Gordon, 60.
85) 위성교, 치유는 이렇게 일어난다(서울 : 도서출판 좁은문, 1995), 39.

뜻으로나 적절히 배열된 학문적인 말은 하지 말게 하고, 하나님의 영광을 위해서 분명하게 받은 신유의 은사를 소유한 자답게 일하게 하라."라는 기록을 남겼다.[86]

아우구스티누스(Aurelius Augustinus, 354~430)는 '하나님의 도성' 제 22권 8장에서 "지금도 여전히 그리스도의 이름으로 기적이 일어나고 있다"고 강조하면서 그가 구체적으로 알고 있는 수많은 치유의 사건들을 자세하게 하나씩 들려주고 있다. 그는 칼타고에 있을 때 일어난 이노센티누스(Innoctius)라는 사람의 치유사건을 아주 길게 그리고 생생한 어조로 소개하고 있다. 또한 유방암을 앓던 한 경건한 귀부인 이노센티아(Innocentia)가 간절히 기도하자, 꿈에 새롭게 세례 받은 여인 중 첫 번째 만나게 되는 사람에게 자기 환부 위에 십자가 표지를 그려달라고 하라는 지시를 받고 그대로 하니 즉각 나았다는 실례를 들려주었다. 계속하여 또 발에 통증을 앓던 한 의사의 몸에 마비가 오고 비뇨기과 질병을 앓던 전에 배우였었던 한 삶이 세례 받을 때 각기 완전히 치유된 이야기 등을 전하고 있다.[87]

아우구스티누스는 "우리 시대에도 기적이 있다는 것은 자명한 사실이다. 그리고 윌가 성경에서 읽었던 기적을 행하시는 하나님은 오늘날도 그의 뜻을 따라 다양한 방법과 수단을 사용하신다"고 말했다.[88]

치유 목회는 주님과 사도들이 육신적으로 이미 그들과 함께 살고 있지 않은 교부시대에도 역시 교회 안에서 중요한 위치를 차지하고 있었

---

86) Morton Kelsey, Healing Christianity(Mineapoli:Ausburg, 2024), 120~140
87) 위성교, 41.
88) Francis MacNutt, 치유의 영성(Healing), 신선명역(서울:아침영성지도연구원, 2006), 68~75.

다. 예수님께서 사도들과 함께 계셨던 것처럼 교부 시대에도 역시 성령님으로 그들과 함께 계셨던 것이다.

맥믈렌(MacMullen)은 그의 저서에서 주후 100~400년 사이의 로마의 기독교인으로 회심은 주로 경건에 의한 것보다 기적 사역에 기초하고 있다고 주장하였다. "기독교인들은 특히 귀신들을 몰아내고 안수함으로써 발생한 기적들을 선전하였다 … ."[89]

이렇게 능력있던 교회는 313년 밀라노 칙령[90]으로 핍박이 중단되자 그 빛을 잃게 된다. 세속주의는 급속히 흘러들어오고 성령의 능력은 사라져 갔다.[91]

---

89) Ramsay MacMullnen, Christianizing the Roman Empire(New Haren:Yale University, 2024), 40.
90) 313년 2월 로마제국을 동서로 나누어 통치하던 콘스탄티누스 1세와 리키니우스가 밀라노에서 공동으로 발표한 칙령(勅令)으로 그리스도교든 다른 종교든 모든 사람이 자신이 원하는 종교를 믿고, 그 제의(祭儀)에 참여할 자유를 지닌다고 선언하여 종교의 자유와 모든 종교에 대한 관용(寬容)의 정신을 표현하고 있다. 그리고 특별히 그리스도교도 그러한 자유를 지닌다고 강조하여 각 지역의 총독들에게 박해의 중지를 지시하였다. 또한 국가나 개인이 빼앗아 가지고 있던 교회와 재산을 아무 대가 없이 반환해야 한다는 뜻을 밝히고 있다.
91) 위성교, 38.

III. 중세시대

    당시의 치유 사역은 교회의 지도자들과 교회의 세상적인 모습에 실망하고 사막에서 은둔생활하던 수도사들에 의해 되어졌다.
    그 당시 교회지도자들의 신학사상에 영향을 주었다고 보여지는 플라톤적 세계관에 의하면 인간은 물질적 권세와 영적 권세 모두에게 예속되며, 귀신이 인간의 영혼을 직접적으로 공격하여 육체적 질병과 정신적 질병을 가져다 주는 것으로 믿었다. 그들은 십자가형과 부활은 상호분리될 수 없게 연관된 사건들로, 이를 통해 귀신의 무리가 폐쇄되었다고 믿었다. 그리스도의 영으로 충만한 사람들은 귀신의 공격을 되돌려 보내고 치유를 베푸는 능력을 가졌다고 믿었다. 치유 그 자체는 창조적인 영적 능력이 인간을 통하여 역사하는 증거의 하나로 간주 되었다.[92]
    성 프란체스코(San Francesco d'Assisi, 1182~1226)는 활발한 치유의

---

92) Morton Kelsey, 160.

사역을 행했던 사람으로 유명하다. 하나님께서는 프란체스코를 통하여 토스카넬라(Toscanella)에서 어떤 신체장애인을 고쳤으며 나르니(Narni)에서는 뇌혈관 질환자를 고쳤다. 그는 악령에 시달려 아파 죽어가는 한 형제를 자유롭게 했다. 어떤 귀신들린 여자도 그를 통하여 고침을 받았다. 안코나(Ancona)로 가던 도중 싼 쎄베리노(San Severino)에서 악토(Acto)라고 불리는 어떤 젊은이가 한센병에 걸려 온 몸이 성한 곳이 없었는데 그를 통하여 고침을 받았다. 씨타 델라 피예베(Citte Bella Pieve)에 거지가 있었는데 그는 날 때부터 청각장애인이고 언어장애인이였다. 그런데 믿음으로 고침을 받았다. 성 프란체스코는 인간 뿐 아니라 피조된 모든 세계에도 치유와 회복 사역을 하였다.[93]

그러나 중세 기독교 사상과 신학을 대표했던 토마스 아퀴나스(Aquinas, 1225-1274)는 아리스토텔레스의 철학[94]을 기반으로 한 신학자였다. 그의 신학사상은 가톨릭교회의 규범이 되었는데, 그는 모든 종류의 의술적인 치유는 언급했지만 종교적 치유는 취급하지 않았다. 이것이 후대에 큰 영향을 미치게 되었다. 그의 신학대전(summa theologica) 마지막 부분에서 그리스도와 교회의 성사에 대하여 설명하게 되었을 때 그리스도의 기적들과 고해와 관련하여 치유를 잠깐 언급했을 뿐이다. 그

---

93) 김신명, 치유목회와 교회성장(서울:성결문화사, 2001), 58~59.
see 엄두섭, 성 프란체스코(서울:은성, 2002).
94) Morton Kelsey, 205.
참고. 정태기, 아픔 상담 치유(서울:상담과 치유, 2010), 14.
13세기 스콜라 신학은 아리스토텔레스 철학을 수용하였는데, 그의 철학은 눈으로 확인 되고, 숫자나 실험으로 결과를 증명 할 수 있는 것만이 진리요, 참 지식임을 강조하는 증명철학 이었다. 이런 철학을 받아들인 아퀴나스는 그의 신학에서 하나님을 체험으로 만 나는 것이 아니라 지적인 활동을 통해서 알 수 있는 것으로 설명 되었다.

의 신학대전에서 영적인 실체들 안에서 행해진 기적(귀신추방)과 사람들에게 행해진 기적(육체적 치유)을 인정하기는 했다. 그런데 바로 그 다음에 그리스도는 특별히 인간 영혼의 구원을 위해 오셨다고 말하면서 아퀴나스는 "영혼이 육체보다 훨씬 더 중요하기 때문에 죄와 용서는 육체의 치유보다 훨씬 더 위대한 사역이다"라고 함으로 육체의 치유에 대한 관심은 적었던 것이다.

교회의 치유 사역은 처음에는 포괄적인 의미의 치유와 관계있었다. 기도와 영적 봉사 뿐 아니라 교회에서는 민간요법과 전문요법을 포괄하는 자연적 치유도 했었다. 교회에서는 병원, 진료소를 세워서 환자, 장애인, 노인들을 돌보았다. 수도원의 정원에는 약초들을 재배하여서 경험에 기초하여서 치료를 하는데 사용하였다. 그리고 수도원에서는 환자들 집도 방문하여 봉사하였다. 중세 시기가 끝날 때까지 종교와 의학은 긴밀히 연결되어 있었다. 첫 병원이 수도원에서 생겼다. 의사들은 대개 수도사들이었다.[95] 그들은 흑사병과 같은 병들의 원인을 영적인 문제들로 보았다.

그런데 중세 시대 교회는 의학적 치료의 시행을 서서히 그만두기 시작했다. 12세기 초 수도사들은 교회 공의회에 의하여 의사로 개업하는 것이 금지되었다. 또 환자 방문을 금지했고, 1139년의 라테란공의회(Lateran Concile, 1123~1517)[96]에서는 수도사들의 본래 직무가 영혼을 돌보는 것이지 몸을 치료하는 의사가 되는 것은 아니라는 근거에 의학연

---

95) Dale A. Matthews, The Faith Factor(N.Y.: Penguin Books, 2020), 17.
96) 로마의 라테란 대성당에서 열린 공의회. 1123년부터 1517년까지 모두 다섯 차례에 걸쳐 열렸는데, 그 중 1215년에 교황 인노켄티우스(Innocentius) 3세가 소집한 제4차 공의회는 가장 성대하고 중요한 것으로, 최초로 교황 명의로 선포한 70개의 교회법 등 여러 가지 사항을 결정하였다.

구를 금지시켰다. 1163년에는 수술을 금지시키고 이발사에게 이 직무를 맡겼다. 그러자 점차 의학적 치유가 교회의 영역에서 분리되었다.

중세교회 초기 신학자들 사이에서 치유에 관한 다소간의 이견이 있기는 했지만, 그들은 공통적으로 치유를 직접적, 간접적으로 경험했으며, 또한 그들의 신학 속에서 하나님의 치유를 인정했던 것이 사실이다. 그러나 이러한 신학적 태도는 중세 중반에 접어들면서 점차로 신학적 틀 속에서 치유가 배격되는 경향으로 변화되었다. 그리고 이런 경향은 현대 교회의 치유에 대한 관습에까지 영향을 미치게 되었다.

M. T. Kelsey는 중세 중반 이후의 이 변화의 요인을 다음과 같은 세 가지로 보고 있다.[97]

첫째, 서방세계 문화의 몰락과 함께 야만족의 정복으로 인해 하나님의 성품 및 인간의 성품에 대한 대중적인 견해에 있어 점차적인 변화가 있었기 때문이다.

사회적인 혼란은 당시 사람들로 하여금 현세의 삶 속에서 위로받기 보다는 사후의 안락한 생활을 보장받기를 원하게 했다. 따라서 육체의 치유보다는 영혼의 치유가 중요하게 여겨졌다. 내세의 삶에 대한 강조로 인해 치유를 위한 도유(塗油, 기름 바르기)는 임종을 앞둔 사람이 선한 상태의 임종을 위한 도유로 바뀌어서 치유의 기능은 쇠퇴하고 죄의 용서를 위한 성사의 의미를 더 강조하게 되었다.

둘째, 신학적 사고에 있어 플라톤적 세계관이 아리스토텔레스적 세계관으로 대치되어 하나님과 인간과의 어떤 접촉도 수긍하지 않고 따라서 치유를 인정하지 않는 합리주의적인 사고방식이 생겨났기 때문이다.

일반적으로 스콜라주의라고 불리워지는 이 관점은 인간에 의해 잘 다

---

97) Morton Kelsey, 224~231.

듬어진 과거 계시에 기초한 결정적이고 완전한 견해를 발전시켰던 것이다.

이 세계관의 가장 대표적인 신학자가 성 토마스 아퀴나스(St. Thomas Aquinas)였다. 아퀴나스는 하나님에 대한 체험보다 지적인 활동을 더 중요시 여겼기 때문에, 그의 조직적인 사상에 종교적인 치유를 구체적으로 취급하지 않았다. 완결된 자연주의적인 아리스토텔레스의 체계에 맞추어 기독교사상을 합리적으로 피력한 그의 저서 '신학대전'에서 그는 '성화된 사람의 손'의 접촉에 의한 치유 효력에 대해 단 한 번 언급했을 뿐이다. 하나님의 능력에 대한 실제적인 체험이나 그 밖의 자연질서를 벗어난 일에 대해서는 언급하지 않았다. 그러나 아퀴나스 역시 미사도중 하나님의 초월적인 계시를 경험하고는 자신의 저서를 하찮은 것으로 여겨 완성하지 않은 채로 숨을 거두었다. 결국 그의 저서는 다른 스콜라 신학자들에 의해 완성되었고, 그의 사상은 이후 서방세계의 주된 학문적 체계로 영향을 미치고 있다.

셋째, 치유에 대해 생생하게 무비판적인 관심을 유지시켰던, 기적적인 일들에 대한 대중의 미신적인 믿음이 계속 이어졌다. 이는 점점 더 공식적인 것으로 변질되어 갔기 때문이다.

그러나 이 시기에도 치유는 계속해서 일어났지만, 교회가 그 강조를 치유로부터 범죄한 사람에 대한 용서로 옮겼기 때문에 도덕적 책임이 강조되었다. 성(聖)과 속(俗)이 분리되어지고, 따라서 하나님에 관한 추상적인 개념과 인간의 실제적 경험 사이에 간격이 생기게 된 것이다.

하나님과 일반 사람들 간의 간격이 벌어지는 대신, 하나님 앞에 온전한 삶을 산 것으로 여겨졌던 성인들에게서 주술적인 치유의 능력을 찾게 되었다. 이로 인해 치유에 대한 건전한 개념은 점점 더 제한되고, 점점 더 미신적인 것(마리아상의 피눈물, 파티마의 기적 등)으로 변질되어 갔다. 그 결과, 치유는 공식적으로 용인된 그리스도교의 삶의 중심으로부터 멀어지게 된 것이다.

Ⅳ. 종교개혁 시대

종교개혁시대에도 치유 사역에 대한 부정적인 사상은 계속 이어졌다. 과학과 지성이 서구사상을 지배하면서 이성적 사고가 강조되었고, 이성과 논리를 통해서만 하나님의 존재를 증명할 수 있다고 믿었다. 이러한 사상과 논리로 인해 영적인 사역의 필요성이 발전할 수 없었다. 그럼에도 불구하고 하나님께서는 치유의 역사를 일으키셨다. 다른 시대에 비해 개혁자들에 의해 강조가 덜 되었을 뿐, 결코 없었던 것은 아니다. 루터(Martin Luther, 1483~1546)는 초기에는 치유의 역사를 부인했다. 그는 자신의 시대에는 치유의 역사가 일어나지 않는다고 생각했다.[98] 그러나 자신의 기도를 통해 치유를 경험하면서 비로소 치유의 기적을 인정하게 되었다. 루터의 친구였던 멜랑흐톤(Melanchthon, 1497~1560)이 여행 중에 병으로 쓰러졌다. 그래서 어떤 사람이 루터에게 이 소식을 전하

---

98) Ibid., 232.

자 루터는 친구의 회복을 위하여 기도했는데 멜랑히톤은 곧 치유의 경험을 하게 되었다. 루터는 친구들에게 이와 같은 편지를 보냈다. "내가 그에게 갔을 때 그는 이미 죽어 있었다. 그러나 명백한 하나님의 기적으로 그가 살아났다." 루터는 초대교회에는 치유와 같은 위대한 기적들이 단순히 선교를 위해 단순히 주어졌으나, 후대의 교인들은 사람들을 가르치고 개종시키며 영적으로 구원시킴으로 이러한 기적들보다 더 위대한 사역을 행할 수 있었다고 믿었다.[99]

칼뱅(John Calvin, 1509~1564)에 있어서 치유 사역은 회개로 시작된다고 보았으며, 이는 단순히 병 고침의 은사를 활용하는 것을 의미하는 것이 아니라, 통전적인 치유를 목회 활동의 범주로 여겼다고 할 수 있다. 그는 특별히 치유목회를 한 것은 아니지만, 그의 설교나 주석들을 보면 영적치유를 크게 강조하고 있다. 칼뱅은 다른 모든 기적적인 은사와 더불어 병 고침의 은사도 일시적인 것으로 보았으며, 지금까지 계속되는 것으로는 생각하지 않았다. 그는 다만 믿음으로 간구할 뿐이며, 병이 낫고 안 낫고는 치료자이신 하나님의 절대적인 뜻에 달려 있다고 보았다.

그는 예수 그리스도께서 이 땅에 오신 목적이 비록 육체의 여러 질병을 고치신 것도 포함되지만, 그것이 주된 일이 아니라 영혼을 치료하기 위해 오신 것임을 강조하였다. 즉, 칼뱅은 치유 사역을 복음 선포를 통해 구원의 자리로 이끄는 것이 온전한 치유라고 보았다. 모든 기적적인 치유의 능력은 사도들에게서 나오는 것이 아니라 성령의 역사이며, 그 결과 사람들을 구원으로 이끄는 것이었다. 즉, 기적적인 치유자체가 단순히 의료적인 목적에 있는 것이 아니라 우리의 모든 질병과 약함을

---

[99] A. J. Gordon, The Ministry of Healing(N.Y.: Christian Publication Inc. 2008), 92~94.

짊어지신 예수를 믿게 하는데 큰 목적이 있다는 것이다.

칼뱅은 영혼의 구원을 강조하였다. 그가 영혼의 구원에 중점을 둔 이유는 당시 로마 가톨릭이 영혼구원에 대한 진리를 거의 외면하고 있었기 때문이다.[100]

개혁자들은 "오직 믿음으로만 구원을 받는다"는 교리를 강조하였다. 칼뱅은 기적적인 은사들이 복음전파를 놀랍도록 만들기 위해 필요했기 때문에, 이러한 은사들은 시작을 위한 일시적인 사건이라고 보았다. 또한 그는 주님의 구원의 능력에 대한 믿음이 체험이나 증거를 요청하는 어떤 것보다 훨씬 더 고상한 일이라고 생각했다.[101] 종교개혁자들은 중세가톨릭이 성지(聖地)와 성자(聖者)들에게 주목하는 것을 그리스도에 대한 헌신으로부터 멀어지는 것으로 보았다. 특히 신비 속에 나타난다는 성모마리아의 치유행위 등은 모두 미신으로 보았다.

발도파(Waldeneses)[102]는 그들의 신앙고백서에 병자들에게 기름을 바르며 기도하는 것을 신앙신조 중 하나로 간주하였다. 환자가 이러한

---

100) Morton Kelsey, 233.
101) Francis MacNutt, 치유의 영성, 94.
102) 발데스 복음주의 또는 왈도파 등으로도 불렸으며, 12세기 프랑스에서 발생하였다. 재산가였던 발도(Peter Waldo)는 주님을 위해서 자신을 바치기로 결심하고, 1176년 재산을 모두 빈민들에게 나누어준 뒤, 그리스도의 사도나 아시시의 성자 프란체스코처럼 청빈한 생활을 하면서 설교에 전념하였다. 설교에 감동한 많은 사람들은 2명씩 조를 짜 리옹의 빈자라 이름짓고 각지를 돌아다니며 복음을 전했다. 그러나 로마교회에서는 복음이 잘못 전해질까 우려하여 설교를 금지하였다. 그럼에도 불구하고 설교 활동을 계속하자 교황 루키우스 3세는 1184년 칙서《Ad Abolendam》을 발표해 발도파를 이단으로 단죄하였으나 그들은 로마교회와 결별하고 독자적인 조직을 만들었다. 그들의 주 사상은 성경으로 돌아가 그리스도를 신앙의 중심으로 삼고 사도의 교훈을 따라야 한다

일을 요청할 때, 그 자신의 질병 회복을 위해 간절히 기도하는 사람에 의해서 정당하게 기름부음을 받아야 한다고 고백하였다. 또한 사도들이 목적을 두고 행한 기름부음은 치유의 효과가 있으며 유익하다고 고백하였다.

는 것이며 그 내용은 다음과 같다. 첫째, 인위적인 신조를 거절하고 둘째, 평신도들에게도 성경에 따라 복음을 전파할 권리가 있어 남여 모두가 설교하는 것을 의무적으로 삼으며 셋째, 연옥의 교리, 죽은 자를 위한 기도, 미사를 부정하고 넷째, 세례와 떡 떼는 것 이외의 모든 성례와 로마 가톨릭 교회가 정한 절기들(사도들의 축일, 금식일 등)을 부정하며 다섯째, 성인, 성상, 성물, 십자가 등을 경배의 대상에서 배격하며 특히 마리아 숭배 교리를 배척한다 등이었다. 그들은 특히 치유 사역에 호의적이었으며 종교개혁의 개척자들이었다.

V. 근세 시대

    종교개혁 이후에 수학, 물리학, 철학 및 신학에 대한 새로운 이론들이 봇물 터짓듯 쏟아져 나왔다. 그것들은 모두 인본주의적인 철학사상 이론에 근거를 두고 있었기 때문에 그곳에 기독교치유가 자리잡을 수 있는 여지가 없었다. 16세기와 17세기의 과학과 지성세계를 지배하다시피 했던 데카르트(Rene Descartes, 1596~1650)가 '생각하는 것'이 인간존재의 총체적 본질이라고 주장하고 나섰다. 그는 이성적 사고를 강조하면서, 이성과 논리를 통해서만 하나님의 존재를 증명할 수 있다고 믿었다. 이러한 그의 사상적 영향 아래에서 당시의 학문과 종교 세계에서도 물질세계를 초월하는 영적인 세계를 인정하기 어려웠다.[103]
    18세기에 등장한 역사성서 비평학은 복음서의 역사적 맥락을 이해하려고 애썼지만 이들 역시 합리주의적 철학사상이라는 옷을 입고 있어

---

103) 정태기, 아픔 상담 치유, 14.

서 신약성서에 나오는 치유기사들을 조작된 이야기 정도로 생각하였다.

19세기에 접어들면서 자유주의 성서비평 운동이 일어나기 시작했지만, 이들 역시 합리주의적 사상으로 무장되어 있어서 성서의 치유사건을 전부 수용하지는 못했다. 이들은 복음서의 치유기사 중 육체의 치유 부분은 사실이 아니라고 생각했다. 그래서 겨우 히스테리성 시각장애인의 치유 기사 정도가 가능했을 것이라고 인정하였다. 그러나 그것마저도 인간 예수의 능력 때문이지, 하나님의 초자연적인 능력에 의한 치유는 아니라고 믿었다.[104]

근대에 들어서면서 치유신학에 대해 새로운 시도가 일어났는데, 치유 기적에 관한 신학에 강조점을 둔 성결운동이 그 한 예이다. 1800년대 후반에 일어난 운동(크리스쳔 사이언스)은 "모든 질병은 정신장애에서 오고, 모든 치유는 올바른 믿음과 지혜로부터 일어난다"고 보는 이교집단에 의해서 시작되었다. 이 운동의 문제점은 마음과 영의 능력은 강조하면서도, 육체의 가치는 부정하는 이원론적 사고에 있었다.

19세기 후반과 20세기 초에 일어난 실존주의와 '신은 죽었다(死神論)'는 사상이 다시 한 번 기독교 치유에 찬물을 끼얹었다. 이 사상에 집착하는 사람들은 오직 현재에 존재하는 순간만을 진실이라고 믿었으며, 초자연적이고 영적인 실체를 인정하려 들지 않았다. 이들은 현존을 초월하는 어떤 세력도 자연세계를 파고 들 수 없다고 생각하였다.[105]

20세기 신학자들 가운데 불트만(Rudolf Bultmann, 1884~1976), 칼 바르트(Karl Barth, 1886~1968), 본회퍼(Dietrich Bonhoeffer, 1906~1945)

---

104) Kenneth Bakken, The Journey toward wholeness(N.Y:crossroad, 2020), 25.105)
105) 정태기, 16.

같은 학자들도 복음서의 치유기사를 초대 기독교인들이 믿음을 강화하기 위해 꾸며낸 신화로 믿었다. 이들에 의하면, 예수님 당시에 일어나지 않았던 치유가 오늘날에 일어날 리가 없다는 것이다. 기독교 치유를 인정하지 않는 이러한 철학, 과학 및 신학의 상황 아래서 치유에 대한 생각이 신학교 교실이나 교회에서 존중될 리 없었다. 치유는 무식한 사람이나 믿는 미신거리로 치부되고 있었다. 그러나 이런 현실 앞에서도 교회 여기저기서 치유사건이 계속 일어나고 있었고, 이를 인정하려는 움직임도 일어나고 있었다.

종교개혁 이후에 발생한 개신교 단체인, 모라비안 교도(Moravians, 1700~1760), 친우회(Society of Friends)라 불린 퀘이커파, 감리교도(Methodist) 안에서도 치유의 역사는 계속되었다.[106]

웨슬리(John Wesley, 1703~1791)는 무수히 많은 하나님의 치유 기적들을 증거했다. 그 자신의 기도를 통하여 이러한 일들이 직접 나타나기도 하였다.

블룸하르트(Johann Christopher Blumhardt, 1842~1919)는 초기 교회이후 기적의 역사가 쇠퇴한 주요한 이유를 '인격적 성령(the personal holy spirit)'이라고 불리던 분이 부재하였기 때문이라고 믿었다. 그는 당시 많은 사람들에게 큰 인상을 주었으며, 그들은 마치 신약 시대에 살고 있는 듯한 느낌을 받았다.

오순절 주의자들은 역사적으로 볼 때 치유 사역의 개척자라고 할 수 있다. 20세기 중반에 전개된 치유 사역에 있어서 가장 성공적인 집단으로서, 치유는 주로 부흥사나 복음전도자들을 통해 이루어지고 있다. 대부분의 치유는 대중 집회에서 일어나고 있다.

---

106) A. J. Gordon, 64~65.

"은사운동"이라는 말은 현대 교회 역사를 논하는 관점에서 특별한 의미를 지닌다. 본래 20세기 초, 미국을 중심으로 오순절 운동이라 불리는 운동이 일어났다. 이 운동은 대개 중생과 구별되는 성령 세례를 강조했으며, 그 표적은 방언을 말하는 것이라고 주장했다. 이들은 하나님께서 이 마지막 때에 방언을 비롯하여 병 고침, 예언, 기타 기적적인 은사들을 회복시키고 있다고 믿었다. 이 운동은 여러 새로운 교파들을 형성하게 되었다. 1960년대에 이르러, 이 운동은 전통적인 교단들에도 영향을 미쳐 많은 사람들이 자기 교단을 떠나지 않은 채 오순절 운동을 받아들이게 되었다. 이를 신오순절운동 혹은 카리스마(charisma, 은사) 운동이라고 부른다. 1980년대에 이르러, 오순절 운동에 회의적이던 보수적 기성 교단에 속한 사람들 가운데서도 성령의 은사들을 새롭게 수용하려는 움직임이 나타났다. 이들은 중생과 구별되는 성령 세례 교리는 받아들이지 않았지만, 성령의 은사들을 적극적으로 수용하려고 했다.

VI. 현대

　일반적으로 오순절 운동의 근원을 찰스 팔함(Charles Parham, 1873~1929)에서 찾는다. 그는 방언을 성령세례의 초기 증거로 이해하여 방언과 성령세례를 연결시킨 최초의 사람이다. 이런 이유로 그는 오순절 운동의 신학적인 기초를 놓았다고 말할 수 있다. 1897년 팔함은 하나님의 능력으로 치유함을 받았다. 그리고 아내와 함께 1898년 캔자스 토페카에 벧엘이라는 치유요양원을 세웠다. 1900년에 전국적인 순회를 하던 중에 말세의 징조로서 방언이 있음을 알았고, 이것이 성령세례의 증거라고 생각했다. 그래서 그는 방언과 성령세례를 연결시켰다. 그런데 1903년부터 그는 치유를 강조하였는데 미주리에서 개최한 치유집회에서 놀라운 결과를 얻었다. 그 결과, 캔자스 갈리나(Galena, Kansas)에 가서 3개월 연석 치유집회를 인도하게 되었다. 그는 치유자(divine healer)라는 이름을 얻게 되었다. 여기서 주목해야 할 것은, 치유의 기적이 나타난 곳에서 성령 세례의 일차적인 증거가 방언이라는 그의 교리가 쉽게 받아들여졌다는 점이다. 여기서부터 오순절 운동과 치유운동이 함께 병행하게 되

었다.[107)]

19세기 말과 20세기 초의 치유운동의 중심은 알렉산더 도우이(John Alexander Dowie, 1847~1907)였다. 그는 원래 호주에서 미국으로 이민 온 사람으로서, 이전의 치유 운동가들이 취했던 온건한 입장을 버리고 극단적인 태도를 취하였다. 그는 "의사, 약, 악마는 다 같은 그리스도의 적"이라고 공격하며 약의 사용은 물론 안경 사용까지 금지했다. 그의 치유 교리는 '삶의 두 종류 체인(chain)'이론에 근거하고 있다. 그는 죄가 질병, 죽음, 지옥의 원인이고, 성결이 건강, 영생, 천국의 원인이라고 주장했다. 그는 시카고에 '시온의 도시'라는 신앙촌을 세웠으나, 이후 심장병으로 쓰러지면서 팔함이 이 도시에서 집회를 인도하게 되었다. 그 결과, 팔함과 도우이의 추종자들이 결합하여 치유와 오순절 메시지를 전 세계로 확산시키게 되었다. 이후 도우이의 제자들은 '하나님의 성회'를 결성하는 데 중요한 역할을 담당하였다.

이때 영국에서는 질병뿐만 아니라 의학적으로 완전히 죽은 자들을 살려내는 치유 사역자 스미스 위글스워스(Smith Wigglesworth, 1859~1947)가 영국과 유럽을 뒤흔들어 놓고 있었다.[108)]그는 주님께 전적인 순복을 통한 성령의 치유 사역을 강조하였으며, 그의 치유 사역은 오순절 이후 가장 강력한 것으로 평가되었다.

---

107) Alister E. McGrath, 역사속의 신학, 김홍기 역(서울:대한기독교서회, 2010), 171~172.
108) see Albert Hibbret, 스미스 위글스워스 그 능력의 비밀(Smith Wigglesworth The Secret of His Power), 김유진 역(서울:은혜출판사, 2010).
Zeb Bradford Long and Duglas McMurry, 성령의 능력으로 사역하라(Receiving the power). 홍석현 역(서울:홍성사, 2005), 37.

팔찰스 팔함(Charles Parham, 1873~1929)의 뒤를 이어 오순절 운동에서 치유에 앞장 선 사람은 프레드 보스워스(Fred F. Bosworth, 1877~1958)였다. 하나님의 성회를 떠나 독립적으로 일한 사람으로서, '치유자 그리스도'라는 치유에 관한 중요한 저술을 발간했다.

여성 치유 운동가들도 등장했으며, 그중 가장 유명한 인물은 에이미 맥퍼슨(Aimee Semple McPherson)이다. 그녀는 하나님 성회의 중요한 지도자 중 한 명인 윌리엄 덜함(William Durham)에게 안수를 받아 전도사가 되었고, 국제복음교회의 창립자가 되었다. 1920년대와 30년대에 그녀는 미국에서 가장 유명한 신앙 치유자 중 한 사람이었다. 그녀는 기도할 때 감람유를 묻힌 손으로 환자를 만졌으며, 그리스도께서 십자가에서 우리의 죄뿐만 아니라 우리의 병도 담당하셨다고 믿었다. 그녀의 집회는 초교파적으로 대성황을 이루었으며, 이는 후에 신오순절운동의 태동에 중요한 역할을 했다.

윌리엄 브랜햄(William Branham, 1909~1929)은 전후 치유 운동의 대표적인 인물이었다. 그의 치유 사역은 특별한 체험으로부터 시작된다. 그는 자신의 특별한 체험이 빛과 관련이 있다고 주장하였다. 그는 특별한 치유행위로 유명하다. 즉, 하나님의 세 번의 끌어당김을 통하여 자신은 치유 사역자가 되었다는 것이다. 그러나 그는 1950년대의 후반과 60년대 초에 이르면서 점점 과격하게 되고, 급기야는 지옥을 부정하고, '사탄의 씨' 개념을 도입하였다. 그는 가인이 하와와 사탄의 성적인 교접을 통하여 태어났다고 주장하였다. 그는 추종자들에 의해서 신격화되는 현상이 나타나기도 하였다. 그는 나중에 교통사고로 사망하였다.

브랜햄의 뒤를 이어서 치유운동을 인도한 사람이 오랄 로버츠(Oral Roberts, 1918~2009)이다. 그는 어려서부터 병약했다. 그는 어릴 때 치유집회에 가서 하나님의 음성을 들었다고 한다. 즉, 병고침과 더불어서 치유 사역자로 세워주신다는 하나님의 음성을 듣고 "병마야 물러가라"

는 외침으로 단번에 나음을 입었다고 한다. 그 후 그는 오순절성결교회의 사역자가 되어서 목회를 하였다. 그는 본격적으로 1947년에 치유 사역을 하였다. 그의 방식은 대형천막집회를 하였고 방송사역을 하였다. 방송을 통하여 치유메시지를 전하여서 치유를 보편화하는데 기여하였다. 그리고 그는 TV선교를 하였다. 그는 한 때 6천4백만의 시청자를 확보하고 1980년 갤럽 조사에 의하면 미국시민의 80%가 알고 있는 인물이 되었다.

오랄 로버츠대학교와 의과대학을 설립하였다. 그의 치유 방법은 실제적이었다. 하나님은 우리의 치유를 원하시며 우리는 이것을 구체적으로 믿어야 하며, 이런 믿음은 믿음의 공동체 안에서 양육되어져야 한다는 것이다. 로버츠의 치유신학의 핵심은 '좋으신 하나님'이다. 하나님은 자녀들이 질병에 메이는 것을 원치 않으신다. 하나님의 구속역사는 단지 영혼에만 메이는 것이 아니라, 영·혼·육을 포함한다는 것이다. 그래서 그것을 잘 표현한 것이 요한 3서 1장 2절의 말씀이다. 그리고 그는 그리스도의 십자가 배후에는 인간의 죄만 담당하신 것이 아니라 인간의 질병까지 담당했다는 것이다. 치유를 구속의 맥락에서 이해하였다. 그의 치유운동의 또 다른 특징은 접촉점이다. 하나님이 병을 고칠 수 있도록 구체적인 접촉점을 가져야 한다는 것이다. 단순히 믿음만으로는 부족하며, 안수, 기름 바름, 수건 등의 접촉점이 필요하다고 했다.

로버츠와 함께 전후의 치유운동을 인도한 여성 치유운동가는 캐더린 쿨만(Kathrym Kuhlman, 1907~1976)이다. 그녀는 치유운동가라는 말보다는 전도자라는 말을 좋아한다. 쿨만은 치유보다 더 큰 기적은 중생이라고 믿었으며, 자신의 사역이 전적으로 하나님이 주시는 은사라고 주장했다. 따라서 자신을 치유자로 부르는 것은 적절하지 않다고 생각했다. 그녀는 스스로 말하기를 자신은 영혼을 구원하는 것이 목적이며 그녀의 특별한 소명은 하나님 파워의 증거를 제공하는 것이라고 한다.[109]

그녀는 어려서부터 오순절과 관계를 맺었으나 독자적으로 사역을 하여서 오순절 영역에서 벗어나서 기독교의 넓은 영역으로 나올 수 있게 되었다. 그러나 로버츠와 쿨만의 이런 사역은 신오순절운동과 카리스마운동의 형성에 큰 공헌을 하였다. 그녀의 치유 사역은 1946년부터 시작되었다.

그녀는 치유를 오랫동안 연구한 결과, 치유는 그리스도 구속 사역의 일부이며 치유는 사도시대와 함께 끝나지 않았고, 치유의 가장 중요한 요소는 믿음이라는 것을 발견하였다. 그녀는 치유가 전적으로 성령의 사역이며 따라서 왜 치유되는지, 혹은 왜 치유되지 않는지도 하나님의 영역에서 속해 있다는 것이다. 그것은 그녀가 모든 사람이 다 낫지 않을 때 그 이유를 찾기 위해서 부단히 노력한 끝에 내린 결론이었다. 그녀는 먼저 끈질기게 성령의 기름부음의 확신이 들 때까지 기다렸다가, 그런 확신이 들면 비로소 그녀의 치유 사역을 행하였다.110) 그녀의 사역은 앞에 언급한 브랜햄과 유사하여서 '지식의 말씀'을 사용하였다. 그녀는 공개되고 의학적으로 검증되기를 원하였다. 그래서 의사가 그녀의 집회에 참석하였는데, 참석한 의사 가운데는 존스 홉킨스 의대와 스탠포드 의대의 유명한 의과대학의 교수들이 있었다. 그러나 참석한 의사들의 의견은 달랐다. 어떤 이들은 치유의 진정성을 인정하고, 어떤 이들은 그것을 부정하였다. 그러나 이렇게 부단히 입증을 하려고 노력한 결과, 그녀는 치유에 대해서 부정적인 미국 중산층 시민에게 호의를 얻었다. 브랜햄이

---

109) Kathryn Kuhlman, I Believe in Miracles(Florida, Gainesville:Bridge Logos, 2001) 1.
110) Ronald A. N. Kydd, Healing Through the Centuries:Models for Under_standing(Peabody, MA:Hendrickson, 1998), 190~191.

하류계층의 언어와 습관을 가지고 치유운동을 했다면, 그녀는 상류계층의 언어와 행동으로 치유운동을 했다고 할 수 있다.

오랄 로버츠와 쿨만이 오순절 교단을 넘어서 일반 주류 교회의 신자들에게로 확대 시켰으나 이들은 어디까지나 오순절 계통이었다. 1950년대 말부터 주류 교단의 성직자들 가운데서 오순절 성령세례를 받아들이고, 이것을 강조하는 새로운 흐름이 생겼다. 이것이 개신교에서 가톨릭에까지 확대되었다. 이런 전통적인 '오순절운동'의 범위를 넘어선 성령운동을 '은사운동'이라고 부른다. 학자들에 따라서는 개신교 주류 교단의 성령운동을 '신오순절 운동'이라고 부르고, 가톨릭의 성령운동을 '은사갱신운동'으로 부르기도 한다.

주류 교단에서 오순절 운동을 받아들인 최초의 인물은 일리노이즈 휫튼의 성공회 신부 윈클러(Richard Winkler)였다. 그러나 강하게 확산시킨 자는 또 다른 성공회 신부인 데니스 베넷(Dennis Bennett, 1917~1991)이었다. 목회를 하던 중 자신의 교회신자들이 성령체험을 한 다음 갑자기 열심을 내는 것을 보고 성경과 교회전통을 연구한 결과, 타당하다고 결론을 내리고 자신도 그 은혜를 추구하였다. 그는 치유를 하나님의 뜻이라고 강조하였다. 기도하는 자는 치유가 하나님의 뜻임을 믿고 기도해야 한다는 것이다. 그는 접촉점을 제안한다. 그래서 손수건, 기름을 사용한다. 치유 때 죄를 회개할 것을 권장했다.

성공회에 이어서 가톨릭에서도 성령운동이 일어났다. 1967년 2월 피츠버그의 두케인(Duquesne)대학의 가톨릭기도모임에서 성령체험의 역사가 일어났다. 그리고 이어서 노틀담 대학과 미시간 주립대학으로 확산되었다. 고전적 오순절 운동이 가난한 대중들에서 시작되었다면, 가톨릭 은사운동은 대학의 캠퍼스에서 학생들과 교수들 사이에서 일어났다. 전례갱신, 성경공부와 더불어서 현대 가톨릭을 갱신하는 중요운동으로 발전하였다.

가톨릭 치유 사역자 가운데 가장 유명한 사람은 프란시스 맥너트(Francis MacNutt, 1925~2020)신부였다. 하버드대학 출신으로 미국 가톨릭 설교학회 회장으로 지낸 맥너트는 치유 사역의 현장을 목도한 후 전세계적으로 치유 사역을 전개한 사람이다. 그는 치유현장을 친히 목격한 후 치유 사역을 전문으로 하는 사람에게 가르침을 받았다.[111] 맥너트의 치유 사역은 여러가지 점에서 전통적인 오순절 견해와 일치한다. 즉, 그는 질병은 결코 하나님의 뜻이 아니며, 질병의 근원에는 죄가 있을 수 있다. 질병의 치료를 위하여 대규모의 은사집회의 효용성을 인정한다. 그러나 맥너트는 오순절 운동과는 다른 치유관을 가지고 있었다. 즉각적으로 치유되는 것이 아니라 점진적으로 치유된다는 것을 알았다. 그래서 그는 적시는 기도(soaking prayer)를 주장한다. 계속적인 기도를 강조하였다.

공식적인 측면에서 가톨릭의 치유운동이 개신교와 다른 점은 첫 번째, 가톨릭은 치유를 성례전적으로 이해한다는 것이다. 그래서 오순절의 은사구조와 성례전을 서로 보완하는 방향으로 나아갔다. 실제로 가톨릭에서도 방언이나 치유와 같은 성령의 역사는 성례전을 집행할 때에 나타나게 된다.

두 번째, 성직구도와 은사를 어떻게 조화시킬 것인가 하는 것이다. 그들은 치유에 있어서 성직자만이 가질 수 있는 특별한 위치를 인정하고자 한다. 신학적으로 가톨릭 치유 사역의 가장 중요한 측면은 종부성사의 바른 이해이다. 야고보서에서 기원한 것이 변질되어서 임종을 앞두고 죄를 고백하는 임종의식이 되었다. 그러나 제2차 바티칸 공의회는 이 종부성사를 본래적인 의도로 회복하였다. 가톨릭의 성례전은 그리스도 사역의 연장에서 이해한다. 그리고 병자에게 기름을 바르는 것은 그리스도

---

111) MacNutt, 치유의 영성, 9~11.

께서 인간의 영혼과 육체를 전체적으로 관심한다는 것을 보여주는 성례이다. 이것을 통해서 천주교는 영혼만을 위한 목회에서 영과 육을 포함한 목회로 전환하게 되었다.

20세기 후반에 들어오면서 치유운동은 매우 다양해지고 복잡해졌다. 첫째는 신앙운동(faith movement)이며, 둘째는 이른바 '제3의 물결'이라고 불리는 독립교회 운동이다. '말씀운동' 혹은 '긍정적인 고백'(positive confession)운동이라고도 불리는 신앙운동은 케네스 해긴(Kenneth E. Hagin, 1917~2003)에 의해서 시작되었다. 1933년에 회심을 하고, 그 다음 해에 치유를 경험한 해긴은 그 뒤로부터 사역자로 나섰다. 그는 선천성 심장병으로 거의 죽게 된 경험을 하면서 침대에 누워 있는 동안에 하나님의 계시를 받았다. 바로 산을 옮길만한 믿음에 대한 성경구절(막11:23~24)이었다. 그 계시를 두 번 받으면서 '먼저 믿은 후에 치유가 온다'는 것을 깨달았을 때 기적적으로 병에서 치유함을 받았다.[112] 그 후 그는 오순절교파와 관련을 맺었다. 그가 본격적으로 사역을 시작한 것은 1949년이었다. 그 후 13년 동안 그의 사역은 영분별과 병든 자의 치유에 집중되었다. 그는 1963년부터 자신의 강의 테이프와 책자들을 전국적으로 배포하기 시작했다. 그의 사역이 확산된 것은 1974년에 세워진 '레마성경훈련센터'를 통해서이다. 이 학교를 통해서 그의 가르침은 미국뿐 아니라 전 세계적으로 확산되었다. 지금까지 이 학교의 졸업생은 수 만 명을 넘고 있다.

해긴의 신앙운동은 크게 3가지를 강조하고 있다.

첫째, 육체적인 치유는 곧 하나님의 뜻이라는 것이다. 그리스도의

---

112) Dan McConnell, the Promise of Health and Wealth, (London : Hooder & Stoughton, 1990), 58~60.

십자가는 우리의 죄 뿐만이 아니라, 우리의 질병까지도 담당했다고 믿는다(사53:4~5, 마8:17, 벧전2:24). 신앙운동은 치유가 성경에 분명하게 약속되어 있으며, 이것을 분명하게 믿는 믿음이 있어야 한다고 강조한다. 다시 말하면, 신앙운동은 치유가 보증되어 있는 것을 강조한다.

둘째, 축복에 대한 강조이다. 근거구절은 요한3서 2절에서 찾을 수 있다. 또 마가복음에서는 백배의 보상(막10:29~30)을 강조하였다. 이 축복의 복음은 오순절 운동에서 새로운 등장한 것으로, 전통적인 오순절 운동에서는 축복을 강조하지 않았다. 축복의 가장 중요한 측면은 축복을 그리스도의 구속의 사역과 관련키는 것이다. 즉, 그리스도께서는 우리를 부요하게 하려고 가난해지셨으며, 우리의 죄와 질병뿐만 아니라 우리의 가난까지도 십자가에서 담당하셨다는 것이다. 해긴은 부요에 대해서 말하기를, 사람이 죄인이기에 복을 내리시지 않는다는 것이다. 사람이 하나님께 존경을 표하고 영광을 돌리면 하나님의 축복을 받게 된다고 하였다.[113]

셋째, 긍정적인 고백의 강조이다. 그의 신앙운동은 하나님의 약속은 우리 믿음의 고백을 통해서 우리에게 주어진다고 말한다. 다같이 입으로 고백하는 긍정적인 명령은 구체적인 열매로 나타난다는 것이다. 이러한 긍정적인 고백의 기초에는 소위 '레마 신학'이 자리잡고 있다. 로마서 10장 8절의 "마음으로 믿어 의에 이르고, 입으로 시인하여 구원에 이른다"는 말씀에 근거한 레마신학은 입으로 시인한 것은 즉각적으로 구체적인 상황에 영감을 주고, 역동성을 주어서, 구체적인 열매를 갖게 한다는 것이다. 이들은 말씀에 근거한 고백을 강조하게 되었다.

---

113) Ibid., 172.

최근 치유운동으로 가장 유명한 사람은 제3의 물결 선구자[114] 존 윔버였다. 1964년에 회심을 경험하고 그는 대학을 졸업하고 '형제파' 교회에서 목회를 시작하였다. 1975년의 풀러 신학교의 피터와그너와 함께 교회성장운동에 참여하다가, 그 학교를 떠나서 캘리포니아에서 교회를 시작하였다. 이 교회는 1982년 빈야드크리스찬 펠로우십에 가입하였고, 이후 윔버는 빈야드운동의 지도자가 되었다. 윔버는 와그너와 함께 1982년부터 '표징, 기적 그리고 교회성장'이라는 과목을 가르치기도 하였다. 와그너는 윔버와 그와 비슷한 사역에서 미국 성령운동의 또 다른 특색을 발견하고 이들을 '제3의 물결'(The Third Wave)이라고 불렀다. 이들은 고전적 오순절 운동처럼 따로 교파를 만들지도, 은사운동처럼 기존 교파의 구조를 떠나지도 않고, 오히려 교파의 관료조직과는 관계없이 독자적인 성령운동을 하고 있었다. 윔버가 치유 운동에 참여한 계기가 된 것은 자신도 체험을 경험했기 때문이었다. 그가 심장 혈관이 좁아지는 관상동맥 질환을 앓았었을 때, 이러한 병은 나이가 들면 자연스럽게 찾아오는 것이므로, 치유를 위해서 기도하는 일은 자연스러운 일을 거스르는 것이라고 하였다. 그러던 중 빈야드에 관계되는 사람들을 만나고, 그들의 기도의 결과 기적이 일어났다. 의사들이 윔버를 진단하고서는 놀라

---

114) Alister E. McGrath, 역사 속의 신학(Christian Theology), 김홍기 외 역(서울: 대한기독교서회, 2010), 171~172.
피터 와그너(Peter Wagner)는 오순절 운동 안에는 세 갈래의 '물결'이 있다고 본다. 첫 번째 물결은 고전적인 오순절 운동으로서, 1900년대 초반에 생겨났으며, 방언을 강조했다. 두 번째 물결은 1960년대와 70년대에 일어났으며, 로마 가톨릭교를 포함한 주류 교파들과 관련되는데, 이들은 영적인 치유와 카리스마적인 실천에 접근했다. 세 번째 물결은 존 윔버와 같은 개인들로 대표되는 '표적과 기적'을 강조하는 물결이다. 제일 마지막을 그래서 '제3의 물결'이라고 부른다.

게 되었다고 한다.[115] 윔버의 치유신학교 핵심에는 하나님의 나라의 개념이 있다. 윔버는 치유가 하나님 직접적인 개입으로 이루어진 것이며, 그리스도의 '구속 사역 안에' 있는 것이 아니라 그리스도의 '구속 사역을 통하여' 나타난다고 주장했다.

    현대의 치유 사역은 켄 블루(Ken Blue, 1945~), 프랜시스 헌터(Charles Frances Hunter), 베니 힌(Benny Hinn) 등이 치유 사역의 맥을 이어오고 있다.

---

115) 존 윔버(John Wimber), 능력 치유, 이재범 역(서울:나단출판사, 2005), 20~23.

| 제4장 |

예수님의 치유 사역

그들이 건너가 게네사렛 땅에 이르니 그 곳 사람들이 예수 이신 줄을 알고 그 근방에 두루 통지하여 모든 병든 자를 예수께 데리고 와서 다만 예수의 옷자락에라도 손을 대게 하시기를 간구하니 손을 대는 자는 다 나음을 얻으니라 (마14:34~36)

Ⅰ. 치유자 예수님

몰트만은 예수님의 치유 사역을 다음과 같이 표현하였다.

공관복음에 의하면, 사람들이 예수님에게서 발견하였던 첫 번째는 성령의 '치유하시는 능력'이다. 그것은 예수님과 접촉을 하는 사람들이 죄인으로서가 아니라 아픈 자로서 드러나는 이유가 된다. …왜 아픈 자들은 예수님 곁에 있을 때, 앞으로 나오고 그들 자신을 드러내는 것인가? 그들은 분명히 예수님의 생명이 전염력이 있는 치유능력을 소유하고 있음을 발견하였음에 틀림없다. 즉, 저녁에 해가 질 무렵에 그들은 그에게 귀신들린 자, 병자들을 데리고 왔다. 그리고 그분은 여러 병든 자들을 치유하였다. 그리고 많은 귀신을 물리치셨다. 데몬(demon)들은 고통을 주는 것에 기쁨을 가지는 존재들이다. 그런데 메시야가 오시니까 이 고통을 주는 영들은 땅으로부터 사라진다. 그리고 사람들은 그들의 건강을 회복할 것이고 다

시 타당한 삶들을 살 수 있을 것이다.[116]

신약성경에서 가장 두드러진 사건은 바로 주님의 치유 사역이었다. 4복음서에는 주님의 치유행위가 72회 소개되어 있으며 그 분량은 복음서 전체의 약 1/5에 해당되는 727절에 이른다.[117]

주님이 치유한 질병에는 열병, 한센씨병, 뇌혈관질환, 유출병, 뇌전증, 시각장애, 청각장애 등 각종 육체적, 정신적, 심리적 질병이 모두 포함되어 있다. 또한 주님은 온갖 귀신에 짓눌려 자기를 잃어버린 이들을 위해 귀신을 추방하였고(마5:13), 심지어 죽은 사람들까지 되살려 냈다(요11:44). 그 어떤 치유자들과는 달리 주님은 자신의 공생활 중에서 치유를 중요시하였으며, 무엇보다도 어떠한 간구없이 직접 치유의 힘을 드러내셨다. 심지어 안식일 날 율법을 주저 없이 깨뜨릴 만큼(막3:5) 고통과 소외로 시달리는 병자들에 대해 큰 사랑과 연민을 가지고 계셨던 주님은 어떤 특별한 의학적인 수단을 사용하지 않고 말씀과 직접적인 몸의 접촉을 통해 구원하는 하나님의 손길을 보여주었다. 또한 죄를 용서함으로서 치유하기도 하였다(요5:14). 주님의 치유행위는 단순한 질병의 치유를 넘어 그들의 온전성을 회복시켜주는 통전적 치유였으며, 지금 이 땅에 예수를 통해 하나님의 나라가 와 있음을 보여주는 뚜렷한 표징이었다.

이러한 치유행위는 주님을 성령으로 충만하여 질병과 고통을 초래하는 사탄 및 그와 함께 한 모든 악한 세력들을 꺾어 없애는 권위 있는

---

116) Jürgen Moltmann, 189.
117) 한국가톨릭대사전 편찬위원회 편, "치유", 한국가톨릭대사전, 8335.
사복음서의 총 절수는 3,781절이다.

치유자요 하나님 나라의 현존을 선포하는 메시야임을 알리는 강력한 표징이 되게 하였다. 주님의 치유는 모든 질병뿐만 아니라 죄악에서 해방시키는 구원의 완성으로 목표를 삼았고, 이러한 목표를 이루는 수단으로 치유를 활성화 하셨다. 주님은 자신이 뽑은 제자들에게도 질병을 고치고 귀신을 내어 쫓을 수 있는 권능을 부여하셨다.

> 예수께서 그의 열두 제자를 부르사 더러운 귀신을 쫓아내며
> 모든 병과 모든 약한 것을 고치는 권능을 주시니라(마10:1)

주님은 구약시대의 예언자들처럼 약속에 따라 부여받은 치유의 능력을 행사하셨다. 이 일 역시 성령님이 그를 통해 계속 현존하며 활동하고 계심을 드러내는 증거가 되었다. 그 당시 항상 예수님의 주변에는 가난한 자, 병든 자와 같은 육체적 약점을 가진 사람들과 고독을 극심하게 경험하며 살아가는 과부들과 고아 그리고 그 시대의 지위가 낮은 평범한 민중들이 그를 따라 다녔다. 이러한 소외되고 약한 자들에게 희망을 주고 용기를 주는 일은 주님에게 있어서 가장 중요한 일이었다.

주님은 고통당하는 존재가 바로 인간이라는 것을 알고 있었으며, 그 고통에서 해방시켜 주는 것이 자신의 사명이라고 깨닫고 있었다. 주님께서 인간을 사랑하신 것은 단순한 윤리적, 율법적 명령이 아니라, 통전적 치유 의미가 강하게 함축되어 있음을 볼 수 있다. 오늘날 한국교회도 주님의 본을 이어받아 당연히 치유공동체가 되어야 한다.

치유자로서 예수님은 자신을 세 가지 방향으로 이해하셨다.
첫째, 종으로서의 자기 이해이다. 예수님은 스스로 하나님의 뜻에 순종하는 종의 모습으로 자신을 표현하셨다.

인자가 온 것은 섬김을 받으려 함이 아니라 도리어 섬기려 하고 자기 목숨을 많은 사람의 대속물로 주려 함이니라(마20:28)

사도 바울도 성자 하나님이 종의 형체를 입으셨다고 명백히 증거하고 있다.

오히려 자기를 비워 종의 형체를 가지사 사람들과 같이 되셨고 사람의 모양으로 나타나사 자기를 낮추시고 죽기까지 복종하셨으니 곧 십자가에 죽으심이라(빌2:7~8)

위 구절을 통해 알 수 있는 것은 신실한 치유자는 하나님과 인간의 종이 되겠다는 마음가짐이 있어야 한다는 것이다.

둘째, 목자로서의 자기이해이다. 성경은 하나님을 대신하여 사역하는 자들을 목자에 비유했다(겔34:2~10, 렘23:1~4, 슥13:7~9). 신약성경에서 예수님은 자신을 선한 목자라고 선포하셨다.

나는 선한 목자라 선한 목자는 양들을 위하여 목숨을 버리거니와 삯꾼은 목자가 아니요 양도 제 양이 아니라 이리가 오는 것을 보면 양을 버리고 달아나나니 이리가 양을 물어 가고 또 헤치느니라(요10:11~12)

수고하고 무거운 짐 진 인간들에게 참 평강을 선언하셨다.

수고하고 무거운 짐 진 자들아 다 내게로 오라 내가 너희를 쉬게 하리라 나는 마음이 온유하고 겸손하니 나의 멍에를 메고 내게 배우라 그리하면 너희 마음이 쉼을 얻으리니 이는 내 멍

에는 쉽고 내 짐은 가벼움이라 하시니라(마11:28~30)

이 말은 무거운 짐을 지고 있는 인간들의 참 해방을 위해 하나님을 대신해서 일하는 사람이야말로 신실한 치유자가 될 수 있다는 의미이다.

셋째, 아들로서의 자기 이해이다. 예수님은 그 자신을 하나님의 아들로 이해했다.

> 시몬 베드로가 대답하여 이르되 주는 그리스도시요 살아 계신 하나님의 아들이시니이다 예수께서 대답하여 이르시되 바요나 시몬아 네가 복이 있도다 이를 네게 알게 한 이는 혈육이 아니요 하늘에 계신 내 아버지시니라(마16:16~17)

사도 바울은 그리스도인이 하나님의 자녀라는 것을 증거하였다.

> 너희는 다시 무서워하는 종의 영을 받지 아니하고 양자의 영을 받았으므로 우리가 아빠 아버지라고 부르짖느니라 성령이 친히 우리의 영과 더불어 우리가 하나님의 자녀인 것을 증언하시나니(롬8:15~16)

이는 치유 사역자가 정확히 구원받은 하나님의 자녀가 되었다는 자기 정체성이 있어야 함을 의미한다. 이러한 자기 이해는 오늘날 치유 사역자들에게 매우 필요한 사항이다. 마태복음에서는 예수님이 공생애 동안 행하신 치유를 '종의 모습으로 오신 메시야'의 예언을 실현한 것으로 보고 있다(마8:16~17, 사53:3~5). 사도 베드로는 예수님의 고난과 죽음에 대한 의미를 치유 사역과 연관시키고 있다(벧전2:24). 우리는 온전히 주님만 바라보기만 해도 치유될 수 있다. 히브리인들이 치켜든 구리

뱀을 쳐다만 보아도 치료를 받았던 것처럼, 주님만 바라보기만 해도 치유될 수 있는 것이다. 그러므로 우리는 믿음과 경건한 마음으로 우리의 상처를 주님의 고난과 죽음의 과정 안으로 가지고 들어가 그분에게 치유해주시도록 기도해야 한다.[118]

1. 치유 목적

치유자로서의 예수님은 어떤 목적, 어떤 마음을 가지고 계셨는가를 살펴봄으로 오늘날 치유 사역자가 가져야 할 치유동기와 목적을 제시하고자 한다.

첫째, 치유의 목적은 하나님 나라 회복과 성장 그리고 완성에 있다.

> 예수께서 이르시되 내가 다른 동네들에서도 하나님의 나라 복음을 전하여야 하리니 나는 이 일을 위해 보내심을 받았노라 하시고 갈릴리 여러 회당에서 전도하시더라(눅4:43~44)

> 가면서 전파하여 말하되 천국이 가까이 왔다 하고 병든 자를 고치며 죽은 자를 살리며 나병환자를 깨끗하게 하며 귀신을 쫓아내되 너희가 거저 받았으니 거저 주라(마10:7~8)

---

118) Robert Faricy and Lucy Rooney, 인간의 상처를 치유하시고 구원하시는 하느님(Your Wounds I will Heal : Prayer for Inner Healing), 박홍, 박상근 역(서울:서강대학교, 2012), 102~107.

치유의 근본적인 목적은 하나님의 나라 회복과 성장 그리고 완성에 있다. 그래서 치유 사역은 질병의 치유와 회복을 넘어 하나님을 왕으로 섬기면서 그의 백성으로서 언약적 삶을 살게 하는데 그 목적이 있다. 하나님 나라는 신·구약 성경의 중심이며 성경전체를 가로지르는 주제들 가운데 중요한 부분이다. 이것은 예수님의 중심적 주제이기도 하다(마 4:17, 10:7). 하나님의 나라는 악한 자와 그의 행위들에 대한 하나님의 주권을 주장하는 '하나님의 역동적인 통치'라고 정의할 수 있다.

구약시대 하나님은 이스라엘을 이집트의 노예로부터 해방시킨 후 시내산 계약을 맺어(출19:20) 특별한 소유로 삼으셨다. 그 후 하나님의 통치내용 중에는 하나님의 다스림과 지도, 보호와 교훈, 축복의 서약이 뒤따르게 되었다. 하나님은 민족의 왕이 되시고, 민족은 하나님의 백성이 되는 계약을 맺으셨다. 이 계약에 따라, 하나님의 백성은 의해 하나님의 현재적 통치 개념인 왕권에 순종하며 살아가야 했다. 이스라엘이 '하나님은 우리 왕이시다'는 고백과 함께 하나님께 순종할 때, 그들은 건강, 부요, 나라의 번영 그리고 모든 만물의 평화와 자유를 누리게 되었다(출 15:26, 신8:1, 28:1~14). 그러나 불순종하여 하나님의 왕권에서 벗어나면, 징계에 의해 즉각 사탄이 질병과 사망과 연약함으로 침투하여 고통 가운데 살아야 했다(신28:16~68). 하나님은 하나님 나라 백성으로서의 삶을 살지 않을 때 질병을 허락하셨다. 그러나 그들이 회개하면 하나님은 긍휼과 자비로 치유해 주셨는데, 여기서 죄의 고백과 하나님의 용서하심이 질병치유와 밀접한 관계인 것을 알 수 있다. 구약시대의 질병 발생 원인은 인간의 범죄함에 대한 하나님의 징계가 가장 많아서 질병은 하나님의 심판 도구로 사용되었음을 볼 수 있다.

구약의 하나님은 자신이 사용하고자 하는 사람을 택하셔서 치유사역을 감당하게 하고 하나님의 왕국을 굳건히 세우게 하셨다. 즉 선지자에 의한 치유사례는 하나님이 그들과 함께 계시다는 표적들이며 부르심에 대한 반응이었다. 질병과 치유과정을 통해 하나님의 왕 되심과 하나님의 왕권이 계속 임재하고 있음을 발견하게 된다. 하나님이 왕이 되신다는 것은 한편으로 하나님께서 죄와 질병에 따르는 악의 세력을 대항하게 된다는 의미가 된다. 그래서 모든 사람이 죄로 인한 노쇠현상이 없어지고 건강과 활력을 누리게 되기를 바랐던 것이다(사65:20). 신약에서 하나님의 통치는 그리스도의 주 되심 즉 왕이 되시는 그리스도로 나타난다(히1:8, 행2:36).

예수님은 자기 자신을 하나님의 나라와 동일하게 말씀하셨다(마 19:27~29, 막10:29~30, 눅18:29~30). 주님의 오심은 구약에 있어 하나님 나라의 미래적 도래이다. 주님은 하나님의 나라가 '이미' 임했으나, 최종적 완성은 종말론적이라고 말씀하셨다. 따라서 주님은 하나님 나라 선포로 사역을 시작하셨고, 사역의 내용은 하나님 나라 복음의 전파, 가르침 그리고 치유였다. 예수님은 고통과 질병과 죽음을 타락과 함께 하나님 나라에 침입한 침입자들로서 사탄의 나라에 속한 것으로 보았다. 그래서 예수님의 3대 사역 중 하나가 치유와 축사였으며, 이것은 하나님 나라 선포와 확장에 있어서 뗄 수 없는 관계가 되었다. 예수님은 귀신 쫓음(마 12:28), 사탄의 떨어짐(눅10:18) 등이 하나님 나라 임재의 표징으로 말씀하셨다. 결국 구약이나 신약의 치유 사역은 하나님 나라 회복과 확장 완성에 매우 귀중한 역할을 차지했으며 하나님 나라는 치유 사역의 궁극적 목표였다.

둘째, 치유의 목적은 인간존재에 대한 사랑에 있다.

예수께서 머물러 서서 그들을 불러 이르시되 너희에게 무엇을 하여 주기를 원하느냐 이르되 주여 우리의 눈 뜨기를 원하나이다 예수께서 불쌍히 여기사 그들의 눈을 만지시니 곧 보게 되어 그들이 예수를 따르니라(마20:32~34)

마리아가 예수 계신 곳에 가서 뵈옵고 그 발 앞에 엎드리어 이르되 주께서 여기 계셨더라면 내 오라버니가 죽지 아니하였겠나이다 하더라 예수께서 그가 우는 것과 또 함께 온 유대인들이 우는 것을 보시고 심령에 비통히 여기시고 불쌍히 여기사(요11:32~33)

주님은 인간을 귀한 존재로 뿐만 아니라 통전적이며 고통당하는 존재로 이해하셨다. 그러기에 인간에 대한 치유의 동기는 먼저 모든 상처에 대한 사랑과 동정심 때문이다. 한센병 환자의 상처에 손을 얹었을 때나 어린이들을 자신의 품에 안았던 것은 사람들의 눈을 현혹시키기 위해 그렇게 한 것이 아니라 진심으로 불쌍히 여겼기 때문이다. 즉 주님은 세상 모든 사람들의 상처를 자기의 상처로 동일시함으로 그들의 고통을 자신의 고통으로 삼았던 것이다.

셋째, 치유의 목적은 율법의 올바른 적용에 있다. 주님이 안식일에 사람을 고쳐줌으로서 서기관들과 바리새인들과 정통 유대인들에게 반감을 사게 되었다.

거기에서 떠나 그들의 회당에 들어가시니 한쪽 손 마른 사람이 있는지라 사람들이 예수를 고발하려 하여 물어 이르되 안식일에 병 고치는 것이 옳으니이까 예수께서 이르시되 너희 중에 어떤 사람이 양 한 마리가 있어 안식일에 구덩이에 빠졌으면 끌어내지 않겠느냐 사람이 양보다 얼마나 더 귀하냐 그러므로 안식일에 선을 행하는 것이 옳으니라 하시고(마 12:9~12)

안식일에 치유한다는 것은 당시에 금기로 되어 있었다.

또 다른 안식일에 예수께서 회당에 들어가사 가르치실새 거기 오른손 마른 사람이 있는지라 서기관과 바리새인들이 예수를 고발할 증거를 찾으려 하여 안식일에 병을 고치시는가 엿보니 예수께서 그들의 생각을 아시고 손 마른 사람에게 이르시되 일어나 한가운데 서라 하시니 그가 일어나 서거늘 예수께서 그들에게 이르시되 내가 너희에게 묻노니 안식일에 선을 행하는 것과 악을 행하는 것, 생명을 구하는 것과 죽이는 것, 어느 것이 옳으냐 하시며 무리를 둘러보시고 그 사람에게 이르시되 네 손을 내밀라 하시니 그가 그리하매 그 손이 회복된지라 그들은 노기가 가득하여 예수를 어떻게 할까 하고 서로 의논하니라(눅6:6~11)

위의 구절에 나오는 손 마른 자를 고치는 일은 사실 다음 날에 치유를 해도 큰 지장을 주는 것은 아니었다. 그런데 왜 안식일을 범하면서까지 주님은 치유를 하셨는가? 그것은 당장 치유할 수 있는 병을 다음으로 미루어야 할 필요가 없었고, 그 당시 형식주의와 율법주의로 경직되어 있는 그들에게 진정한 율법의 올바른 적용을 보여주시기 위함이었다.

넷째, 치유의 목적은 사탄을 대적함에 있다. 주님은 사람들로 하여금 병들게 하는 것에 대하여 다소 적대적인 마음을 지녔던 것으로 보인다. 즉 질병을 외부로부터 침입해 들어오는 원수로 간주하셨는데 그것은 바로 사탄의 세력에 대한 분노였다. 주님의 이러한 태도의 밑바탕에는 귀신들린 사람과 육체적인 질병을 앓고 있는 사람들이 악한 세력의 영향이나 지배에 있다는 생각이 깔려 있다. 그래서 그는 꾸짖기도 하고 탄식도 하시며 분노를 나타내기도 하신 것이다.

여러 사람에게서 귀신들이 나가며 소리 질러 이르되 당신은 하나님의 아들이니이다 예수께서 꾸짖으사 그들이 말함을 허락하지 아니하시니 이는 자기를 그리스도인 줄 앎이러라(눅 4:41)

다섯째, 치유의 목적은 믿음을 가르치기 위함이다.

예수께서 백부장에게 이르시되 가라 네 믿은 대로 될지어다 하시니 그 즉시 하인이 나으니라(마8:13)

백부장과 왕의 신하(요4:46~54)와 가나안 여인(마9:20~22)이 그러했듯이 사람들이 믿음과 용기를 지니고서 예수께 왔을 때 그 신뢰에 대한 응답으로서 주님은 그들을 치유하셨다.

여섯째, 치유의 목적은 죄를 회개하는 것을 도우시기 위함이다. 주님께서는 죄와 질병의 관계를 인식하고 계셨으며, 또한 사람들을 온전함에 이르게 하는 회개와 죄사함에 대해 말씀하셨다.

예수께서 그들의 믿음을 보시고 중풍병자에게 이르시되 작은 자야 네 죄 사함을 받았느니라 하시니(막2:5)

예수께서 들으시고 이르시되 건강한 자에게는 의사가 쓸 데 없고 병든 자에게라야 쓸 데 있느니라 너희는 가서 내가 긍휼을 원하고 제사를 원하지 아니하노라 하신 뜻이 무엇인지 배우라 나는 의인을 부르러 온 것이 아니요 죄인을 부르러 왔노라 하시니라(마9:12~13)

그 후에 예수께서 성전에서 그 사람을 만나 이르시되 보라 네가 나았으니 더 심한 것이 생기지 않게 다시는 죄를 범하지 말라 하시니(요5:14)

2. 치유 방법

주님의 치유 방법은 개개인에 따라 매우 다양하게 나타났는데 그 내용들을 살펴보면 다음과 같다.

첫째, 손을 내밀어 안수하시거나 만지심으로 치유하셨다. 안수란 질병을 치유하기 위하여 믿음을 가지고 환자의 머리에 손을 얹거나 몸에 손을 대는 행위를 말하며 그 자체가 능력을 가진 기도이다. 안수를 통한 주님의 치유는 환자가 주님의 손길을 믿고 주님의 능력이 자신의 질병을 치유한다는 확신에 찬 믿음과 신뢰로서 이루어지는 것이다.

… 병든 사람에게 손을 얹은즉 나으리라 하시더라(막16:18)

마태복음 8장 1~4절에 '예수께서 손을 내밀어 저에게 대시며 깨끗함을 받으라 하신데 즉시 그의 문둥병이 깨끗하여 진지라'고 하셨고 누가복음 13장 13절에 귀신들려 18년간이나 고생하고 있는 여인에게 치유의 권능을 나타내셨다. 이 능력은 전이(impartation)되어 주님의 옷깃에라도 손을 대면 동일한 치유가 일어났다. 다시 말하면 주님께서 직접 접촉할 때나 환자 편에서 접촉하는 것을 시도할 때도, 같은 기적이 일어났고 사도들에게도 이런 일들이 일어났다(행3:1~11).

둘째, 말씀과 명령으로 치유하셨다. 주님은 환자와의 접촉이 전혀 없었어도 그의 말씀으로 모든 병이 깨끗하여지기도 하였다. 마태복음 8

장 13절에 보면 백부장의 하인이 심한 뇌혈관질환으로 고생할 때 환자를 접촉하지 않으시고 말씀으로만 치유케 하신 일이 기록되어 있다. 이처럼 말씀과 명령은 악령 추방의 도구로 사용되었고 나사로를 살릴 때(요11:43)와 열 명의 한센병 환자를 치유해 주셨을 때(눅17:14), 거라사 지방의 귀신들린 사람을 치유해 주셨을 때(막5:8), 왕의 신하의 아들을 멀리서 치유하셨을 때(요4:50) 사용하셨다. 이와 같이 주님의 말씀 자체에 능력이 있고 권능이 있음을 보여준다.

셋째, 침과 진흙을 사용하여 치유하셨다. 그 당시에 있어서 침은 치유의 수단으로 매우 일반적인 것이었다. 그러나 주님은 침을 직접적인 치유의 기능을 지닌 것으로 사용하지 않으시고 오히려 그 자신의 인격과 권능의 매개체로 사용하셨다. 마가복음에서는 귀먹고 어눌한 사람에 대한 치유의 기사가 있는데 주님은 그 사람의 양 귀에 자신의 손가락을 넣으시고 침 뱉어 그의 혀에 손을 대시며 '에바다(열려라)'라고 말씀하셨다. 마가복음 8장 23절에서 주님은 소경을 치유해 주실 때 이와 동일한 행동을 취하셨다. 그리고 요한복음 9장 6~7절에서는 침을 진흙에 섞어서 시각장애인의 눈에 문지르고 시각장애자에게 실로암에 가서 눈을 씻으라고 하셨다. 이러한 치료 방법이 과연 과학적으로, 의학학적으로 효과가 있느냐 없느냐를 떠나서 중요한 것은 주님께서 의학적인 치료의 방법을 인정하셨다는 사실이다. 치유는 의학적인 방법을 배제하는 것은 결코 아니다. 치유의 원천은 하나님이시지만 그 치유는 다양한 수단을 통하여 이루어진다.

넷째, 기도로서 치유하셨다. 주님은 죽은 나사로를 무덤에서 나오라고 명령하시기 전에 하나님께 감사의 기도를 드리셨다(요11:41~44). 그리고 가나안 여인의 딸에 대한 치유는 그 여인 자신의 간절한 기도를 통한 것이었다(마15:25). 많은 사람들은 주님께 도움을 청하여 그때마다 자유롭게 치유 받았으며 이 여인의 경우에는 그녀 자신의 간절한 기도

덕분에 치유 받았다. 그리고 주님께서 귀신 축출에서 '기도 외에는 다른 것으로는 이런 종류가 나갈 수 없느니라'(막9:29)고 하셨다.

다섯째, 당사자의 믿음을 보시고 치유하셨다. 주님의 치유에 있어 당사자의 믿음이 유력한 요소로 작용하였던 것들의 여러 사례들을 찾아 볼 수 있다. 하나님은 당신의 형상대로 창조하신 우리 인간들을 창조하사 모든 것을 고쳐주시고자 주님을 이 땅에 보내셨다. 믿음이 연약하고 강팍한 인간들은 하나님을 신뢰하지 못하여 이러한 선물들을 버렸지만, 하나님을 믿고 의지하는 사람들은 주님을 믿음으로 받아들임으로서 하나님의 은혜를 입을 수가 있었다. 믿음을 통한 치유는 거의 말씀이 수반되어 이루어졌다. 12년 동안 혈루병으로 고생하던 여인이 예수의 옷자락이라도 만지기만 하면 자신의 질병이 나을 수 있다는 믿음으로 손을 대었을 때 주님께서는 "딸아, 네 믿음이 너를 구원하였으니 편안히 가라"(막5:34, 눅8:48)고 말씀하셨다.

마가복음 10장 42~52절에서는 시각장애인 바디메오가 믿음으로 치유를 받고자 주님께 나아왔을 때 "가라, 네 믿음이 너를 구원하였다"라고 말씀하셨다. 또한 열 명의 한센병 환자가 믿음으로 치유를 원하였을 때, 주님께서는 "가서 제사장에게 너의 몸을 보이라 하셨더니 저희가 가다가 깨끗함을 받은지라(눅17:11~19)"고 말씀하셨다. 이 사건은 당사자인 자신의 믿음으로 그들의 질병을 치유 받은 경우이며 이 외에도 백부장의 믿음으로 그의 하인이 치유되었고(마8:5~13), 네 친구들의 믿음을 통해서 뇌혈관 질환을 치유하였으며(막2:1~12), 아버지의 믿음으로 귀신들린 아이를 치유하셨다(마17:14~21).

여섯째, 대화를 통해 치유하셨다. 주님은 대화를 통해 상대방의 가장 핵심적인 문제를 파악하고 근본적인 치유를 이루셨다. 요한복음 4장에 나오는 사마리아 여인과의 대화는 그 좋은 예이다. 이 대화는 단순한 일상적인 이야기로 시작되었지만, 주님은 그 여인의 내면 깊숙한 갈등과 문제를 지적하셨다. 그 과정에서 그녀의 혼돈된 감정을 정리해 주시고, 자연스럽게 그리스도를 발견하게 하셨다. 이를 통해 그녀는 삶의 새로운 방향을 찾고 치유를 경험하게 되었다. 이처럼 주님은 심리적, 영적 문제를 근본적으로 다루어 치유를 이루시는 분임을 알 수 있다.

일곱째, 복합적인 방법으로 치유하셨다. 주님의 치유 방법은 어떤 때는 초월적인 방법과 의학적인 양면성을 곁들여 치유한 사실을 본다. 또한 영적인 병과 현대 의학이 해결할 수 없는 불치의 질환이나 만성적인 병도 말씀, 안수, 기도, 믿음, 침과 흙 그리고 대화를 통한 다양한 방법으로 치유하셨음을 본다. 주님의 치유 방법은 복합적으로 사용하신 경우가 많았다. 한센병자의 치유(마8:1~4), 회당장 야이로의 딸(막5:35~43), 나인성 과부의 아들(눅7:11~17), 등이 꼬부라진 여인의 치료(눅13:11~17) 등 복합적인 방법으로 치유하신 모습을 볼 수 있다.

Ⅱ. 예수님의 치유사례

예수님은 통전적인 건강의 표본으로 이 땅 위에 오셨다. 우리는 신약성경에서 주님에게도 때로는 유혹을 당하시고, 굶주리시고, 피곤하여 지치시고, 낙심하시고, 외롭고 슬플 때가 있으셨다는 기사를 읽을 수 있다. 그러나 주님은 항상 육체적, 정서적으로 건강했을 뿐만 아니라, 아버지와 더불어 완전한 영적인 화합을 이루신 분으로 묘사되고 있다. 예수님의 치유 사례들을 정리해 보면 다음과 같다.

〈표4-1〉 예수님의 치유 사례

	치유 사역내용	성경속의 치유 사례				치유 방법
		마가	마태	누가	요한	
1	가버나움 회당에서 귀신들린 자 치유	1:23~27		4:33~36		가, 나
2	베드로장모의 열병 치료	1:29~31	8:14,15	4:38~39		나, 다, 라

	치유 사역내용	성경속의 치유 사례				치유 방법
		마가	마태	누가	요한	
3	한센병 환자의 고침	1:40~45	8:1~4	5:12:16		나, 다
4	뇌혈관 질환자를 고침	2:1~12	9:1~8	5:17~26		나, 라
5	손 마른 자를 치료	3:1~5	12:9~13	6:6~11		나, 라
6	거라사 귀신 들린 자 치료	5:1~20	8:28~34	8:26~39		나, 라
7	12년 동안 혈루병을 앓은 여인을 치료	5:25~34	9:20~22	8:43~48		나, 라
8	회당장 야이로의 딸을 죽음에서 소생시킴	5:35~43	9:23~26	8:49~56		나, 라
9	귀신들린 수로보니게 여인의 딸 치유	7:24~30	15:21~28	9:37~43		라
10	갈릴리 귀먹고 언어장애인을 치료	7:31~37				나, 다, 라
11	벳세다에서 시각장애인을 치료	8:22~26	15:21~28	9:37~43		다, 사
12	언어장애인 귀신 들린 어린아이 치료	9:14~29	17:14~21	9:37~43		나, 라

	치유 사역내용	성경속의 치유 사례				치유 방법
		마가	마태	누가	요한	
13	시각장애인 바디매오를 고침	10:46~52	20:29~34	18:35~43		다, 라
14	막달라 마리아 귀신 쫓음	16:9		8:2		가
15	가버나움에서 뇌혈관 질환에 걸린 백부장의 하인 치료		8:5~13	7:1~10		라
16	가버나움에서 눈먼 두 시각장애인의 치료		9:27~31			다, 라
17	언어장애인의 치료		9:3,33			라, 자
18	귀신 들려 눈멀고 언어장애인 된 자를 치료		12:22	11:14		가
19	나인성과부의 아들을 죽음에서 소생시킴			8:26~39		나, 다
20	12년 동안 혈우병을 앓은 여인을 치료			13:11~17		나, 다
21	회당장 야이로의 딸을 죽음에서 소생시킴			14:1~6		가
22	귀신 들린 수로보니게 여인의 딸 치유			17:11~19		나, 라

	치유 사역내용	성경속의 치유 사례				치유 방법
		마가	마태	누가	요한	
23	갈릴리 귀먹고 언어장애인 된 자 치료			22:50,51		다
24	벳세다에서 시각장애인을 치료				4:46~51	나, 라
25	안식일에 베네스다 연못가의 38년 된 병자 치료				5:1~15	나
26	안식일에 나면서부터 눈먼 시각장애인 치료				9:1~12	나, 라, 아, 자
27	베다니에서 죽은 나사로를 소생시킴				11:1~44	나
28	베드로 집에 모인 귀신 들린 병자 고침	1:32~34	8:16	4:40,41		나, 다
29	나사렛에서 소수의 병인을 고침	6:5				다
30	게네사렛 땅의 모든 병자를 고침	6:53~56	14:34~36	6:17~19		라
31	각색병, 고통에 걸린 자, 귀신 들린 자, 뇌전증 환자, 뇌혈관 질환자를 고침		4:23~25			가
32	가버나움에서 예수를 쫓는 병자를 고침		12:15			가

	치유 사역내용	성경속의 치유 사례				치유 방법
		마가	마태	누가	요한	
33	벳세다 들에 모여 있는 무리 중 병자를 고침		14:14	9:11		가
34	갈릴리에서 신체장애인, 시각장애인, 언어장애인을 고침		15:30			가
35	유대지경에서 큰 무리를 고침		19:2			가
36	성전에서 시각장애인과 신체장애인를 고침		21:14			가
37	나인성에서 질병과 고통과 귀신 들린 자와 시각장애인을 고침			7:21		

방법: 가(축사), 나(말씀), 다(안수), 라(믿음), 마(설교), 바(동정), 사(침), 아(진흙), 자(만짐)

    예수님이 치유하신 질병들은 열병, 한센씨병, 선천적 시각장애인, 파킨슨병, 혈우병, 뇌전증, 청각장애, 후천적 시각장애인, 뇌혈관 질환 등이었다. 물론 현대의학 용어에 다 들어맞지는 않는다. 그러나 질병이 육체적 정신적, 영적 그리고 사회적, 가계적인 요인으로 인한 뒤틀림에 의해 발생되는 기능적 장애라고 정의할 때, 예수님의 치유는 외적인 요소와 더불어 내적인 요소인 두려움, 근심, 불안, 우울증, 긴장, 불면증, 죄의식 그리고 의기소침 등과 관련된 각종 신경성 질환의 치유와 통합되어 있다고 할 수 있다. 다시 말해서 예수님의 치유 속에는 내적, 외적을 통합하는 통전적 치유가 포함되어 있다는 것이다.

성경에 기록된 대부분의 치유사건은 육체적인 치유이다. 이것은 소위 '표면적 차원의 치유'이다. 그러나 예수님께서 표면적 차원의 치유에서 어떤 일을 하셨을 때, 우리는 무엇인가 더 깊은 차원의 치유 즉 내적 치유가 이루어졌음을 확신할 수 있다(마9:2, 눅13:16) 여기서 중요한 원리가 겉으로 표면적 차원의 문제처럼 보이는 것 속에는 더 깊은 이유가 있다는 것이다. 예수님의 치유 중 가장 많은 경우가 '귀신 들림에 대한 축귀 사역'이었다.

스텐저(F. B. Stanger)는 예수님의 치유 사역 속에는 일곱 가지의 귀중한 진리들이 있다고 말했다.

첫째, 예수님은 복음사역 가운데 많은 부분을 치유 사역에 할애하셨다. 의사였던 누가는 복음서 기자들 가운데서도 예수님의 치유 사역에 관한 기록을 가장 많이 기록 하였다.

둘째, 예수님의 치유 사역은 단순한 과학의 차원을 훨씬 넘어선 것이었다. 주님은 인간이 이해할 수 없는 높은 차원에서 영적인 능력을 행하셨다.

셋째, 예수님께서 행하신 치유의 기적은 단순한 심리적인 영향으로 인한 치유와는 전혀 다른 종류에 속한다. 주님께서 보여주신 능력을 인간의 지혜로 설명하는 것은 불가능한 일이다.

넷째, 예수님은 치유의 기적을 일으키면서도 결코 자연의 법칙을 벗어나는 적이 없으셨다. 그래서 예수님께서 행하신 치유 사역의 일차적인 동기는 불쌍히 여기는 마음, 즉 긍휼이었다. 주님께서는 사람들을 지극히 사랑하셨고, 그들이 모든 면에서 건강하게 되기를 간절히 원하고 계셨다. 주님은 자기 자신을 드러내기 위해 사역을 행하신 적은 한 번도 없었다.

다섯째, 예수님이 치유의 기적을 일으키신 진정한 목적은 영적이고도 구속적인 것이었다. 즉, 하나님의 능력을 통해 하나님의 진리를 사람들의 마음속에 심어주고, 하나님의 사랑을 인간들의 가슴속에 심어주며, 모든 사람으로 하여금 하나님과의 올바른 관계를 회복할 수 있게 하기 위함이었다.

여섯째, 예수님의 사역을 통해 나타난 치유의 기적들은 주님이 이 땅위에 세우려 하신 하나님의 나라가 임박했다는 징표이다. 주님은 제자들을 파송하시면서 "병든 자들을 고치고, 하나님의 나라가 너희에게 가까이 왔다하라"(눅10:9)고 명하셨다.

일곱째, 예수님의 치유는 그 본질에 있어서 성례전이었다. 성례전이라는 것은 종교적 예식으로서의 존엄성이 그 속에 들어있음을 말한다. 우리는 거룩한 예배와 주님의 죽으심과 부활을 기념하는 성례전을 통해 지금 여기에 임재하시는 하나님의 영을 체험해야 한다. 이와 같이 예수님의 치유 사역은 항상 통전적인 치유 사역이었다. 즉 하나님과의 올바른 관계 속에서 깨어진 모든 것들이 회복되어 풍성한 삶을 살 것을 의도하신 것이다.

예수님의 치유는 하나님의 풍성하신 사랑과 긍휼을 나타내주신다.[119] 예수님의 치유 사역의 특징을 살펴보면 다음과 같다.

첫째, 메시야 됨을 증거하여 준다. 치유자체가 구세주라는 자기 인식에 근거한 것임을 나타내준다(마11:2~5). 주님의 치유는 하나님의 아들 되심과 죄 사함의 권세가 있음을 나타내는 수단이다.

---

119) 김경수, 성경적 내적 치유이론과 실제(서울 : 도서출판 목양, 2010), 45~46에서 필자의 내용과 합하여 재인용.

둘째, 악의 세력에 대한 그리스도의 승리를 나타낸다(눅11:20~23). 그래서 질병의 고통과 악의 세력과 대항할 수 있는 능력을 부여받게 되었으며 결국 승리할 수 있게 되었다.

셋째, 하나님의 나라가 이 땅에 이루어짐을 체험하게 하셨다(마12:28, 눅11:10). 새로운 세계의 도래를 통해 종말론적인 삶을 살게 하셨다.

넷째, 대속의 은총을 허락하신 것이다(벧전2:24, 마8:17). 주님이 우리의 질병을 대신 지고 우리가 맞을 채찍을 대신 맞음으로 우리의 질병이 고쳐졌다는 의미이다.

다섯째, 인간성을 회복시켰음을 보여준다. 우리의 영혼만 구원시키려고 오신 것이 아니라 완전한 인간으로서 우리에게 새로운 인간으로서의 삶을 주시기 위하여 오셨다. 그의 치유는 풍성한 삶을 주실 뿐만 아니라(요10:10), 하나님의 형상 안에서 잃어버린 인간을 회복시키는 능력이었다.

여섯째, 의식의 근본적인 변혁을 요구하셨다. 모든 치유가 기존의 의식을 바꾸는 믿음을 통해서 이루어졌다.

일곱째, 제자들을 통해 지속적으로 치유 사역 할 것을 명령하셨다(마10:7~8). 제자들도 놀라운 능력이 실제로 나타났으며 지금까지 이 능력은 지속되고 있다.

여덟째, 효과적인 복음 선교의 방편이 되었다. 많은 사람이 치유 사역을 통하여 주님을 믿게 되었다(요4:39~41).

아홉째, 치유 사역이 복음의 핵심임을 증명하였다. 주님은 질병의 근원이 사탄이라고 생각했기 때문에, 악한 영과 대적을 통하여 우리 마음에 하나님 나라가 임재함을 선포하셨다.

열째, 사회적 치유까지 하셨다(눅5:27~28). 세리장이라는 직업으로 사회에서 소외된 레위를 불러 사회적, 문화적 장벽을 무너뜨리셨다.

열한째, 완전한 치유를 하셨다. 주님의 치유는 재발하거나 부분적인 것이 아니라 완전한 치유였다.

  열두째, 환경과 환자에 맞는 다양한 치유 사역을 하셨다. 예수님은 우리를 치료하시는 참된 하나님이시다. 그 분은 우리의 죄와 질병과 죽음을 가져가시고 자신을 우리에게 주셨다. 미성숙하고 불완전한 인간은 은혜로 주님과 연합된다. 주님은 지금도 우리와 함께 계셔서 믿는 자들을 통해 질병을 치유하시는 것이다.

| 제5장 |

성령님과 치유

은사는 여러 가지나 성령은 같고 직분은 여러 가지나 주는 같으며 또 사역은 여러 가지나 모든 것을 모든 사람 가운데서 이루시는 하나님은 같으니 각 사람에게 성령을 나타내심은 유익하게 하려 하심이라 어떤 사람에게는 성령으로 말미암아 지혜의 말씀을, 어떤 사람에게는 같은 성령을 따라 지식의 말씀을, 다른 사람에게는 같은 성령으로 믿음을, 어떤 사람에게는 한 성령으로 병 고치는 은사를, 어떤 사람에게는 능력 행함을, 어떤 사람에게는 예언함을, 어떤 사람에게는 영들 분별함을, 다른 사람에게는 각종 방언 말함을, 어떤 사람에게는 방언들 통역함을 주시나니 이 모든 일은 같은 한 성령이 행하사 그의 뜻대로 각 사람에게 나누어 주시는 것이니라(고전12:4~11)

Ⅰ. 치유하시는 성령님

주님께서 부활승천하시기 직전에 제자들에게 "오직 성령이 너희에게 임하시면 너희가 권능을 받고 내 증인이 된다"라고 말씀하셨다(행 1:8). 또한 사도 바울은 우리가 성령님으로 말미암아 병 고치는 은사를 받았다고 기록하고 있다(고전12:9).

누가는 예수님께서 사역을 시작하시기 전에 성령의 능력으로 갈릴리로 돌아가셨으며, 그 소문이 사방에 퍼졌다고 기록한다(눅 4:14). 예수님은 회당에 들어가 선지자 이사야의 책을 펴서, 주의 성령이 자신에게 임하였음을 선포하셨다. 이를 통해 하나님께서 인간의 병든 마음을 치유하고, 사회적 고통에서 회복시키는 구원시대가 열렸음을 밝히셨다고 기록하고 있다.

> 주의 성령이 내게 임하셨으니 이는 가난한 자에게 복음을 전하게 하시려고 내게 기름을 부으시고 나를 보내사 포로 된 자

에게 자유를, 눈 먼 자에게 다시 보게 함을 전파하며 눌린 자를 자유롭게 하고 주의 은혜의 해를 전파하게 하려 하심이라 하였더라(눅4:18~19)

성령의 능력이 임하였을 때, 예수님은 그의 공생애를 시작하셨고 그 사역 중에 치유 사역은 상당한 비중을 차지하고 있음을 보게 된다. 성령님의 능력으로서 치유는 하나님과의 관계성 속에서, 예수 그리스도와의 관계성 속에서, 하나님 말씀과의 관계 속에서 그 의미가 더 풍성하게 되었다.

'영'은 히브리어로 '루아흐(ruawch)'인데 본래적 의미와 그 어근의 뜻은 '바람', '움직이는 공기'이다. 이 낱말은 '바람이 불다'라는 의미를 가진 동사 '라하(raha)'와 어근이 같으며 이 동사의 명사형 '리(rih)'는 '바람'을 의미한다. 하나님의 영으로서의 '루아흐'는 이스라엘 역사 초기단계에서는 하나님으로부터 오는 어떤 힘, 권능으로 이해되었으나 포로기 이후에 하나님의 현존으로 그래서 하나님 자신을 가르치기도 하였다. 그러나 그보다 더 자주 '숨(breath)'으로 사용되었고 '생명의 근원(principle of life)' 혹은 '활기(vitality)'로 표현되었다. 사람도 '루아흐'를 가지고 있고 하나님도 '루아흐'를 갖고 계신다. 하나님은 자신의 '루아흐'를 그의 피조물 특히 인간에게 주셨고 결국 인간을 소창조자로 만드셨다. 인간에게 영이 있다는 것은 하나님이 생명의 하나님으로 피조물에게 그 생명을 허락하신다는 의미로 해석된다. 하나님은 성령님으로 말미암아 재창조하는 능력을 우리에게 주셔서 새로운 창조행위를 하게 하셨다. 이런 차원에서 삼위공동체 하나님을 이해할 때 모든 질병에 있어서 치유자는 하나님이시므로 성령님의 사역으로서 치유는 모든 질병에 해당되는 말로 이해할 수 있다. 신약성경은 성령님과 그리스도와의 관계가 두 가지 방법으로 나타나고 있음을 보여준다.

첫째, 공관복음에서 성령님은 우선적이다. 공관복음은 성령님을 주님보다 더 신성한 우선권을 가진 분으로 그리고 주님은 성령님의 사자로 표현한다. 이런 표현은 성령님이 메시야를 지탱할 것이라는 예언과 일치한다. 하나님께서 그의 영광으로 주님께 기름 부었기 때문에 주님은 기름부음 받은 자 곧 메시야라고 불리어진다. 마태와 누가에 따르면 성령님이 주님과 함께 하기는 그의 출생 때부터 시작되었다고 증거한다(마 1:20). 그러나 요단강에서 세례요한으로부터 받은 세례는 주님 생애 가운데 가장 성령님의 비밀을 새롭게 확인하고 드러낸 것이었다. 태초에 성령님이 혼돈 중에 수면 위를 걸으셨던 것처럼 비둘기가 노아에게 물로부터의 심판 중에 새로운 창조를 예언해 주었듯이 성령님이 비둘기처럼 그에게 임하셨다. 또한 주님은 성령님에 이끌리어 마귀에게 시험을 받으러 광야로 가셨다(마4:1). 그뿐 아니라 주님은 성령님의 권능으로 갈릴리로 돌아가셨고(눅4:14), 성령님의 능력으로 그는 사역을 하셨다. 성령님을 힘입어 귀신을 내어 쫓고(마12:28) 그의 역사를 통해 명령하셨다(행 1:2). 사도 베드로는 '하나님이 나사렛 예수에게 성령과 능력을 기름 붓듯 하셨다'(행10:38).라고 말하면서 이 땅에서의 성령님의 능력을 강조하였다. 예수 그리스도의 치유 사역 속에서 성령님의 역사가 함께 하셨던 것을 여실히 증명해 주는 말씀이다. 성령님과의 관계를 떠나서는 주님의 창조 사역을 논할 수 없다. 주님의 치유 사역은 성령님의 치유 사역인 것을 의미하며 그의 능력으로 말미암은 것이라 말할 수 있다.

둘째, 사도 요한과 바울서신에서는 예수 그리스도가 우선적이다. 여기서 주님은 성령님을 지닌 분이라기보다는 차라리 성령님을 보내신 분이다. 심지어 사도 바울은 그리스도가 '생명을 주는 영'이 되었다고 말한다. 그는 또한 성령님을 '그리스도의 영' 혹은 '아들의 영'으로 표현하고 있다(롬8:9, 고후3:17, 갈4:6, 빌1:19). 사도 요한은 이러한 관계를 매우 분명하고 강하게 이야기한다. 여기서 그리스도는 '보혜사' 곧 아버지께서 내 이름으로 보내실 성령을 이야기한다(요14:26, 15:26). 이 점에서는 주님의 사역에 돕는 자로서의 성령님을 보게 된다. 주님의 사역에 성령님은 한결같이 치유 사역에 개입하셔서, 온전함에 이르게 하시는 분이신 것을 알 수 있다. 신약시대에 주님께서 행하신 치유 사역 속에 성령님은 능력으로 함께 하셨고, 오늘날 예수 그리스도 이름으로 치유를 원하는 기도 속에 성령님은 그 역할을 수행하시는 분인 것을 알 수 있다. 그러므로 주님과의 관계를 떠난 성령님의 치유 사역도, 성령님을 무시한 그리스도의 치유 사역도 어떤 의미를 주지 못할 것이다.

Ⅱ. 치유와 은사

치유 사역은 성령의 은사 없이는 불가능하다. 그러므로 우리는 이 은사가 어떤 것인지를 다시 인식해야 한다. 왜냐하면 성령의 은사에 대한 잘못된 이해와 그릇된 선입관 때문에 치유 사역이 제약을 받고 있고, 제대로 은사를 활용하지 못하고 있다. 그래서 실제적으로 우리에게 나타나는 성령님의 역사를 제한하고 소멸시키며, 나아가 은사를 제대로 개발하지 못할 뿐 아니라 활용도 못하게 되기 때문이다. 이것은 분명히 하나님의 뜻이 아니다(고전15:1,39, 딤후1:6). 또한 성령님의 능력을 제한하는 불의를 범하는 것이 될 수 있다. 이 은사는 누구든지 개발할 수 있다(고전12:31). 성령님께서 병을 치료하시고 건강을 회복시켜 사는 날 동안 새 생명의 기쁨으로 주님께서 주신 사명을 감당하며 하나님의 중재자 역할을 하게 하시는 것이 바로 은사이다.

'은사'란 그리스어로 '카리스마(charisma)'라고 하는데 '카리스(cha_ris, 은혜)'의 결과로 주어지는 선물을 의미한다.[120] 보통 은사는 복수형인 '카리스마타(charismata)'로 사용되고 있다. 한자로 은사(恩賜)란 '임금이

신하나 백성에게 물건을 내려 주는 것'을 의미하며, 이것은 전적으로 왕의 선물을 의미한다.[121]

믿는 자는 누구든지 치유의 역사를 행할 수 있으며(막16:17~18), 치유는 복음전파의 강력한 수단이요, 주님의 명령이다. 환자를 위해 기도하고 싶은 마음이 간절히 일어나거나, 손이 뜨겁든지 전기가 온 것 같은 감각이 오거나, 환자의 아픈 부위의 통증을 느끼거나, 치유의 기적이 일어나는 환상을 보거나, 영적 느낌이나 어떤 징표를 통해 은사가 임한 것을 본인이 알 수 있을 때, 우리는 바로 치유 사역을 할 수 있다.

1. 치유 은사를 통한 예수님 사역

예수님께서는 본래 하나님이셨으나, 성육신을 통해 '말씀이 육신이 되어 우리 가운데 거하심'(요1:14)으로써 인간이 되셨다. 과거와 현재와 미래를 통해 완전한 신성을 갖추신 그 분께서는 성육신 사건을 통하여 완전한 인간이 되셨다. 그래서 진정한 육신을 갖게 되었을 때, 영광스러운 신적인 속성들을 스스로 포기하셨다. 그러나 그분은 항상 완전하게 그리고 본질적으로 신성이 충만한 분이셨다(골2:9).

주님이 우리를 향한 하나님의 생명과 사랑의 말씀을 전파하시고, 십자가 위에서 우리의 죄를 대신 짊어지시며, 세상에서 행할 우리들의 사역에 대하여 모범을 보여 주시기 위해 인간이 되셨을 때 스스로 포기하셨던 몇 가지 영광스러운 신적인 속성들이 있다.

---

120) Gerhard Kittel, Gerhard Friedrich, "은사", 신약성서 신학사전, 1453~1454.
121) 두산동아편, 동아새국어사전 제5판, 1862.

첫째, 무소부재(無所不在)성의 포기이다. 인간의 혈과 육을 갖게 되신 예수님께서는 한 순간에 단지 한 곳에만 존재할 수 있을 뿐, 더 이상 모든 곳에 존재할 수는 없게 되셨다.

둘째, 전지(全知)성의 포기이다. 예수님의 생애를 면밀히 살펴보면, 그분께서 알지 못하고 계셨던 일들이 있었다는 사실을 보여주는 사례들을 발견할 수 있다. 예루살렘에서 유월절 축제를 마치고 집으로 돌아가던 예수님의 부모들은 일행 가운데서 예수님을 찾을 수 없었기 때문에 몹시 애를 태웠다. 그러나 예수님은 그러한 사실을 모르고 사흘씩이나 성전에 머물러 계셨다(눅2:41~49). '예수는 그 지혜가 자라갔다'(눅2:52)는 구절은 그분의 지혜가 일시적이나마 제한된 상태에 있었음을 보여준다. 이 땅에 다시 돌아오시어 당신의 나라를 세우시는 일에 대하여 질문을 받으셨을 때 예수님께서는 이렇게 대답하셨다. '그 날과 그 때는 아무도 모르나니, 하늘에 있는 천사들도 아들도 모르고 아버지만 아시느니라'(막13:32). 이상의 내용들로 미루어 보건대, 예수님께서는 이 땅에 계시는 동안 실제로 자신의 전지성을 스스로 포기하셨음을 알 수 있다.

셋째, 전능(全能)성의 포기이다. 세례를 받으시기 전 성령님의 기름부으심을 받기 전까지는 예수님께서는 능력을 통한 사역을 전혀 행하지 않으셨다. 즉, 성령님에 의해 능력으로 세례를 받기 전까지는 귀신을 쫓아내시거나, 병든 자들을 치유해 주시거나, 죽은 자를 다시 살리시거나, 풍랑을 잠잠케 하시거나, 많은 무리를 먹이시는 기적을 전혀 행하지 않으셨던 것이다. 그러나 성령의 기름부으심을 받고 난 이후로는 놀라운 능력 가운데 사역을 전개해 나아가셨다. 세례를 받으신 후 예수님께서는 성령의 능력을 가득히 받고 갈릴리로 돌아가셨다(눅4:14). 그리고는 회당에 들어가 이사야 61장을 읽으셨다. 성령세례를 통하여 하나님의 능력이 예수님께 임했다. 베드로는 이렇게 말했다. '하나님이 나사렛 예수에게 성령과 능력을 기름 붓듯 하셨으매 저가 두루 다니시며 착한 일을 행하시고 마귀에게 눌린 모든 자를 고치셨으니 이는 하나님이 함께 하셨음이라'(행 10:37~38).

예수님께서도 기름부으심을 받으신 후에 얻게 된 성령의 은사들을 통해 사역을 행하셨던 것이다. 그래서 성령의 은사들이야말로 예수님의 신성과 인성을 연결해주는 접합점이다.

2. 치유 은사의 활용

치유 사역에서 나타나는 병 고치는 은사만으로도 많은 사람들에게 복음에 대한 거부감을 제거하거나 믿음의 성장을 가져오거나 교회부흥을 가져오게 된다. 그러나 치유가 일어나지만 보다 더 강력한 역사를 일으키는 데는 다른 은사의 도움 없이는 결코 많은 성과를 거둘 수가 없다. 그러므로 우리는 서로의 은사를 하나님의 영광을 위해 잘 활용해야 한다. 치유 사역의 극대화를 위해 다음 몇 가지 방법을 제시한다.

첫째, 치유 사역을 극대화시키기 위해 지식의 말씀과 지혜의 말씀의 은사가 서로 협력해야 한다. 상대방에게 성령의 역사가 강하게 작용되어질 요소는 여러 가지가 있겠지만, 가장 강하게 작용되는 것은 지식의 말씀이나 지혜의 은사를 통한 이론적 토대가 확고하게 정립되는 순간이다. 지식과 지혜는 전도할 때 복음에 대한 거부감이 제거되며 신앙생활에서는 믿음의 성장을 가져온다. 또한 치유 사역에서는 믿음의 확신을 주게 되고 영적인 놀라운 힘을 발휘하게 되어 이것은 곧 강력한 치유와 연결된다. 한국인의 최고 지성인 중의 한 사람인 이어령 박사가 해박한 지식과 체험된 영성을 가지고 모든 사람들에게 주님을 증거할 때, 기독교에 대해 거부감을 가지고 있는 사람들도 공감하는 모습을 볼 수 있다.[122] 우리가 치유 사역을 효과적으로 극대화시키기 위해 영성과 지성이 겸비된 사역자들이 필요하다.

　둘째, 치유 사역을 극대화시키기 위해 영분별의 은사와 서로 협력해야 한다. 정신 장애냐 귀신 들림이냐를 정확히 분별해 내어 정확하고 상황에 맞는 사역을 해야 한다. 또한 질병의 원인을 파악하여 내면에 숨어 있는 악한 영을 분별해내고, 그 원인을 제거시켜야 한다. 마음의 깊은 상처나 용서하지 못한 죄들은 본인들이 모를 때도 있고, 일부러 감추려 하기도 하기 때문에 이러한 사실들을 털어놓지 아니하거나 파악하지 못하면 치유가 잘 일어나지 않는다. 필자에게 가장 큰 은사, 가장 중요한 은사를 꼽으라면 영분별의 은사라고 말할 것이다. 악한 영의 흉괴를 구별해 낼 수 있고 영적 싸움에서 모사꾼의 역할을 감당할 수 있는 것이 바로 영분별의 은사이다.

　셋째, 치유 사역을 극대화시키기 위해 강력한 축사(逐邪)가 있어야 한다. 질병의 원인이 사탄과 악한 영들의 강한 세력에 사로잡힌 상태에서 일어난 것이라면, 능력으로 이러한 속박에서 벗어나게 할 필요가 있기 때문이다. 그러기 위해 귀신 쫓음의 능력이 나타나야 한다. 귀신 들림이 외부로 드러나는 경우 외에는 귀신에 눌려 있는 상태를 분별하지 못하는 경우도 있기 때문에 분별력이 있어야 한다.

　치유 사역에서 은사의 활용은 '치유를 극대화 시키는 결정적인 요인들'을 제공해 주기 때문에 은사에 대한 갈망과 성령의 나타남에 대한 민감한 반응은 중대한 의미를 갖고 있다. 치유가 필요한 경우에는 어떤 곳에든지 치유 사역이 행하여 질 수 있지만, 치유 사역이 행하여 질 수 있는 바람직한 장(場)으로서 교회공동체의 모임을 들 수 있다. 치유가 일어날 수 있는 가장 이상적인 상황은 사람들이 모여서 예배를 드릴 때이

---

122) See 이어령, 지성에서 영성으로(서울 : 열림원, 2017)

다. 그러한 상황에서는 환자들이나 그들을 치유하려는 사람들이 모두 하나님의 영에 대하여 마음의 문을 열 수 있는 조건이 형성되기 때문이다. 치유 사역이 될 수 있는 대로 예배시간에 행함으로, 교인들 모두가 그것이 어떻게 진행되는 것인가를 보고 배울 수 있게 해야 한다.[123] 성령님은 주체적으로, 자발적으로 사람들에게 임하시지만(행2:2, 10:44), 우리들의 갈망적 기도에 대한 응답으로 임하시기도 하신다.

따라서 우리는 확신을 가지고 성령님이 임하시기를 갈망할 수 있어야 하는데, 그 이유는 다음과 같다.

① 성경은 우리에게 하나님께서 성령을 주시기를 간구하여야 한다고 가르치고 있다(눅11:13).
② 교회는 능력을 필요로 한다. 그런데 제자들에게 성령께서 임하심으로써 교회는 처음으로 능력을 받게 되었다(행1:8, 2:4).
③ 사도행전에는 표적과 기사를 통해 하나님의 능력이 드러남으로써 교회의 성장이 촉발된 사례들이 기록되어 있다(행5:12~14).
④ 바울은 지성과 이성을 소유한 사람이었음에도 불구하고, 복음을 전파함에 있어 성령의 능력이 드러나는 일을 더 높이 평가했다(고전2:3).
⑤ 성령을 통하여 능력을 받으므로 우리는 각종 은사를 받게 된다. 그리고 하나님께서는 영적인 사역을 시작하게 하신다(고전12:11).
⑥ 그러한 능력을 통하여 성령을 받은 사람들 및 그들에 의해 사역을 받는 사람들이 치유의 혜택을 입게 된다. 또한 선포된 복음이 확증되고, 그럼으로써 하나님의 나라가 확장되어 나아가면, 예수님의 이름이

---

[123] See 오아론, 성령의 능력과 치유 사역(서울:도서출판 좋은땅, 2011).
염기석, 은사와 치유 사역의 원리(서울:삼원서원, 2012).

영광을 받게 된다.[124]

    일부의 사람들은 초자연적으로 주어진 은사를 활용하고 발전시킬 수 있는 방법을 이해하는 데에 어려움이 있다. 이러한 어려움은 기적적인 은사들을 마술이나 혹은 무의식적인 것으로 간주하는 데서 기인한다. 교사는 가르치는 은사를 증대시킬 수 있고, 전도자는 전도의 은사를 증가시킬 수 있다. 그런데 어떤 사람이 치유나 예언의 은사를 증가시킬 수 있다고 믿는다는 것은 왜 어려운가?

    사실은 우리가 모든 영적인 행사와 모든 성령의 은사를 증대시킬 수 있다는 것이다. 우리의 삶과 교회 안에서 성령의 은사들을 성장시키기 위하여 우리가 할 수 있는 몇 가지 중요한 것들이 있다.

    첫째, 은사들은 오늘날에도 나타나며 사역을 위해 반드시 필요하다고 가르쳐야 한다. 그렇지 않으면 우리가 은사들을 행하거나 그것들을 위하여 기도하는 믿음을 갖지 못할 것이다. 이와 마찬가지로 우리는 은사들이 단지 소수의 특별히 자격 있는 사람들에게만 주어지는 것이 아니라, 모든 그리스도인들에게 주어진다고 확신해야 한다(벧전4:10). 성령님께서 그가 의지하는 대로 각자에게 성령의 은사들을 나누어 주신다고 하더라도(고전 12:11), 바울은 여전히 고린도 교인들에게 은사들을 구하도록 권면했다. 방언의 은사를 가졌다면, 바울은 방언 통변의 은사를 구해야만 한다고 말했다(고전14:13).

    둘째, 은사를 끊임없이 갈망해야 한다. '너희가 얻지 못함은 구하지 않음이라'라는 말을 기억해야 한다(약4:2). 그러므로 매일 매일의 삶 속에서 역사하기를 바라는 성령의 은사들을 구하며 기도해야 한다.

---

124) Rick yohn, 은사를 사모하는 그리스도인, 윤병하역(서울:두란노, 2024), 74~76.

셋째, 은사들에 대하여 공부하는 것이다. 성경은 수많은 초자연적인 사역과 성령의 은사들에 대해서 말하고 있다. 성경은 우리에게 기적적인 사역에 관한 많은 도움이 되는 원칙들을 제시해 준다. 아울러 초자연적인 사역들에서 강력하게 사용되었던 그리스도인들의 전기들뿐만 아니라, 성령의 은사들의 사역을 다룬 많은 책들을 읽을 필요가 있다.

넷째, 은사들에서 더 앞선 사람들과 교제하는 것이 필요하다. 성경은 '철이 철을 날카롭게 하는 것같이 사람이 그 친구의 얼굴을 빛나게 하느니라'(잠27:17)고 말한다. 교제는 대부분의 사람들이 깨닫는 것보다 훨씬 더 중요한 문제이다.

다섯째, 은사들에 관한 세미나 참석하는 것이 도움이 된다. 같은 갈망을 가지고 있는 사람들이 함께 모여 은혜와 은사를 사모하고 서로의 장점과 단점을 나누고 보완시킨다면 더욱 은사는 활성화 될 것이다.

Ⅲ. 치유의 기름부으심[125]

'은사'와 '기름 부으심'은 차이가 있다. 은사는 개인에게 임하신 성령님의 선물이고, 기름 부으심은 세움을 받은 권세를 말한다. 그래서 치유의 은사는 주로 병 고침에 대한 특별한 능역을 말하고, 치유의 기름 부으심은 정치 지도자로, CEO, 문화·예술거장으로, 종교 지도자로 세움을 받아 모든 분야에서 선한 영향력을 행사하는 것을 말한다.

주님, 그리스도는 기름 부으심을 받은 자이셨다. 우리는 치유의 은사를 뛰어넘어 치유의 기름 부으심으로 들어가야 한다.

---

125) Kenneth E. Hagin, 기름부음의 이해(Understanding the Anointing), 김진호 역(서울:믿음의 말씀사, 2007), 185~202.
  치유의 기름부음(The Healing Anointing), 김진호 역(서울 : 믿음의 말씀사, 2007), 193~243.
  손기철, 기름부으심(서울 : 규장, 2009), 105~136.

주 여호와의 영이 내게 내리셨으니 이는 여호와께서 내게 기름을 부으사(사61:1上)

내가 그에게 물어 이르되 등잔대 좌우의 두 감람나무는 무슨 뜻이니이까 하고 다시 그에게 물어 이르되 금 기름을 흘리는 두 금관 옆에 있는 이 감람나무 두 가지는 무슨 뜻이니이까 하니 그가 내게 대답하여 이르되 네가 이것이 무엇인지 알지 못하느냐 하는지라 내가 대답하되 내 주여 알지 못하나이다 하니 이르되 이는 기름 부음 받은 자 둘이니 온 세상의 주 앞에 서 있는 자니라 하더라(슥4:11~14)

구약성경에 기록된 '기름'의 종류는 두 가지가 있다.

첫 번째는 식물성 기름(oil)이다. 포도주와 함께 팔레스타인의 주요 농산물이며 성경에서 말씀하는 기름은 주로 올리브(olive)기름을 말한다. 히브리어로는 '이츠하르(yitshar)', 그리스어로는 '엘라이온(elaion)'이라고 한다. 올리브기름은 열매를 모아서 찧거나(레24:2), 밟아서(미6:15) 만들며, 일반적으로 기름을 짜는 맷돌로 압착하여 만든다. 출애굽기에는 관유(성별기름)의 제조법(출30:22~25)과 사용법(출30:26~30), 그리고 주의할 점(출30:31~33)에 대해 자세히 말하고 있다.

두 번째는 동물성 기름(fat)이다. 동물의 체내 지방으로 히브리어로는 '헬렙(cheleb)'이라고 한다. 구약시대에는 모세의 법에 따라 콩팥이나 창자 주변에 있는 기름들은 음식으로 먹을 수 없었다. 그것은 하나님께 향기로운 번제로 드리게 되어 있었다(레3:14~16, 4:31). 이것은 이스라엘 사람들에게 최상의 것이 하나님께 속해 있음을 가르치기 위함이었다. 또한 절기희생의 기름은 아침까지 남겨두지 말라고 했습니다(출23:18). 왜냐하면 항상 신선한 것만 드려야 하기 때문이다. 사무엘은 사울을 책망하면서 "순종이 제사보다 낫고 듣는 것이 수양의 기름보다 낫다"(삼상 15:22)라고 말했는데 숫양의 기름이란 바로 하나님께 받쳐진 제물의 지방을 의미한다.

기름의 용도는 다음과 같다. ① 제사장, 왕, 선지자들을 임명할 때 사용되었다(출28:41, 29:7, 레4:3, 5, 삼상2:10, 왕상19:15~16). ② 식용으로 사용되었다(왕상17:12, 왕하4:2). ③ 조명등으로 사용되었다(왕하4:10). ④ 화장품으로 사용되었다(룻3:3, 시104:15, 전9:8, 마6:17). ⑤ 비누제조의 주원료로 사용되었다(렘2:22). ⑥ 치료용으로 사용되었다(사1:6, 마6:13, 눅10:34, 약5:14).

야고보서에는 병든 자가 있으면 교회의 장로를 청해서 주의 이름으로 기름을 바르며 기도하라고 했다. 여기에서 '기름을 바르는 것'은 기름을 머리에 붓는 종교의식이 아니라, 피부에 기름을 바르거나 문지르는 것이었다. 사마리아 사람이 강도를 만나 죽게 된 사람을 만났을 때에도 그의 상처에 기름과 포도주를 부었다(눅10:34). 이런 기름이 상징하는 의미는 풍요(신32:13), 기쁨(시45:7), 존귀히 여김과 환대(시23:5, 눅7:46), 성령(눅4:18, 요일2:20) 등이다.**126)**

'기름부으심(anointing)'의 의미는 무엇인가?

구약시대에 향기 나는 기름이나 고약으로 피부를 문지르는 것은 보편적인 일이었다(신28:40, 룻3:3). 화장품으로 사용한 기름은 기쁨을 상징하기도 했는데 예수님도 금식할 때 기름을 바르라고 하셨다(마6:16~17). 또한 존귀의 표시로 향기 나는 기름을 붓기도 하였다(눅

---

126) 하용조 편찬, "기름", 비전성경사전(서울:두란노서원), 121~122.

7:36~47). 통증을 진정시키기 위해 기름과 연고를 바르는 것은 히브리인들이 널리 사용되었던 의술의 일부였다.

이 경우 사용된 그리스어 단어는 '알레이포(aleipho)'인데 이것은 문자적인 문지름(unction)을 의미했다. 이 단어는 병든 자를 위해 사용되어졌고(약5:14), 또한 죽은 자를 장사하기 위해 사용되어졌다(막14:8). 히브리어로 기름부음은 '마샤흐(mashach)'라고 하는데 구약에 140회가 나오며 어떤 목적을 위해 '기름을 바르다', '기름을 붓다', '봉헌하다'라는 의미가 있다. 특히 '기름부음을 받은 자'라는 명사로 '마쉬아흐(mashiah, 메시아)'는 40회가 사용되고 있다. 이렇게 기름부음을 받은 사람은 어떤 특정한 직임이나 사역을 위해 하나님에 의해 위임을 받았다(출30:30, 40:13). 구약의 법은 제사장들을 위임하기 위해 특별히 구별된 기름을 사용하였다(출30:22~33).

구약은 선지자에게 기름 붓는 경우를 한 번만 언급하고 있지만(왕상19:16) 통치자를 위임할 때는 여러 번 언급하고 있다(삼하2:4, 왕상1:39, 대상29:22). 기름부음을 통해 왕은 신적인 권리를 가지고 백성들을 다스렸다. 시편23 5절에서 다윗은 하나님을 찬양하며 "기름으로 내 머리에 부으셨으니"라고 노래했는데 여기서 '기름으로 붓다'라는 단어는 '다쉔(dashen)'으로 '살찌게 하다'라는 의미를 가지고 있다. 이 말은 하나님의 축복을 은유적으로 표현한 것이다. 신약에 와서 기름부음은 영적으로 사용되어졌는데 '성령의 능력을 받는 것'을 의미했다.

특히 예수님의 직위에 그리스도라는 존칭이 붙었는데 이는 바로 '기름부음을 받은 자'라는 뜻이다. 신약에서 특별한 봉사를 위해 사람들을 위임하거나 따로 세우는 종교적인 의식으로서의 기름부음은 나타나지 않지만, 영적으로는 많이 사용되고 있다. 그리스어 '알레이포'가 문자적으로 기름을 바르는 것을 의미하는 반면에 '크리오(chrio)'란 단어는 특별한 신적인 임명을 의미하는데 사용되어졌다(눅4:18;행4:27;고후1:21 ;

히1:9). 영적으로 모든 신자는 기름부음을 받았고 하나님이 약속하셨던 모든 것을 받도록 구별되었다. 또 다른 단어 '크리스마(chrisma)'는 기름부음 받은 물질이나 형태에 초점을 맞추고 있다. '크리스마'는 요한일서에서(요일2:20,27)에서 주님으로부터 주어지는 기름부음이 '너희 안에 거하며', '모든 것을 가르치는 것'으로 묘사되어 있다. 모든 '크리스마'를 우리는 성령님으로 이해하고 있다.[127]

사도 베드로가 '하나님이 나사렛 예수에게 성령과 능력을 기름 붓듯 하셨다(행10:36).'라고 말했는데 '성령'과 '능력'이라는 말은 그리스어에서 수단을 표시하는 조격으로 분류한다. 이 말은 능동적으로 성령님이 기름을 붓는 주체가 됨을 의미한다. 오늘날 은혜의 시대에서 우리는 성령님의 주체적인 기름부으심 속에 들어간다. 성령님은 우리 안에 영원히 거하시기를 원한다.[128]

좀 더 구체적으로 기름 부음의 역할에 대해 살펴보면 다음과 같다. 첫째, 기름 부으심은 우리를 진리로 인도해 주시는 선생님(mentor)이다.

> 너희는 주께 받은 바 기름 부음이 너희 안에 거하나니 아무도 너희를 가르칠 필요가 없고 오직 그의 기름 부음이 모든 것을 너희에게 가르치며 또 참되고 짓이 없으니 너희를 가르치신 그대로 주 안에 거하라(요일2:27)

---

127) Ibid., 123.
128) Kenneth S. Wuest. 신약원어대해설 단어연구(Wuest's word studies from the Greek New Testament), Kenneth S. Wuest 번역위원회 역(서울 : 요단출판사, 2003), 240~243.

하나님의 진리와 능력이 동반된 성령의 임재는 지속적인 것으로서 매일 일상적으로 경험되는 것이지, 일생에 한번만 일어나는 사건이 아니다. 기름 부음 안에는 하나님께 속한 모든 가르침이 들어 있다. 성령님이 내 안에 내주해 오시면, 성령님께서 우리에게 새로운 지혜와 새로운 길을 보여 주신다. 우리는 그 길을 따라 가기만 하면 된다. 성령님의 기름 부으심이 우리의 멘토가 되셔서 세상을 이길 수 있게 해 준다.

둘째, 기름 부으심은 항상 신선하고, 새롭게 만든다.

> 그러나 주께서 내 뿔을 들소의 뿔 같이 높이셨으며 내게 신선
> 한 기름을 부으셨나이다 (시92:10)

스가랴 4장 14절에서는 '신선한 기름의 아들들'이란 의미로 '베네 하 이츠하르(beneha yishar)'라는 단어를 사용하였다. 기름 부으심은 그 본질상 낡거나, 늙지 아니하며 항상 신선하고 새로운 것이다. 항상 과거에 묻혀 사는 사람들을 보면 예전에 받았던 은사와 축복을 말한다. 이것은 오늘날 계속 임재하시는 기름 부으심과는 아무런 상관이 없습니다. 기름 부으심은 과거를 묻지 않는다. 오직 미래만을 향해 계속 전진해 나아갑니다. 우리의 신앙이 날마다 새로워지려면 매일 매일 기름 부으심 속으로 침몰해 들어가야 한다.

셋째, 기름 부으심은 우리가 주님의 소유된 것을 알게 해준다.

> 이르시기를 나의 기름 부은 자를 손대지 말며 나의 선지자들
> 을 해하지 말라 하셨도다 (시105:15)

세상과 온전히 구별되어서 하나님의 소유물이 되고, 그러므로 인해 하나님의 보호하심을 받게 된다. 우리는 기름 부으심을 통해 하나님과의

관계가 더욱 깊어짐을 경험하게 된다.

> 여호와께서 자기에게 기름 부음 받은 자를 구원하시는 줄 이제 내가 아노니 그의 오른손의 구원하는 힘으로 그의 거룩한 하늘에서 그에게 응답하시리로다(시20:6)

넷째, 기름 부으심은 우리를 치유하신다.

> 주 여호와의 영이 내게 내리셨으니 이는 여호와께서 내게 기름을 부으사 가난한 자에게 아름다운 소식을 전하게 하려 하심이라 나를 보내사 마음이 상한 자를 고치며 포로된 자에게 자유를, 갇힌 자에게 놓임을 선포하며(사61:1)

마귀로부터의 치유, 질병과 죽음으로부터의 치유, 물질로부터의 치유, 고통과 고난으로부터의 치유.... 이 모든 것은 기름 부으심을 통해 이루어진다. 모든 문제가 발생하면, 우리는 하나님의 기름 부으심이 쏟아지고 있는 장소로 나아가야 한다. 그곳에서 기름에 흠뻑 취해 있어야 한다. 새로운 기쁨, 새로운 길, 새로운 해결책이 보일 것이다. 결국 기름부으심이란, '성령님께서 하나님 나라 확장을 위해 세움을 받는 하나님의 종들에게 부어주시는 능력과 권위, 권세'를 의미한다.

성령님은 죽어가는 환경에 생명력을 불어 넣는 바람처럼 역사하신다. 사도행전 2장에는 120명의 제자들이 모인 마가의 다락방에 성령님이 임한 기사가 기록되어 있는데, 성령님이 임함으로 제자들이 성령의 충만함을 받고 아울러 사람의 영혼과 육신을 치유하는 능력을 받는다. 성령님이 임하기 전에는 초조와 긴장 그리고 두려움과 절망의 분위기인

곳이 성령님이 임함으로 살아 움직이는 현장으로 바뀌었다.

성령님은 '보혜사(파라클레토스, paracletos)'라는 이름을 가지며 그 뜻은 '돕는 자 혹은 위로자'이다. 요한복음 14장 26절에서 예수께서 제자들에게 다음과 같이 말한다. '보혜사 곧 아버지께서 내 이름으로 보내실 성령 그가 너희에게 모든 것을 가르치시고 내가 너희에게 말한 모든 것을 생각나게 하시리라.' 여기에서 보혜사는 우리를 돕기 위하여 우리 곁으로 부름을 받고 온 영이다. 하나님의 자녀들이 문제에 봉착할 때, 육신의 병으로 고생할 때, 성령님께서는 가까이 와 있어서 치유의 능력을 통해서 가진 문제들을 해결할 수 있도록 도와주신다. 사도 바울은 고린도전서 3장 16절에서 '우리가 하나님의 성전이요 하나님의 성령이 우리 안에 거하심을 기억하라'고 권면한다. 성령님이 거하시는 성전으로 하나님의 자녀들의 육신이 병들었을 때, 성령은 창조 사역자들을 통하여 치유하여 주신다. 따라서 치유는 성령님의 중요한 사역 중에 하나라고 볼 수 있다.

신앙적 치유는 성령님의 사역 중 중요한 것으로 악령과의 영적인 싸움에서 오는 것이다. 치유 사역은 영적으로 사탄과 마귀 등 악령과 싸우는 영적 전쟁에서 승리할 수 있도록 성령님이 은사를 주셨는데 그 중에 치유의 은사가 포함되어 있다. 이런 의미에서 치유 사역은 매우 중요하다.

| 제6장 |

통전적 치유 사역
(Wholistic healing ministry)

은사는 여러 가지나 성령은 같고 직분은 여러 가지나 주는 같으며 또 사역은 여러 가지나 모든 것을 모든 사람 가운데서 이루시는 하나님은 같으니 각 사람에게 성령을 나타내심은 유익하게 하려 하심이라 어떤 사람에게는 성령으로 말미암아 지혜의 말씀을, 어떤 사람에게는 같은 성령을 따라 지식의 말씀을, 다른 사람에게는 같은 성령으로 믿음을, 어떤 사람에게는 한 성령으로 병 고치는 은사를, 어떤 사람에게는 능력 행함을, 어떤 사람에게는 예언함을, 어떤 사람에게는 영들 분별함을, 다른 사람에게는 각종 방언말함을, 어떤 사람에게는 방언들 통역함을 주시나니
(고전12:4~10)

Ⅰ. 영의 치유

1. 영의 이해

　　성경에서 생명과 죽음은 언제나 관계성이 있다고 증거하고 있다. 생명의 근원이신 하나님과 올바른 관계를 유지하는 것이 살아 있는 것이다. 그러므로 영이 죽었다고 말할 때에, 이 말은 영의 기능이 정지되었다는 말이 아니라, 생명의 근원되시는 하나님과의 교통이 단절된 것을 의미한다. 영의 죽음은 각 개인들 자신의 죄로 인하여 발생된다(엡2:1). 이런 의미에서 '영의 죽음'과 '영의 질병'은 같은 의미로 사용한다. 사람이 물과 성령으로 거듭나지 않으면, 이런 자의 영은 마귀의 세력으로부터 직접, 간접으로 영향을 받게 된다. 사람이 타락하게 되면 제일 먼저 그의 영이 영향을 받는다. 그래서 영적으로 죽게 된다. 그러므로 치유를 적용하는 첫 번째 영역도 영의 부분이 되어야 한다. 모든 치유는 영적 치유 즉, 예수님의 이름으로 구원받도록 하는 것이 항상 우선 되어져야 한다.

그리하여 죽은 영을 다시 살리는 결과를 가져와야 한다(롬8:10).

> 앞에서 언급했듯이 '영'이란 히브리어로 '루아흐(ruawch)'인데, 루아흐는 만질 수 없는 바람을 뜻하는 말로 사용되는데 이때 하나님은 이 바람을 일으키는 직접적인 원인으로 나온다(창 8:1, 암4:13, 사40:7, 시104:4)

"영"이라는 용어는 사람과 짐승을 구별짓는 인간의 고귀한 속성을 지칭하는 데 사용되지 않았다. 오히려, 바람이 하나님으로부터 오듯, 사람의 영도 하나님의 선물로서 본질적으로 하나님께 속해 있다고 가르친다. 성경 약 100개의 구절에서 "영"은 하나님의 영(창1:2) 또는 여호와의 영(사11:2)이라고 불리며, 이사야 31장 3절에서는 '영'이 육체, 즉 단순한 피조물들의 무력함과 대비되는 하나님의 권능으로 기록되어 있다. 그리스 철학의 영향을 받은 유대 사상에서는 영이 거룩하게 사람에게 불어넣어진 생명력(vital force)으로, 사람 존재의 독특한 부분을 이루는 것으로 여겨졌다. 그러나 용어상 "영"은 종종 "혼"과 구별되지 않으며, 오히려 "몸"과 대조적으로 사용되었다. 몸은 땅에 속한 것이고, 영은 하늘로부터 온 것으로 여겨졌다.

또한 성경을 기록한 선지자들은 영에 관한 교리를 분명하게 묘사하고 있다. 영은 생명력을 주기도 하고(사42:5), 생명과 은혜로 보살피시며(욥10:12), 빼앗아 가기도 하신다(시10:29). 또한 열정을 주시기도 하며(슥12:10), 예술적인 능력을 주시고(출28:3), 인간의 계획 배후에서 계획을 좌절시키기도 하신다(사19:3).[129]

---

129) Gerhard Kittel, Gerhard Friedrich, "영", 신약성서 신학사전, 982.

즉, 하나님의 영은 창조적이고 무한한 생명력을 가진 것이며 그 생명력을 우리 인간에게 주셨는데 그것이 '영'이라는 것이다. 이 '영'이 참된 생명이 된다. 하나님께서는 그 영으로 세상을 통제 통치하시고 인격적으로 함께 하신다. 가장 중요한 핵심은 인간의 창조시 하나님은 우리들에게 영적인 부분을 주셨다는 것이다.

'영'은 그리스어로 '프뉴마(pneuma)'인데 '공기의 힘 있는 움직임'이란 뜻이다. '프뉴마'가 밀의 종교[130]나 일반 종교에서 생명을 창조한다는 사상을 내포하고 있는데 즉, 바람이나 호흡이 생산 및 생명과 관련을 맺고 있다는 것을 근거로 하여 널리 퍼졌다. 이러한 개념은 시와 자연과학에서 발견할 수 있으며 프뉴마에 대한 스토아(stoa)학파[131]의 이론으로 옮겨간다. 그 후 이 단어는 만물을 통합하는 포괄적인 생명의 원리로 동일시된다. 프뉴마는 의학에서 보다 중요한 것이다. 프뉴마는 숨을 쉴 때 들이마시는 공기처럼 건강에 활력을 주는 결정적인 요소이다.[132]

사람들이 호흡하는 공기는 생명을 지탱하는 것으로 간주하였다. 따라서 호흡을 중단하는 것은 죽는 것을 의미한다. 5세기 이후로 그리스의 의사들은 이에 바탕을 둔 생리학(physiology)을 발전시켰다. 그리고 사람의 본유적(本有的) 프뉴마와 그가 호흡하는 공기를 대조시켰다. 아리스토

---

130) 밀의 종교란 기존의 전통적인 종교를 통해서는 얻을 수 없는 신비한 종교적 신비들을 체험할 수 있게 만드는 그리스-로마시대의 비밀 제전(祭典)을 의미한다.
131) 기원전 4세기 말에 그리스의 철학자 제논(zenon)이 창시한 철학의 한 파로서, 금욕과 극기를 통하여 자연에 순종하는 현자(賢者)의 생활을 이상으로 내세웠다. 후에 로마의 철학자 세네카 등이 이를 완성했다.
132) Gerhard Kittel, Gerhard Friedrich, "영", 신약성서 신학사전, 979~981.

텔레스의 작품에서 이 프뉴마는 배에서부터 점차적으로 성숙한 개체를 만들어내는 형성적 힘이었으며, 또한 사람의 경우에 있어 영혼이 몸을 다스릴 때 사용하는 도구가 되었다. 그러므로 이때부터 이미 이 단어는 프쉬케(영혼)의 의미와 유사하였으며 프쉬케가 순전히 기능적 용어인데 반하여, 프뉴마는 본질로 간주되었다는 점에 차이가 있다.

마가복음에는 프뉴마가 23회 언급되어 있으며, 그 중에서 14회가 부정한 영이나 그와 유사한 것을 가리킨다. 마태는 이 용어를 잘 사용하지 않았지만, 마태복음 8장 16절에서 귀신들을 나타낼 때 '영들'이란 용어를 사용하였다. 인간에 대해 적용될 때 마가복음 2장 8절과 8장 12절에서 프뉴마는 지각과 감정의 주체가 되며, 마태복 27장 50절은 생명력이 된다. 마가복음 14장 38절에서 약한 육신과 영이 대조를 이루는데, 이는 영이 인간에게 있어서 몸보다 더 훌륭하다는 뜻은 아니다. 그리고 마가복음과 마태복음은 대체로 특별한 행위를 할 수 있는 하나님의 능력을 가리키는데 사용된다. 또한 주님의 성령 잉태와 주님께서 성령 받으심은 성령님의 창조적인 능력이 단순히 잉태의 과정으로 전이된 것이다. 즉 이것은 사변이나 논리적 추론의 결과가 아니고, 주님 안에서나 주님과 만남이 있는 성령 안에서만 하나님을 만날 수 있다는 것이다. 사실 마태복음과 마가복음에서 성령님에 관한 언급이 적게 나오는 것은 놀라운 일이라고 할 수 있다. 그러나 복음서의 진정한 핵심은 하나님께서 예수 안에서 그의 백성들을 만난다는 것을 강조하고 있기에 이상할 것은 없다.[133]

---

133) Ibid., 989~990.

바울에게 있어서 영에 대한 이해는 확실히 기독론적이다. 바울 자신이 육의 사람이었음을 고백하고 예수 그리스도를 만나고 난 후의 자신을 새롭게 난 사람, 성령으로 거듭난 사람이라고 하였다.

그래서 바울에게 있어서 '성령 안에'있다는 것은 '육신 안에'있는 것과는 반대되는 개념이다. 그에 따르면 모든 믿는 자들은 '성령 안에' 있는 것이다. 그는 그리스-로마인들에게 다음과 같이 말했다.

> 만일 너희 속에 하나님의 영이 거하시면 너희가 육신에 있지 아니하고 영에 있나니 누구든지 그리스도의 영이 없으면 그리스도의 사람이 아니라(롬8:9)

사도 바울은 혼과 몸을 경멸하는 한편 영을 절대시하는 헬레니즘적인 경향에 반대하여, 재림 때까지 몸이 흠 없이 보존되어야 한다고 강조하였다.[134]

결론적으로, 신약에서의 '영'에 대한 이해는 '성령님'의 이해와 함께 해야 한다. 그리고 그것은 체험적이며 종말에도 새로운 존재로서의 하나님 앞에서의 삶을 이야기하고 있다. 추상적이고 사변적인 것에서 내가 직접 체험하는 영으로서의 삶이며, 그 영적인 존재에 대해서 사실적 기술을 하고 있는 것이다(고전2:13, 15:37, 갈6:1).

---

134) F. F. Bruce, 바울신학(Paul), 정원태 역 (서울 : 기독교문서선교회, 2014), 216~219

2. 영의 손상

영적인 건강은 하나님과 이웃과 다른 피조물과의 바른 관계를 유지하는 것이다. 이것은 통합, 질서, 조화, 평화, 안녕의 상태로 정의할 수 있고 궁극적인 구원의 상태이며, 또 타락 이전의 상태이다. 영적 건강은 모든 건강을 유지시켜 주는 힘이다. 그래서 모든 치유가운데 영적 치유가 우선시 되어야 하며, 이는 여러 치유 가운데 가장 근본적이고 중추적인 위치에 있는 것이다.[135]

영적인 질병은 하나님과의 관계가 단절, 이탈, 분리되어 적대적 관계 속에 놓인 상태를 말한다. 이는 사탄의 지배로 자기 의지와 정욕대로 살아가는 상태를 의미하는 것이다(롬1:21~32). 영적 질병은 우리의 정서와 인간관계까지 심각한 분열과 갈등을 일으키고, 심지어 육체적인 질병과 죽음까지 초래하는 무섭고 무거운 병이다. 뿐만 아니라 삶의 질서가 깨지고 모든 관계가 단절되고 인격적 교제 관계가 끊어져서 깊은 고독과 소외 속에 살아가게 되고, 자연적이고 초자연적인 차원의 악령이 지배하는 가운데 살아가게 되는 것을 말한다.

영적으로 치유가 필요하다는 것은 하나님으로부터 소외되어 하나님이 없는 상태로 어둠의 삶을 살고 있다는 것을 의미하며, 그것은 곧 성령님이 말하는 '죽음'의 상태이다. 이 영의 죽음이 곧 영적 질병이며, 이를 고치는 것이 영적치유 곧 주님의 이름으로 구원받아 죽은 영이 다시 살림을 받는 것이다. 결국 영적 치유는 하나님과의 관계회복이며 화해와

---

[135] 한명수. 이재옥, 예수의 치유 사역의 의미와 치유선교 전략, 의료와 선교, 1991년 겨울호, 82.

용서이며, 구원과 동일한 은혜이다. 이것은 한 인간이 자기의 죄를 회개하고 하나님께 반역했던 길에서 돌이켜 예수 그리스도의 대속의 사건을 믿고 구세주로 영접할 때 비로소 치유의 과정이 시작되는 것이다.

이러한 영적 치유는 단순히 행동이나 태도의 긍정적인 변화를 말하는 것이 아니라 완전히 변화된 삶을 의미한다. 자신의 의지로 살아오던 삶을 포기하고 생활의 전 영역에 있어서 하나님의 주권을 인정하고, 성령의 의지에 따라 전적으로 순종하는 삶으로 전환하는 과정이 영적 치유인 것이다.

영적 치유를 위해서는 주를 영접하여 물과 성령으로 거듭나는 것이 선행되어야 한다. 죄된 생활을 버리고 새로운 성품과 마음을 가지고 영혼을 치유하는 힘이 있는 하나님의 말씀을[136] 따라 사는 것이 필요하다. 그 다음에 죄의 문제에 있어서 하나님의 말씀대로 처리하는 것이 필요하다. 거듭나서 새로운 성품을 가지고 살아간다고 해도, 우리의 육체는 여전히 죄의 종노릇을 하고 있어서 성화 구원을 받아야 하는 것이다.[137]

영의 치유는 어떤 사람의 영적인 삶, 즉, 하나님과의 관계가 갱신 내지는 회복되어야 한다. 영이 병드는 현상은 그 사람 자신의 죄로 인해 일어난다. 영의 치유는 인간이 자신의 죄를 진정으로 회개할 때에만 가능하고, 하나님의 구원의 역사를 받아들일 때 인간의 영은 진정으로 치유함을 받을 수 있다. 이 구원의 과정에서 성령의 역할은 절대적임을 인식할 필요가 있다.

우리의 영이 치유된다는 것은 하나님과의 관계가 회복됨과 동시에

---

136) Kay Arthur, 영적치유(Lord, Heal My Hurts), 김경섭 역(서울:프리 트, 2020), 52.137)
137) 박행렬, 통전적 치유 목회학(서울:도서출판 치유, 1994), 305~310.

더 새롭고 깊이 있는 관계로 나아가는 것을 의미한다. 영의 치유는 여러 종류의 치유가운데서도 가장 근본적인 것이라 할 수 있다. 우리의 영을 치유하는 일은 모든 다른 치유들에 대하여 중추적인 위치를 차지하고 있다는 사실에 의심의 여지가 없다. 뿐만아니라 총체적 관계 속에서 그 중요성을 더하고 있음을 간과할 수 없다. 영적 질병을 치유케하시기 위해 예수 그리스도께서 이 땅에 오심과 치유의 완성을 위하여 십자가에서 죽으신 것으로 십자가 사건을 이해할 필요가 있다.

3. 영치유의 실제

영의 치유라는 것은 예수 그리스도를 주와 구세주로 영접하여 거듭남을 통해서, 나와 하나님과의 관계인 영적 생활을 새롭게 하고 회복하는 것을 말한다.

이에 대한 첫째이면서도 가장 깊은 치유는 죄를 용서받는 것으로, 진심으로 회개하는 자들에게 그리스도께서 이 용서를 주신다. 사람이 예수님을 주와 구세주로 영접하면, 그 사람의 영은 치유를 받게 되고 예수님의 용서를 계속적으로 체험함으로써 영적으로 건강할 수 있다.

영의 치유는 귀신 들림의 치유, 과거 상처의 치유, 관계성의 치유, 육신의 치유 등 모든 치유과정에서 첫 번째 단계가 된다.[138]

1) 사역의 준비

---

138) 박행렬, 기독교인을 위한 전인치유 사역, 103~105.
139) 손기철, 기름부으심이 넘치는 치유와 권능(서울:두란노, 2008), 269~272.

손기철은 '치유(신유)의 실제적인 제안'에서 다음과 같이 말했다.[139]

우선순위를 점검하라. 하나님이 정말 우리의 치유자이심을 믿는가? 하나님은 주권적인 역사로 우리를 치유하시지만, 또한 의사나 약으로도 치유하신다. 물론 의사나 약은 주로 질병의 징후를 치유하지만, 하나님은 질병의 원인을 치유하신다. 의사에게 가거나 약을 먹는 것은 상관없지만, 우선순위에 있어 기도를 '보험'드는 정도나 '밑져 봐야 본전'이라는 정도로 생각한다면 치유는 일어나지 않을 것이다.

잘못된 믿음을 버리고 말씀으로 마음을 변화시키라. "나는 하나님이 기뻐하시고 사랑하는 자녀다", "하나님은 나를 기꺼이 치유하고자 하신다", "나의 질병을 치유하는 것은 하나님의 뜻이다", "하나님은 나를 온전케 하셔서 찬양과 경배 받기를 원하신다"라고 외쳐야 한다. 두 가지 믿음을 기억하고(자기경험적 믿음과 계시적 믿음) 생각과 이성을 뛰어넘는 믿음을 가져야 한다.

치유에 관한 성경구절을 읽고, 광경을 믿음의 눈으로 그려보라. 예수님이 주시는 레마의 말씀(지금 나에게 주시는 하나님의 말씀)을 들어보라.

치유에 대한 간증을 들으라. 치유 받은 사람이 어떻게 하나님의 말씀을 듣고 믿음으로 임했는지 들으라.

치유 집회에 참석하라. 보고 소망을 품으라. 성령 안에서 상상하라. 내 문제와 처지를 기도하지 말고, 하나님이 주실 새로운 소망을 선포하라. 참석이 불가능하면, 목사님이나 장로님 그리고 사역자를 초청해 기도를 받으라.

하나님을 높이라. 하나님을 높일 때 하나님의 영광이 임하며, 영광이 임할 때 하늘문이 열리고 기사와 이적이 일어난다. 또한 집회에서 다른 사람에게 기사와 이적이 일어났을 때 나에게 일어난 것보다 더 기뻐하고 하나님을 높이라. 하나님을 하나님 되게 할 때 그분이 가장 기뻐하신다.

기도하라. 나의 믿음이 아니라, 하나님 안에 있는 믿음을 가질 수 있도록 기도하라. 치유의 기적이 일어나도록 간절히 기도하라. 히스기야는 통곡하면서 간절히 기도하였다. 하나님은 그의 생명을 15년이나 연장시켜 주셨다.

증언하라. 다른 사람에게 예수님이 하신 일을 증거하는 것은 하나님의 기념책에 내 이름을 올리는 것과 같으며, 또 다른 기적을 예언하는 것과 같다. 실제로 어떤 집회에서 한 사람의 간증으로 그 사람의 질병과 동일한 질병을 가지고 있던 20명 이상이 그 자리에서 치유된 적이 있다.

투약하라. 약이나 의술은 하나님이 사용하시는 도구다. 먼저 하나님께 기도하라. 그리고 기도하면서 의술을 사용하라. 하나님이 병든 자를 치유하실 때 의학적인 방법을 사용하실지라도, 결국 치유는 하나님의 역사라는 사실을 기억하라.

치유 사역자로서의 준비는 영의 치유, 귀신 들림의 치유, 과거 상처의 치유, 관계성의 치유, 육신의 치유 등 모든 치유에 있어서 동일하게 적용된다. 치유 사역자로서의 준비과정을 다음과 같다.

첫째, 치유 사역자는 성령의 기름부으심을 감지하고, 성령에 의하여 인도함을 받으며, 특별한 사람이나 환경에 관하여 말씀하시는 성령의 음성을 들을 수 있도록 성령 충만을 구하여야 한다.

둘째, 치유 사역자는 효과적으로 자신이 사역에 사용되기 위해 기도와 금식이 필요하다. 특히 여러 사람을 대상으로 하는 사역이나 가족 구성원 중 일부의 구원을 위해 사역할 때, 또는 특정 가정의 특별한 필요를 다룰 때 더욱 그렇다.

셋째, 치유 사역자는 성령님께서 사용하실 수 있는 깨끗한 그릇으로 준비되어야 한다(고전3:16~17). 치유 사역자는 자신에게 깨달아지는 죄를 고백하여 용서함을 받아야 한다. 그렇지 않으면 다른 사람들에 대해 사역을 할 때, 사탄은 그 죄들을 고소하고 정죄하게 된다.

넷째, 치유 사역자는 모든 신비술(사주, 관상, 토정비결, 점성술, 무속행위, 부적) 등에 관여한 것을 깨뜨리고 회개하여야 한다. 이 신비술에 관여한 것이 사역자 자신에 의한 것일 수 있고, 혹은 사역자의 가족이나 조상일 수 있다(출20:5). 이 문제를 제대로 다루지 않으면 사역자나 사역을 받는 자에게 성령님이 역사하는 것에 주요 장애가 될 수 있다.

다섯째, 치유 사역자는 자신의 삶이 다른 사람들에게 간증거리와 본이 되어야 한다. 사역자는 성령의 열매(갈5:22~23)를 맺어야 한다. 그리고 하나님께서 사역자 자신에게 행하신 능력으로 인해 어떻게 변화되었다는 것을 사람들에게 설명할 수 있도록 준비되어야 한다.

여섯째, 치유 사역자는 인간에 대한 하나님의 엄청난 사랑과 긍휼을 깨달아야 한다. 사역을 받는 자는 이 하나님의 사랑과 긍휼에 대하여 그리고 사역자가 하나님 앞에 바른 자세를 가지고 있는가에 대하여 매우 빠르게 감지하게 된다. 그래서 다음과 같은 긍휼사역이 있어야 한다.

① 치유 사역자는 정죄하기보다는 사랑으로 한다. 그렇지 않으면 사역을 받는 사람은 죄를 고백하고 자유롭게 되기보다는 죄를 숨기려 하게 된다.
② 치유 사역자는 신뢰할만하여야 하고, 사역 받는 사람의 고백한 내용을 남에게 누설하여서는 안 된다.
③ 치유 사역자는 오늘날 사랑이라는 단어가 변질되고, 범람하고 있기 때문에 성경에서 말하는 사랑의 의미를 정확히 이해하는 것이 중요하다. 고린도전서 13장과 마태복음 18장 21~35절(용서에 관하여)을 참고하는 것이 좋다.
④ 치유 사역자가 상담에 임할 때, 내담자의 상담 내용을 들으면서 내담자에게 말씀하시는 하나님의 음성이나 생각나게 하시는 성경 구절, 개인적 간증, 지혜의 말씀, 영들 분별의 은사 등 성령의 은사가 나타

나는 것에 민감해야 한다.
⑤ 치유 사역자는 하나님의 말씀이 전적으로 진리라는 것과 하나님께서 성경에 기록된 하나님의 모든 약속들은 반드시 이루신다는 믿음이 있어야 한다. 따라서 사역자는 자신을 이러한 믿음으로 이끌어주는 영적 양식인 하나님의 말씀을 규칙적으로 읽어야 한다. 그리고 서로의 신앙을 격려하여 주는 다른 신자들과의 교제도 중요하다.
⑥ 치유 사역자는 사람에 대한 두려움이 없어야 한다. 이것은 성경에 기록된 말씀이 진리이고, 이 말씀이 사역자 자신과 사역을 받는 자들에게 분명한 역사를 일으킨다는 확신에 찬 지식을 가질 때에 가능하다. 이렇게 하나님을 의지하고 사역하게 될 때, 사람에 대한 두려움이 사라지게 된다(딤후1:7). 경우에 따라서는 주님이 사역자를 성숙하게 하시려고 사역자가 감당할 수 있는 범위의 극한 상황에 두시기도 하신다.
⑦ 치유 사역자는 올바른 관계성을 유지하여야 한다. 그렇지 않으면 자신을 속이거나 사역을 받는 자들에게 혼돈을 가져오게 된다. 올바른 관계를 유지할 대상은 다음과 같다.
- 하나님에 대하여(마22:37)
- 가족들에 대하여(엡5,6장)
- 교회에 대하여(고전12:12)
- 대인관계에 대하여(요13:34)
- 고용인(골3:22)이나 피고용인에 대하여(엡6:9)[140]

---

140) The Subritzky Family, Ministering in the Power of the Holy Spirit, Manual(Auckland:Dove Ministries Limited, 2024), 9~11.

2) 사역의 실제

1단계 : 하나님을 우리가 인정해야 하는 것과 하나님이 얼마큼 인간을 사랑하셨는가를 말해준다.

> 너는 범사에 그를 인정하라 그리하면 네 길을 지도하시리라
> (잠3:6)

> 하나님이 세상을 이처럼 사랑하사 독생자를 주셨으니 이는 그를 믿는 자마다 멸망하지 않고 영생을 얻게 하려 하심이라
> (요3:16)

위 성경구절에 나타난 뜻을 사람들에게 설명하고 격려해 주어야 한다. 사람들의 잘못된 태도 즉, 열등감, 우울증, 낮은 자존감, 공포감, 하나님에 대한 원망 등을 다루어 주어야 한다.

2단계 : 인간의 타락, 범죄가 어떤 결과를 가져오게 되었는가를 가르쳐 주고 고백하며 회개하도록 한다.

> 모든 사람이 죄를 범하였으매 하나님의 영광에 이르지 못하더니(롬3:23)

> 오직 너희 죄악이 너희와 너희 하나님 사이를 갈라놓았고 너희 죄가 그의 얼굴을 가리어서 너희에게서 듣지 않으시게 함이니라(사59:2)

중요한 것은 성령님이 죄를 깨닫게 하도록 하여 그 죄가 고백되고

회개되어 지도록 하는 것이다. 이렇게 함으로써 하나님께서 그 사람을 위하여 예비하신 복을 온전히 받게 할 수 있다. 특히 구체적으로 죄의 내용을 깨닫게 해주어야 한다. '용서하지 못하는 죄'(마18:23~35)를 고백하고 회개시켜야 한다. 어떤 사람들은 용서가 불가능하다고 변명하지만, 주기도문에 보여진대로 용서는 필수적으로 요구되는 것이다. 때에 따라서는 삭개오처럼 보상을 하기도 해야 한다. 즉 잘못을 교정하는 것을 포함하기도 하며, 자기에게 상처를 준 사람을 용서하는 것을 포함하기도 한다.

> 우리가 우리에게 죄 지은 자를 사하여 준 것 같이 우리 죄를 사하여 주시옵고...너희가 사람의 잘못을 용서하면 너희 하늘 아버지께서도 너희 잘못을 용서하시려니와 너희가 사람의 잘못을 용서하지 아니하면 너희 아버지께서도 너희 잘못을 용서하지 아니하시리라(마6:12, 14~15)

'교만했던 죄'를 고백하고 회개시켜야 한다. 우리 자신을 겸손히 하여 어린아이와 같이 되지 않으면, 하나님의 은사를 받는데 방해가 되고 영적인 영역으로 나아가는데 거침이 된다. 하나님을 구하는 것을 반대하는 인간의 지혜가 중요 걸림돌이 된다(고전1:19~21). '우상숭배 죄'를 고백하고 회개시켜야 한다. 그렇지 못할 때에는 성령님이 사역자에게 말씀하시는 것을 막는 중요한 장애 요인이 될 수 있다. 그리고 마귀의 속임을 받게 되는 주요 요인이 된다. 사역을 받는 자로 하여금 '나는 아버지를 사랑합니다.', '나는 어머니를 사랑합니다.', '나는 아버지를 용서합니다', '나는 어머니를 용서합니다.'라고 입으로 고백하게 하는 것이 중요하다. 우리 몸이 성령님이 거하시는 전(殿)임을 기억해야 한다. 이와 관련된 모든 죄는 고백하고 버려야 되지만, 이것을 공공연하게 여러 사람 앞에서 고백하여 문제가 더 커지는 것보다는 주님 앞에 개인적으로 조용하게 고백함으로써 처리하는 지혜가 있어야 한다.

3단계 : 죄에서 돌아서고 주님을 자신의 삶 속에 구주로 받아들이도록 한다(롬 10:9~10).

4단계 : 성령님의 임재를 끝없이 갈망하게 한다. '성령님 오소서' '나에게 임하소서' '내가 성령님을 갈망합니다' 예수 그리스도를 마음 중심으로 영접하게 하고 감사한 삶을 살게 한다.

구원 받았을 때, 성령님에 의하여 우리의 영은 살아나게 되었고 우리는 새로운 피조물이 되었다(고전6:17, 고후5:17). 그러므로 우리는 영적으로 치유 받았다. 우리가 회개를 얼마나 깊이 하느냐에 따라, 의도적인 죄, 고백하지 않은 죄, 어떤 죄에 대한 속박, 그리고 하나님과 교회와의 관계성에서 게을러짐(예배, 기도, 성경공부 등)을 통해 영의 병이 우리에게 생길 수 있다. 영의 병이 우리 삶의 다른 모든 영역에도 영향을 미친다는 것은 확실하다. 따라서 종종 정신적(귀신 들림), 정서적, 육체적 그리고 사회적 문제들은 영의 병으로 생기는 경우가 종종 있다.

이 영의 병은 다음과 같이 다루어져야 한다. ① 하나님 앞에서 직접 죄를 대면하고 대항하도록 한다. ② 죄를 고백하는 기도를 하게 한다. ③ 회개에 합당한 행위를 하도록 한다(이것이 속박을 주는 것이면 안 되고, 자유를 주는 것이어야 한다). ④ 자신을 용서하도록 한다. ⑤ 우리에게 주어진 권위에 근거하여 죄가 용서 받았음을 선포하고, 기도 받는 자로 하여금 용서받았음을 믿음으로 받아들이게 한다(요20:23). ⑥ 다시는 죄를 짓거나 죄로 틈타는 기회를 만들지 못하도록 한다.

이렇게 함으로써 영의 치유가 나타나고, 이어서 이와 관련된 몸의 각 영역에 대한 치유가 나타나게 된다. 하나님과의 관계성이 회복되고, 개인 생활의 대부분의 영역에서 성장이 있게 된다.[141]

영적 치유는 하나님의 역사이다. 그래서 다른 모든 사역에서와 같이 하나님께서는 그러한 사역에 사용하기 위해 특별히 준비된 사람을 통해서 역사하신다. 데살로니가전서 5장 24절에서 간략하고도 분명하게 이것을 말씀하고 있다. "너희를 부르시는 이는 미쁘시니 저가 또한 이루시리라."

하나님의 역사는 사역을 시작하게 만드시는 데서 끝나는 것이 아니다. 사역자에게는 "항상 예수를 위하여 죽음에 넘기움은 예수의 생명이 또한 우리 죽을 육체에 나타나게 함이니라"(고후5:1)는 말씀이 나타나야 한다. 참다운 하나님의 모든 역사에서 그러하듯이 치유도 성령님의 능력 가운데서 행해져야 한다. 하나님께서 치료자가 되시지 않으면 안 된다. 인간의 마음이 변화될 수 있다면, 그것은 하나님의 영 때문이다.

영적 치유에 있어서 사역자는 치유자가 아니라 영적인 안내자로서 섬긴다. 치유자는 영혼을 예수 그리스도와 깊은 관계로 인도하는 이런 특별한 사역에 하나님께로부터 부르심을 받아야만 한다.

치유 사역은 배우는 기술이라기보다는 사역자와 함께 나누는 관계이다. 어떤 심리학자나 정신과 의사가 헌신된 그리스도인이라 할지라도, 그는 아직도 주님에 의해 이런 방법으로 쓰이는 사람은 아니다. 그는 아마도 지식과 치료상의 기술을 이용하듯이 자신이 경험해 보지도 못한 영적 실체에 관해서 가르칠지도 모른다. 그러나 그는 스스로 체험한 만큼의 영적 깊이 정도만 다른 사람들을 인도할 수 있다.

---

141) Ibid., 16~17.

치유 사역을 하려면 자신이 치유자의 역할을 포기하고, 성령님이 내담자의 생활 가운데 필요한 변화를 가져오시도록 기꺼이 의탁하는 일이 요구된다. 이것은 어쩌면 가장 배우기 어려운 혹은 배우지 못하는 일의 하나이다. 일단 이것을 깨달아 사용할 수 있게 되면, 우리는 참 기쁨과 해방을 체험할 수 있게 된다. 특별히 책상을 마주보고 앉은 사람이 극도로 흥분하며 초조해 있는 경우에, 치유 사역자는 '내가 그를 도와주어야 한다'고 생각하기 쉽다. 그래서 오히려 느긋하게 기다리면서 주님께서 역사하시도록 신탁한다는 것이 훨씬 더 어려운 일이다.

치유 사역자는 성령님께서 자신 안에서 그리고 치유를 통해서 방해받지 않고 자유로이 역사하실 수 있도록 하기 위해서, 자신의 자아가 항상 십자가에 못 박혀 있도록 기도해야 한다.

사도 바울은 갈라디아 교회에 보내는 편지에서 이렇게 말했다.

> 내가 그리스도와 함께 십자가에 못 박혔나니 그런즉 이제는 내가 산 것이 아니요, 내 안에 그리스도께서 사신 것이라 이제 내가 육체 가운데 사는 것은 나를 사랑하사 나를 위하여 자기 몸을 버리신 하나님의 아들을 믿는 믿음 안에서 사는 것이라
> (갈2:20)

성령님께서 역사하실 때와 치유 사역자 자신이 행할 때를 분별하려고 애쓸 필요는 없다. 사역자는 자신을 순복하면서 상대방을 대할 때 하나님께서 그들을 인도하시고 기름 부어 주실 것을 믿어야 한다.

감옥에 갇혀 있는 죄인에게 필요한 것은 옥 안에서의 도움이 아니라 옥으로부터 건져내는 일이다. 다윗은 시편 142편 7절에서 "내 영혼을 옥에서 이끌어 내사 주의 이름을 감사케 하소서"라고 하였다. 우리가 하

나님의 온전하신 뜻에 전적으로 순복하는 중에 모든 것과 모든 사람을 포기했다면, 이제 우리는 시편 50편 14~15절의 약속을 담대히 주장할 수 있다.

> 감사로 하나님께 제사를 드리며 지존하신 이에게 네 서원을
> 갚으며 환난 날에 나를 부르라 내가 너를 건지리니 네가 나를
> 영화롭게 하리로다(시50:14~15)

죄 된 자아로부터 퍼져 나오는 불행에서 우리를 건져내신 하나님의 뜻은 우리의 기쁨에 넘치고 안락하게 만들기 위한 것뿐만 아니라 또한 스스로 영광을 받으시기 위한 것이다. 우리가 그리스도의 비밀을 알고자 한다면, 우리는 하나님의 말씀을 깊이 탐구하며 주님이 주시는 지혜와 하늘로부터 오는 지식을 체험해야 한다.[142]

> 이 비밀의 영광이 ... 어떻게 풍성한 것을 알게 하려 하심이라
> 이 비밀은 너희 안에 계신 그리스도니 곧 영광의 소망이라(골 1:27)

---

[142] Charles R. Solomon, 영적 치유의 핵심(Handbook to Happiness), 김우생 역(서울:나침반, 2011), 153~160.

II. 귀신 들림의 치유

1. 귀신 들림의 정의

프레드 딕케이슨(Fred C. Dickason)은 귀신 들림에 대해 다음과 같이 정의하였다.

하나 또는 그 이상의 악령이나 귀신이 인간의 몸 안에 거주하면서 그들의 희생자들을 자기 마음대로 완전히 지배하는 것이다.[143]

그는 귀신 들림은 '침입'이며 크고 작은 정도의 '지배'이지 결코 귀

---

143) C. Fred Dickason, Angels, Elect and Evil(Chicago : Moody, 2011), 182.

신이 인간을 '소유하는 개념은 아니라고 설명한다. 귀신은 삶 가운데 어떠한 영역이든, 어떠한 행위이든, 성령님의 지배를 받지 않는 바로 그곳을 지배하려고 한다. 핵심은 귀신 들림이라는 용어가 의미하는 것은 여전히 지배이다.[144]

우리는 흔히 어떤 사람이 귀신이 들렸다라고 하면 완전히 귀신의 사로잡힘(dossessed)을 받아 미쳐있는 상태로 있다고 생각한다. 그러나 신약성경에 기록된 그리스어 '다이모니조마이(δαιμονιξομαι)'는 귀신 들린 상태(demonized)만 의미할 뿐이지, 어느 정도 또한 어느 종류의 귀신이 들렸는가를 설명하고 있지 않다. 단지 그 사람이 그 안에 귀신을 가지고 (에케인 다이모니온, εχειν δαιμονιον) 있을 뿐이라는 의미다. 다시 말해서 귀신이 어느 정도 그 사람에게 심각한 영향력을 행사하였는지를 정확하게 정의하고 있지는 않는다는 것이다. 우리가 알 수 있는 부분은 나타나는 현상, 즉 그 사람의 문제의 심각성에 따라 한 개인의 귀신 들림의 정도를 알 수 있는 정도이다. 흔히 사람들은 귀신 들림의 정도 혹은 강도를 구분하기 위해 사로잡힘(possession), 혹은 제어(control), 괴롭힘(affliction), 압박(oppression)이란 용어를 사용하기도 한다. 결국 귀신 들림이라는 의미는 다음과 같이 요약할 수 있다.

귀신 들림이란 인간의 몸 안으로 어떤 영적인 존재가 내재되어 자신의 의지나 능력으로 자신을 제어하는 것이 아니라, 내재된 영적인 존재에 의해 자신이 제어(control) 당하는 것이다.

---

144) C. Fred Dickason, Angels, Elect and Evil(Chicago: Moody, 2011), 182.

귀신이 들렸다는 것은 자연적 수단으로 즉, 의술이나 어떤 요법에 의해 치유될 수 없다는 의미이다. 이것은 기독교 전통에서 마귀, 사단, 세상의 주관자 등으로 불리는 외적이고 초자연적인 악의 세력에 의해 의지가 완전 지배당했기 때문에, 인본적인 치료방법으로는 해결할 수 없는 문제이다.

'귀신들'이라 함은 단순히 보이지 않는 흑암세력의 주관자의 부하들과 하수자들을 의미하는 것이다. 귀신 들린 사람의 몸은 육화된 형상적 악령들을 의미하지는 않는다. 이것은 원시적 개념인데 우리는 원시종교의 입장과 성경적 신앙과의 입장을 분명히 하여야 할 것이다. 원시적 개념dp, 귀신이 도깨비, 구미호, 처녀, 드라큘라, 뱀파이어 등 상당히 형상된 모습으로 나타난다. 그래서 어떤 퇴마사가 나타나 육적인 대결을 벌이면서 싸울때는 매우 영적인 개념으로 어떤 사람의 힘과 능력으로 싸우는 것이 아니라, 또 다른 초자연적 능력의 힘을 가지고 싸워야 한다.

정신적 속박 상태인 귀신 들림은 원시적 신화 종교와의 연관성 때문에 너무 자주 현대 사상가에게서 배격되고 있다. 무엇보다도 성경적 신앙에서 귀신들은 악의 중앙 통치자에게 통제를 받고 지시도 받고 있다. 반면에 원시종교에 나타난 각 귀신은 그 자체가 법이고 이미 결정된 패턴으로 목적에 따르기보다는 불합리하게 행동한다. 성경에서 귀신 들림은 항상 개인적인 죄와 관련이 있다. 반면에 원시종교에서는 운이 나빠서 귀신에 들리게 된다. 또 성경에서의 귀신들은 타락한 천사들이므로 인간의 영역보다 더 높은 범위에 속한다. 원시종교에서의 귀신은 지옥에서 나온 악령과 도깨비들이다. 성경적 입장에서의 마귀는 초인간적인 반신적 존재이다. 반면에 원시 신화론의 귀신들은 인간 이하 지상 영역에 속한 영이다.

또한 귀신 들림을 정신, 육체적 질병과 혼동하는 것도 하나의 실수이다. 이는 비록 정신, 육체적인 것으로 진단된 어떤 질병들이 실제로 귀신 들림의 징조를 보여준다고 할지라도 마찬가지이다. 과거에는 종종 귀신들렸다고 하는 병이 현재에 있어서 정신병의 일종으로 판명되기도 한다. 정신병과 귀신 들림 사이를 너무 밀접하게 연관시키려 할 때 위험이 있다.[145]

　　귀신 들림은 초능력적인 자기 파괴나 타인 파괴 충동에 사로잡히는 것으로 나타날 수도 있다. 귀신 들림은 정신병적 범죄행위, 습관성, 중독성 물질의 중독, 통제할 수 없는 분노, 남용되는 성적 욕구, 폭력과 살인의 충동과 같은 고통 등에서 나타날 수도 있다. 그러나 이러한 병들이 있다고 해서 모두 다 귀신들렸다고 보는 것은 불합리하다.

　　주님께서 그의 죽음과 부활로 정사 잡은 세력과 권세 잡은 세력에 치명적인 상처를 주었다. 그러나 이 권세를 잡은 자들은 아직도 멸망되지 않았다. 예수그리스도의 능력은 지금도 모든 병과 죄악을 극복하는데 역사한다. 주술과 마술이 아닌 복음 선포와 기도와 성령의 기름부으심으로 귀신 들림에서 해방된다. 귀신 축사는 단순히 악한 세력으로부터 고통 받는 자에게 그 지배를 철회하도록 요구하는 것을 의미하는 것뿐만 아니라 무엇보다도 구원과 관계가 있다. 악한 영으로부터의 해방과 동시에 하늘나라 백성으로 구원받은 존재로서의 삶이 모든 귀신 쫓음 사역의 주된 목적이 되어야 한다.

　　그러므로 거듭나서 그리스도의 영을 소유한 사람에게는 절대 귀신이 들어오지 못한다. 이는 그리스도 예수의 영이 있는 곳에는 사탄이나 귀신의 영이 함께 있을 수 없기 때문이다(마12:28). 그러나 이것이 귀신

---

145) 정신장애냐, 귀신 들림이냐 하는 결론은 영적인 것과 정신적인 것을 이해하고, 구별할 수 있는 은사가 있는 사람이 판단해야 한다. 필자의 저서 '정신장애와 귀신 쫓음(서울:문성, 2019)'을 추천한다.

의 모든 영향으로부터 자유롭다는 것은 아니다. 회개하지 못하였거나 버리지 못한 나쁜 습관, 예를 들면 과거에 우상 숭배나 신비술이나 마술, 신접한 사람이나 물건에 접한 경험이 있는 자나 성화된 삶을 살지 못하거나 끊지 못한 습관적인 죄, 그리고 육체적 성품을 따라 살 때, 그리고 저주의 결과로 귀신의 영향을 받을 수 있다.

귀신을 물리치거나 귀신의 영향력으로부터 자유로워지기 위해서는 치유자나 사역을 받는 자의 담대한 믿음이 필요하다. 갈보리 십자가로 인해 사탄은 이미 패배한 상태이므로 예수그리스도의 이름 앞에서 무릎을 꿇고 꼼짝하지 못한다는 사실을 믿음이 귀신 들림의 치유에 있어서 무엇보다 중요한 것이다.

2. 귀신 들림의 특징

귀신이 들렸을 경우 나타나는 일반적인 특징들은 다음과 같다.

첫째, 귀신들린 자들은 영적인 사람(축사 사역자 등)을 알아보고 불안해한다. 대부분 귀신들린 사람들은 상대방이 자신보다 강하거나, 약함을 인지할 수 있으며 상대방이 영적 강함이 있을 경우 피하려고 하고 반대인 경우 더욱 위협적으로 나온다.

둘째, 정체가 드러나거나 축사가 이루어질 때 "아이고 분해, 아이고 분해"하면서 엉엉 울기도 하고 흥분해 하기도 한다. 귀신이 나갈 때 자신의 한풀이를 하는 경우가 많이 있다. 그 대표적인 것이 억울함을 한풀이 하면서 떠나가는 것이다.

셋째, 상대방의 과거나 죄악을 알아맞히기도 한다. 상대방의 과거사를 알아맞히면서 힐난하거나 정죄하기도 한다. 그러나 축사 후에는 이런 일을 잘 기억하지 못하는 경우가 많다.

넷째, 입에서 거품이 흘러나오거나 구토를 하기도 한다. 일반적인 현상이다. 그래서 항상 휴지나 비닐봉지 등을 준비하는 것이 좋다. 그러나 이러한 현상도 "구토하거나 더러운 거품을 흘리지 말고 떠나라!"고 명령하면 이런 육체적 더러움에서 해방 받을 수 있다.

다섯째, 거짓 몸짓으로 귀신이 떠나간 것처럼 속이는 경우가 있다. 귀신은 근본적으로 속이는 영이기 때문에 마치 축사가 다 된 것처럼 속이는 몸짓으로 나타날 때가 있다. 사역자에게 영적 분별력이 있어야 한다. 가끔 귀신들은 "나는 이제 떠난다" 혹은 "나는 떠났다"고 말한다. 그러나 이와 같은 말은 믿을 만한 것이 못 된다. 완전히 귀신을 쫓아낼 때까지 계속 압력을 가해야 한다.

여섯째, 자주 졸립다고 말하면서 하품을 많이 한다. 자주 하품을 하는 현상은 귀신이 떠나기 싫거나 자신의 정체가 드러나자 감추기 위함이다. 계속 축사 사역을 실시하여 귀신들을 내쫓아야 한다.

일곱째, 떠나지 않으려고 몸부림치면서 살려달라거나, 다른 곳으로 가게 해달라거나 하면서 시간을 지연시키려고 한다. 인간의 육체 안에서 어떻게 하든지 떠나지 않으려는 귀신들의 지연작전에 말려들면 안 된다. 여유를 주지 말고 쫓아 보내야 한다.

여덟째, 소리를 지르기도 하고 떼굴떼굴 구르면서 몸부림친다. 괴성을 지르고, 몸부림을 치면서 축사 사역자의 힘을 뺄 때가 많이 있다. 이 때 축사자나 주위에 있는 사람들의 육체가 상처를 입을 수 있으므로 조심해야 한다.

아홉째, 음란한 생각을 심어주거나 음란한 행동을 취하기도 한다. 함부로 아무 곳이나 안수하면 위험하고 모든 질병(특히 정신이상)은 뇌 손상에서 비롯된 것이 많이 있으므로 모든 안수는 머리에 하는 것이 좋다. 어떤 축사 사역자는 배꼽부터 위로 올라가면서 안수해야 귀신이 위로 밀려 올라가면서 결국 입으로 떠난다고 하는데 잘못하다가는 음란의 영에

덜미를 잡힐 수 있다. 만약 조금이라도 음란한 생각이 일어나거나 육체에 반응이 나타나면 무조건 사역을 멈추어야 한다.

열째, 고약한 냄새를 풍기기도 한다. 귀신들은 무당에게서 나는 이상하고 특유한 냄새를 풍긴다. 그러나 성령님의 사람에게는 향기가 나온다.

열한째, 성경에 있는 내용을 말하거나, 말하게 해서 사역자를 곤경에 빠트리게 하기도 한다. 때로는 성경에 대한 해박한 지식을 가지고 성경을 가르치기도 하고 성경에 있는 내용을 신학적, 교회사적, 논리적으로 질문함으로 사역자를 당황하게 하기도 한다.

열두째, 영적인 사람과 눈을 잘 맞추지 못한다. 귀신들린 사람과는 눈싸움에서 먼저 이겨야한다. 그러나 어떤 사역자는 귀신이 눈에 붙어 있다고 하여 눈을 엄지손가락으로 누르면서 기도하는 경우도 있는데 이 또한 성경적 근거가 없을 뿐 아니라 매우 위험한 행동이다.

열셋째, 예수를 입으로 고백하지 않는다. 축사를 위해 일부러 예수님을 입으로 시인하게 하여도 자주 거부하는 반응을 보인다. 그러나 우리는 계속해서 예수 그리스도의 구주되심을 본인의 입으로 시인하게 만들어야 한다.

열넷째, 주위 사람들과의 관계를 단절하고 자기만의 세계에서 살려고 한다. 귀신 들림은 인격의 파괴와 대인관계의 문제점을 노출시켜서 대인관계를 기피하는 성격장애 현상으로 나타나는 경우가 많이 있다.

열다섯째, 귀신 들림으로 인한 방언이 있다. 이상한 말들을 중얼거리면서 마치 방언처럼 말을 하기도 하고, 어떤 사람은 방언으로 싸우기도 하고, 분노를 나타내기도 한다. 또한 공예배시간에 방언을 말함으로 예배를 훼방하는 경우도 있다.

열여섯째, 축사가 이루어졌을 때 자신이 한 일을 잘 기억하지 못한다. 귀신이 떠나갔을 때 귀신들렸을 때의 기억을 상실하는 경우가 있다.

열일곱째, 귀신이 자신의 정체를 감추면서 끝까지 숨어있는 경우도 있다. 대부분 귀신들은 축사 사역 중에 정체가 폭로되지만, 어떤 경우는 끝까지 자신을 드러내지 않고 숨는 경우가 있다. 이때는 영적인 분별력과 인내를 가지고 지속적으로 사역해야 한다.

열여덟째, 두통, 한기, 두려움 등이 엄습해 오기도 한다. 축사 사역 중 두통이나 두려움이 있다고 괴로워하는 경우가 많이 있다. 그러나 계속적인 기도사역을 통해 치유해야 한다.

열아홉째, 목에 작용하여 기도를 못하게 하기도 하고 호흡기장애를 일으키기도 한다. 갑자기 목을 눌러서 본인이 입으로 시인하는 기도를 못하게 하거나 호흡곤란을 일으켜서 기도나 회개하는 것을 포기하게 만든다.

스무째, 이단, 사이비 사상을 말한다. 자기 자신을 신, 재림주, 감람나무, 영생주 등으로 표현하면서 삼위일체 하나님을 깎아 내리고 자신을 신격화시키면서 자신의 사상과 방법만이 구원의 길이라고 주장한다.

스물한째, 귀신들은 사역자와 사역 받는자 모두를 지치게 하려고 애쓴다. 귀신들은 할 수 있는 한 사람들을 지치게 만들려고 한다. 그러므로 우리는 사역이 너무 오래 계속되지 않도록 해야 한다. 중간에 쉬는 시간을 두거나 팀사역을 통해 돌아가면서 사역하는 것이 좋다

스물둘째, 귀신들은 혼동을 주기 위해 서로 연이어 대답하여 헷갈리게 한다. 사역의 주도권은 사역자에게 있지 귀신들에게 있는 것이 아니기 때문에 그들로 하여금 사역을 방해하지 못하게 해야 한다.

스물셋째, 귀신들은 두려움을 일으키기 위해 허풍을 편다. 귀신들은 절대 그들이 허풍떠는 것처럼 대단하거나 위력이 있는 존재들이 아니다. 비록 그들이 괴상한 표정을 짓게 만들거나, 고통을 주거나, 몸이 뒤틀리게 하면서 겁을 줄지라도, 그것은 허세에 지나지 않는다. 때때로 귀신들은 "나는 이 지역의 왕이다", "나는 너를 망하게 할 수 있다"라고 말

하거나, "나는 너를 해칠 수 있다"라고 말하면서 공포심을 조장한다. 그래도 절대 그들의 말에 흔들리지 말아야 한다. 우리는 그들보다 월등한 능력을 갖고 있다. 귀신들이 허세 부리지 못하도록 명령해야 한다.

3. 귀신 쫓음의 성경의 예

1) 거라사 지방의 귀신 들린 자 (마8:28~34, 막5:1~20, 눅8:26~39)

이 치유 사건의 요지는 주님께서 갈릴리 맞은편 이방 지역인 거라사(가다라)지방에 이르러 귀신 들린 자를 만난다. 귀신 들린 자는 너무나 많은 귀신의 숫자로 인해 매우 심각한 상태였고, 이 귀신 들린 자는 주님을 먼저 알아보았으며 '하나님의 아들'로 인식하고 부른다. 그러나 결국 추방되었다.

귀신들은 주님이 자신들을 괴롭히지 말고 돼지 떼에 들어가도록 요청 한다. 왜냐하면 아직 자신들이 심판받을 때가 되지 않았다고 생각했기 때문이다. 주님이 허락하자 귀신들은 그 사람에게서 나와 돼지 떼에게로 들어갔고 돼지 떼는 비탈로 내달아 바다에 빠져 몰살하였다. 그러자 귀신들린 자는 온전해졌다. 그러나 그 지방 사람들은 귀신을 쫓은 주님을 영접한 것이 아니라 돼지떼를 몰살시킴으로 인해 입게 된 경제적 손실이나 혹은 정치적 이유로 인해 주님께 그 지방에서 떠나기를 요청하였고 주님은 제자들과 함께 다시 바다 건너편으로 가셨다.

이 치유 기사에 대한 공관복음서들의 차이점은 분량 면에서 보면 마가가 제일 자세하게 보도하고 있으며, 마태는 비교적 간단하게 처리하고 있다. 장소에 대한 언급이 마가와 누가는 거라사(케르사, Khersa, 갈릴리 바다 남동쪽 약 48km 떨어진 곳)로 마태는 가다라(갈릴리 바다 남동쪽 약 6마일

〈표 6-1〉 공관복음서의 거라사 귀신 들린 자 대조표

마가 5:1~20	마태 8:28~34	누가 8:26~39
1. 예수께서 바다 건너편 거라사인의 지방에 이르러 2. 배에서 나오시매 곧 더러운 귀신 들린 사람이 무덤 사이에서 나와 예수를 만나니라 3. 그 사람은 무덤 사이에 거처하는데 이제는 아무도 그를 쇠사슬로도 맬 수 없게 되었으니 4. 이는 여러 번 고랑과 쇠사슬에 매였어도 쇠사슬을 끊고 고랑을 깨뜨렸음이러라 그리하여 아무도 그를 제어할 힘이 없는지라 5. 밤낮 무덤 사이에서나 산에서나 늘 소리 지르며 돌로 자기의 몸을 해치고 있었더라 6. 그가 멀리서 예수를 보고 달려와 절하며 7. 큰 소리로 부르짖어 이르되 지극히 높으신 하나님의 아들 예수여 나와 당신이 무슨 상관이 있나이까 원하건대 하나님 앞에 맹세하고 나를 괴롭히지 마옵소서 하니	28. 또 예수께서 건너편 가다라 지방에 가시매 귀신 들린 자 둘이 무덤 사이에서 나와 예수를 만나니 그들은 몹시 사나워 아무도 그 길로 지나갈 수 없을 지경이더라 29. 이에 그들이 소리 질러 이르되 하나님의 아들이여 우리가 당신과 무슨 상관이 있나이까 때가 이르기 전에 우리를 괴롭게 하려고 여기 오셨나이까 하더니 30. 마침 멀리서 많은 돼지 떼가 먹고 있는지라 31. 귀신들이 예수께 간구하여 이르되 만일 우리를 쫓아 내시려면 돼지 떼에 들여 보내 주소서 하니 32. 그들에게 가라 하시니 귀신들이 나와서 돼지에게로 들어가는지라 온 떼가 비탈로 내리달아 바다에 들어가서 물에서 몰사하거늘	26. 그들이 갈릴리 맞은편 거라사인의 땅에 이르러 27. 예수께서 육지에 내리시매 그 도시 사람으로서 귀신 들린 자 하나가 예수를 만나니 그 사람은 오래 옷을 입지 아니하며 집에 거하지도 아니하고 무덤 사이에 거하는 자라 28. 예수를 보고 부르짖으며 그 앞에 엎드려 큰 소리로 불러 이르되 지극히 높으신 하나님의 아들 예수여 당신이 나와 무슨 상관이 있나이까 당신께 구하노니 나를 괴롭게 하지 마옵소서 하니 29. 이는 예수께서 이미 더러운 귀신을 명하사 그 사람에게서 나오라 하셨음이라 (귀신이 가끔 그 사람을 붙잡으므로 그를 쇠사슬과 고랑에 매어 지켰으되 그 맨 것을 끊고 귀신에게 몰려 광야로 나갔더라)

제6장 통전적 치유 사역

마가 5:1~20	마태 8:28~34	누가 8:26~39
8. 이는 예수께서 이미 그에게 이르시기를 더러운 귀신아 그 사람에게서 나오라 하셨음이라 9. 이에 물으시되 네 이름이 무엇이냐 이르되 내 이름은 군대니 우리가 많음이니이다 하고 10. 자기를 그 지방에서 내보내지 마시기를 간구하더니 11. 마침 거기 돼지의 큰 떼가 산 곁에서 먹고 있는지라 12. 이에 간구하여 이르되 우리를 돼지에게로 보내어 들어가게 하소서 하니 13. 허락하신대 더러운 귀신들이 나와서 돼지에게로 들어가매 거의 이천 마리 되는 떼가 바다를 향하여 비탈로 내리달아 바다에서 몰사하거늘 14. 치던 자들이 도망하여 읍내와 여러 마을에 말하니 사람들이 어떻게 되었는지를 보러 와서 15. 예수께 이르러 그 귀신 들렸던 자 곧 군대 귀신 지폈던 자가 옷을 입고 정신이 온전하여 앉은 것을 보고 두려워하더라 16. 이에 귀신 들렸던 자가 당한 것과 돼	33. 치던 자들이 달아나 시내에 들어가 이 모든 일과 귀신 들린 자의 일을 고하니 33. 치던 자들이 달아나 시내에 들어가 이 모든 일과 귀신 들린 자의 일을 고하니 34. 온 시내가 예수를 만나려고 나가서 보고 그 지방에서 떠나시기를 간구하더라	30. 예수께서 네 이름이 무엇이냐 물으신즉 이르되 군대라 하니 이는 많은 귀신이 들렸음이라 31. 무저갱으로 들어가라 하지 마시기를 간구하더니 32. 마침 그 곳에 많은 돼지 떼가 산에서 먹고 있는지라 귀신들이 그 돼지에게로 들어가게 허락하심을 간구하니 이에 허락하시니 33. 귀신들이 그 사람에게서 나와 돼지에게로 들어가니 그 떼가 비탈로 내리달아 호수에 들어가 몰사하거늘 34. 치던 자들이 그 이루어진 일을 보고 도망하여 성내와 마을에 알리니 35. 사람들이 그 이루어진 일을 보러 나와서 예수께 이르러 귀신 나간 사람이 옷을 입고 정신이 온전하여 예수의 발치에 앉아 있는 것을 보고 두려워하거늘 36. 귀신 들렸던 자가 어떻게 구원 받았는지를 본 자들이 그들에게 이르매

마가 5:1~20	마태 8:28~34	누가 8:26~39
17. 그들이 예수께 그 지방에서 떠나시기를 간구하더라 18. 예수께서 배에 오르실 때에 귀신 들렸던 사람이 함께 있기를 간구하였으나 19. 허락하지 아니하시고 그에게 이르시되 집으로 돌아가 주께서 네게 어떻게 큰 일을 행하사 너를 불쌍히 여기신 것을 네 가족에게 알리라 하시니 20. 그가 가서 예수께서 자기에게 어떻게 큰 일 행하셨는지를 데가볼리에 전파하니 모든 사람이 놀랍게 여기더라		37. 거라사인의 땅 근방 모든 백성이 크게 두려워하여 예수께 떠나가시기를 구하더라 예수께서 배에 올라 돌아가실새 38. 귀신 나간 사람이 함께 있기를 구하였으나 예수께서 그를 보내시며 이르시되 39. 집으로 돌아가 하나님이 네게 어떻게 큰 일을 행하셨는지를 말하라 하시니 그가 가서 예수께서 자기에게 어떻게 큰 일을 행하셨는지를 온 성내에 전파하니라

정도)로 말하고 있다. 이는 지리적인 어려움을 마태가 축소하고 있는 것이다. 와디에스사막(wadies)해안과 동일시되는 호수의 남동 해안에 있는 케르사는 본문의 장소에 대한 서술과 일치한다.[147] 또한 케르사는 데카폴리스의 가장 중요한 도시들 중 하나로 이방 선교라고 하는 마가와 누가의 관심에 부합한다.

---

147) Archibald T. Robertson, "마가복음" 신약원어대해설, 373.

또한 귀신 들린 자가 마가와 누가에서는 한 사람이지만 마태는 둘이라고 전한다(마8:28). 그러나 이는 모순이 아니다. 마가와 누가는 귀신 들린 두 사람 가운데 두드러진 행동을 하였던 한 명에 대해서만 관심을 가지고 기록한 반면, 마태는 두 사람이 그 장소에 같이 있었음을 밝히고 있기 때문이다.[148] 귀신의 이름도 마가와 누가는 '군대'라고 거명하지만 마태에는 귀신의 이름이 나오지 않는다.

마가와 누가는 귀신 들린 자가 주님께 나아온 이유를 주님이 이미 귀신에게 그 사람에게서 나오라고 명하셨기 때문이라고 하나, 마태는 이에 대한 언급이 없다. 마가와 누가는 본문을 이방인들을 위한 선교의 시작으로 묘사하고 있지만 마태는 아무런 언급도 하지 않는다. 이상이 세 복음서의 차이점들이다. 왜 이러한 차이점들이 있을까?

그것은 주님의 치유 이적을 각색, 가감, 편집한 복음서 기자들의 의도와 신학적 차이 등이 있다. 세 복음서를 면밀히 분석하여 본문이 주는 의미에 대해 살펴보면 다음과 같다.

마가복음(5:1~20)

본 이적 기사는 주님께서 갈릴리 바다 건너 이방 지역에 들어서서 행하신 첫 번째 이적이다. 공관복음서 중 마가의 특징적인 요소를 보자.

첫째, 귀신 축출을 기독론적 입장에서 해석하고 있다.

> 나사렛 예수여 우리가 당신과 무슨 상관이 있나이까 우리를 멸하러 왔나이까 나는 당신이 누구인 줄 아노니 하나님의 거

---

148) 옥스퍼드 원어성경대전(The Oxford Bible Interpreter)마태복음, 제자원 역 (서울:바이블네트), 610.

룩한 자니이다(막1:24)

　　귀신의 입을 빌려 주님을 지극히 높으신 하나님의 아들로 규정하고 있는 것이다. 하나님의 나라는 하나님의 지극히 높으신 아들인 주님이 사탄의 세력을 쫓아내는 것으로부터 시작한다고 전하는 것이다. 귀신들이 이를 먼저 알고 주님께 절규하듯 질문을 하도록 한다.

　　큰 소리로 부르짖어 이르되 지극히 높으신 하나님의 아들 예
　　수여 나와 당신이 무슨 상관이 있나이까 원하건대 하나님 앞
　　에 맹세하고 나를 괴롭히지 마옵소서 하니(막5:7)

　　마가는 주님의 공생애의 첫 번째 시작을 귀신 축출에서부터 시작하시는 것으로 강조하고 있는 것이다. 마가의 편집의 독특성은 이적 이야기를 두 개씩 짝을 지어 소개하고 있다는 것이다. 두 번의 귀신 축출 이적(막1:22~28, 5:1~20), 두 번의 장애인 치유 이적(막7:31~37, 8:22~26), 두 번의 급식 이적(막6:35~44, 8:1~10), 두 번의 바다 이적(막4:36~41, 6:45~51) 등 전부 5개의 쌍이 나온다. 그리고 이적 시리즈도 비슷한 이적들을 평행시켜 편집하였다.
　　그 이유는 자신이 전하는 이적 이야기를 독자들이나 청중들이 더 기억하기 쉽게 전달하기 위한 의도로 보인다. 즉, 갈릴리에서의 공생애 첫 이적이 가버나움 회당에서 귀신을 쫓아낸 것이며, 이방 지역에서는 거라사 귀신 들린 자를 치유하는 것으로 귀신 축출이 하나님 나라 확장의 시작임을 분명히 한다. 마가는 주님이 유대 땅에서만 아니라, 이방 땅에서도 "하나님의 아들"로 인정되고 선포되어야 할 분이며, 그분은 사단의 세력을 멸하고 하나님 나라를 이룩하실 분이라는 것을 분명히 하고 있는 것이다.

둘째, 귀신의 이름인 '군대'와 2천 마리에 이르는 돼지 떼에 관한 마가의 의도이다. 군대란 뜻을 가진 '레기온(legion)'은 라틴어 'legio'에서 유래된 말로 로마 군단을 지칭한다. 로마 군단은 보병 6,100명, 기병 726명 등 총 병력 6,826명으로 구성되어 있었다.[149] 많은 수효의 귀신들이 2천 마리의 돼지 떼에 들어갔다는 것과 단어의 선택이 이 지역의 정치적 상황을 암시해 준다고 추측할 수 있다. 로마인들은 점령 세력으로서 정착하였으며, 그 지역을 떠날 의도가 없었다.

귀신들이 주님께 이 지역에서 쫓아내지 말아달라는 첫 번째 간청이 정확히 이와 일치한다. 또한 귀신의 거주지와 귀신 들린 자에 대한 묘사(무덤, 고랑, 쇠사슬, 늘 소리지르며 돌로 몸을 상하게 함 등)도 로마의 압제에 의해 황폐해진 당시의 상황을 대변해 주고 있다. 따라서 이 귀신 들린 자는 그가 어렸을 때에 그의 고장에 주둔하게 된 군인들에 의해 악몽과 같은 경험을 하였기 때문에 영적으로 문제가 발생 했을 것 이라는 추론도 할수 있다.

여기에 돼지 떼가 등장한다. 돼지는 부정한 짐승으로 사육이 금지된 동물인데 귀신들이 이 돼지와 함께 몰살당한다. 이것은 유대전쟁의 와중에서 로마 군인들에 의해 고통당하던 유대인들에게 의미 있게 받아들여졌을 것이다.

이 이적 이야기는 본문 바로 앞에 나오는 이적(막4:35~41, 광풍을 진압시킨 이적)과 더불어 분명히 홍해 사건(출14장)을 암시하고 있다. 하나님께서 이스라엘 백성을 홍해바다로부터 구해내시고 애굽의 군대를 수장시킨 것처럼 귀신의 군대(여기서는 돼지 떼와 로마 군대가 동일시됨)가 갈릴리

---

149) Archibald T. Robertson, "마태복음" 신약원어대해설, 285
_____, "마가복음", 375.

에 빠져 몰살당하는 것이다.

그러므로 레기온과 돼지 떼를 통하여 마가가 바라는 것은 로마의 군대 귀신에 시달리던 사람을 주님께서 해방시키시고 자유케 하셨다는 것이다. 로마 군대에 의해 핍박받고 고통 받는 민중들을 위로하고자 하는 것이다. 그러나 이방인인 그 돼지 떼의 주인들은 유대적 사고와는 다른 견해를 가지고 있었다. 그들은 오직 돼지 떼의 몰살로 인해 발생되는 경제적 손실에 더 관심이 있었다. 그래서 주님으로 하여금 떠나 달라고 말한 것이다.[150] 오늘날 우리에게 있어서 돼지 떼에 집착하는 태도는 물질을 소유하려는 우리의 애착이 우리를 괴롭히는 귀신의 소행과 다를 것이 없다는 사실을 반영하고 있다.[151]

셋째, 마가는 본 이적 사건을 통해 새로운 방향을 제시한다. 즉, 귀신들렸다가 치유된 자를 통하여 이방 지역에 그리스도의 복음이 전파되었다는 것을 말함으로 이방 선교의 길을 열어 놓은 것이다. 치유 받은 자가 함께 가기를 요청하나 주님은 이를 거절하고 그에게 새로운 임무를 주신다. "집으로 돌아가 주께서 네게 어떻게 큰 일을 행하사 너를 불쌍히 여기신 것을 네 가족에게 알리라 하시니(막5:19)"고 하신다. 이는 선교의 임무이다. 그는 이제 제자가 되어 주님께서 행하신 일을 데가볼리에 전파하였다.

마태복음(8:28~34)

마태는 마가복음에 나오는 이적 이야기들을 자신의 복음서에 수

---

150) Ibid., 376~378.
151) Lamar Williamson, Jr, 현대성서주석마가복음, 한미공동주석편집위원회 역 (서울:장로교출판사), 175.

록하는 과정에서 자신의 관심에 따라 확대하거나 축소하는 작업을 한다. 확대하는 경우는 주님의 말씀 자료들을 삽입하거나, 주님과 귀신 들린 자와의 대화이다. 마태는 자료의 삽입과 대화의 확대를 통하여 자신이 강조하고 싶은 요점을 분명히 드러내고 있다. 마태는 본문의 본질적인 점에 더 치중하여 실제의 요점에 아무런 도움이 되지 않는 부분을 과감히 삭제해 버린다. 그럼으로써 본질적인 점을 더 부각시키고자 하는 것이다. 거라사의 귀신 들린 자를 치유하는 이적도 마태는 마가의 총 20절의 말씀 단 7절로 축소시키고 있다. 이러한 축소 작업은 마가의 자료 속에 나오는 기독론적 본질을 더욱 분명하게 드러내려는 마태의 신학적, 해석학적 작업의 결과이다.[152)]

　마가복음에는 한 사람의 귀신 들린 자가 여기서는 두 사람으로 언급되고 있다(참고. 마8:28, 막5:2). 마태복음에는 귀신 들린 자의 상태에 대한 상세한 설명이 생략되어 있으며, 단지 "저희는 심히 사나워 아무도 그 길로 지나갈 수 없었다"라고만 말해 주고 있다. 또한 마가복음의 결론 부분(막5:18~20)이 완전히 삭제되어 있다. 즉, 마가복음에는 촌에 있던 사람들이 와서 귀신 들린 자가 '옷을 입고 온전하여 앉은 것을 보았다'(막5:15)고 말해 줌으로 병 고침의 이적이 일어났음을 분명히 보여주고 있는 데 반하여, 마태복음에는 귀신 들린 자가 고침 받았다는 것에 대해 아무런 언급이 없다.

　이처럼 마태복음에는 마가복음의 내용 중 상당 부분이 축소 또는 생략되어 있지만, 이적 이야기의 기본 형태는 아무런 손상 없이 그대로

---

152) 박수암, 신약주석 마태복음(서울:대학기독교서회), 196.
　　조경철, 대한기독교서회창립 100주년 기념 성서주석 마태복음(서울:대한기독교서회), 381~382.

유지하고 있다. 따라서 마태의 본문에서는 귀신들에 대한 주님의 승리(마8:29~32)가 더 강하게 핵심이 되고 있다.[153]

주님은 다만 이스라엘에게만 보내졌다(마10:5~6). 이는 마태복음이 유대인을 위한 복음서라는 것을 말해 준다. 본문에서 마태는 마가복음을 축소함으로써 신학적 해석을 하고 있는데, 그것은 기독론적 진술을 강조하고 있는 것이다. 즉, 귀신의 입을 통해 '하나님의 아들'(마8:29)임을 증언하고 있는 것이다. 그러나 귀신들은 그리스도는 '하나님의 아들'임을 알고 믿으며, 또한 고백하지만 그들은 여전히 그리스도에 대한 적대심을 가지고 있었다. 여기서 유의할 것은 성도와 귀신을 구별하는 것은 지식이 아니라 사랑이라는 사실이다. 귀신은 예수님을 알지만 미워하며 그와 그의 법에 순종하지 않는다.

누가복음(8:26~39)

누가는 마가복음 자료들을 거의 수정하지 않고 기록한다. 다만 누가는 그 사람의 '구원'과 치유 받은 자와 관련하여 주님을 보는 사람들이 갖는 '두려움'을 강조한다. 그리고 귀신 쫓음과 관련하여 '무저갱(아뷔쏘스, abüssos)'[154]이란 용어를 사용한다. 누가의 본문은 크게 두 부분으로 구분될 수 있다. 첫 번째 부분은 귀신들린 사람을 치유한 능력에 대한 묘사(눅8:28~33)로 이는 주님이 그의 능력을 이용하여 불행하게 고통을 당하는 사람을 구원하는 것이 강조되고 있다. 두 번째 부분은 마을 사람들과 고침 받은 사람의 반응에 대한 설명(눅8:34~39)으로 마을사람들

---

153) 염기석, 치유란 무엇인가, 241~272.
154) 무저갱은 천지와 대비된 지하세계를 가리키며 죽은 자들의 거주지(롬10:7)로 끝없고 바닥없는 깊은 곳(계9:11)을 의미 한다.

즉, 이방인이 주님과 그의 메시지를 배척하는 것이 강조되고 있다. 배척한 이유는 주님의 신적 능력에 대한 두려움 때문이었다. 특히 누가가 본문을 통하여 강조하고자 하는 내용은 다음과 같다.

첫째, 귀신 들린 자들은 완전히 우리 주 예수의 '명령'과 '권능'의 지배하에 있었다. 그들도 그 점을 알았다. 그들은 '에이스 톤 아뷔쏜(eis ton abüsson)' 즉 무저갱으로 들어가라고 명하지는 마옵소서라고 간청한 것을 보면 알 수 있다. 무저갱이란 그들이 고통받을 곳이요, 그리스도는 능히 그렇게 할 수 있냐는 점을 알고 있었던 것이다. 흑암의 모든 권세들이 주 예수의 견제와 조정 아래 있다고 하는 이 사실이야말로 주의 백성들에게는 얼마나 큰 위안이 되는가. 그는 그들을 모두 쇠사슬에 묶어두고 계신다. 그는 원하시기만 하면 그들을 '그들의 본향'으로 보내실 수 있다.¹⁵⁵⁾

둘째, 귀신이 쫓겨나게 되면 그 악마를 그 귀신에게 사로잡혔던 사람은 회복되어 올바른 정신을 갖게 된다. 이것은 사탄이 점령하고 있는 자들은 자기 통제를 못한다는 것을 말해준다. '귀신이 나간 그 사람이 예수의 발아래 앉았다'고 했다. 귀신의 권세 밑에 있을 때에는 주님 앞에서 도망하려던 사람이었다. 그러나 이제 그는 예수의 발아래 앉았다. 이것은 그의 정신이 온전하여졌다는 표징이다. 하나님이 우리를 점령하시면 그는 우리의 자율적 통치를 보장하신다. 그러나 사탄이 우리를 점령하면 그는 우리에게서 자율적 통치와 자아를 몰수한다. 그러므로 우리 속에 있는 귀신의 권세를 전복시켜야 한다.¹⁵⁶⁾ 그러나 다른 한편으로 사람들은 주님의 능력 때문에 주님을 배척하였다(눅8:38). 더욱이 누가의 본문

---

155) Matthu, Henry, 메튜헨리성서주석 누가복음(서울:크리스챤다이제스트), 309.

에서 사람들이 주님을 배척한 이유는 돼지 떼의 죽음으로 인한 경제적인 손실 때문인 것으로 나타나고 있다. 사도행전에서도 경제적인 손실 때문에 복음에 대한 배척이 소개되고 있다는 점에서 이것이 누가에게는 중요한 강조점 가운데 하나인 것으로 보여진다(행16:16, 19:23).

그렇다면 왜 귀신은 돼지 떼에 들여보내 달라고 주님께 간청했을까? 이는 그곳 사람들의 재산에 손해를 입힘으로써, 사람들로 그 원인을 주님께로 돌려 주님을 경계하게 하고 그 지방에서 내쫓도록 하기 위해서일 것이다. 주님께서는 이 사실을 아셨을 것이나 사람의 생명이 재산과는 비교할 수 없이 소중한 것임을 보여주기 위하여 귀신이 돼지 떼에 들어가는 것을 허용하셨다.[157]

셋째, 누가도 마가와 마찬가지로 선교적 관점으로 사건을 결론짓고 있다. 누가에 있어서 고침 받고 구원받은 이 사람은 육체적으로는 주님과 함께 있지 못하나, 천국복음을 전파하는 일에 나서야 하는 후대 기독교인들의 모형을 상징하는 것일 수도 있다.

신약에는 '마귀'에게 사로잡힌 사람에 대한 언급은 없다. 단 한 구절에서만 '마귀에게 눌린 모든 자'를 고쳤다는 기사(행10:38)가 있을 뿐이다. 이외 모든 구절에서는 '더러운 영들' 또는 '귀신들'에 사로잡혔다고 기록하고 있다. 그런 점에서 신약기자들도 '마귀'와 '귀신'을 구별하였을 것이다.[158] 세 복음서 모두 마가의 편집에 따른다. 왜냐하면 마가

---

156) Ibid., 310.
157) 옥스퍼드원어대사전 마태복음, 614.
158) John Henry Burn, 베이커 성경주석(The Preacher's Complete Homiletic Commefary)마가복음, 박근용 역(서울:기독교문사), 358~359.
마귀는 모든 악한 영의 대장으로 사탄으로 불리기도 한다. 귀신들은 마귀의 부하들로 사탄과 함께 타락한 천사들인데 일부에서는 죽은 사람의 혼령 이라고도 한다.

복음이 제일 먼저 쓰였고, 마태나 누가가 이를 참고하고 있기 때문이다. 하지만 마태나 누가는 자신들의 신학적 목적에 따라 본문의 내용을 수정, 삭제, 첨가 등의 편집 작업을 수행하고 있음을 보여준다. 마가가 귀신 들린 자를 치유하는 이적을 가지고 본문을 편집할 때 관심을 가진 것은 주님은 하나님의 아들이라는 것과 마귀를 물리침으로 하나님 나라가 도래된다는 것이었다. 그리고 마가는 로마의 지배에 고통 받고 있는 자기 민족을 위로하고 용기를 주려고 하는 목적을 가지고 있었다. 로마 군대와 귀신의 이름을 동일시하고 귀신들이 돼지 떼에 들어가 몰살당하는 것은 분명 듣는 이들로 하여금 통쾌함을 주었을 것이며, 주님의 능력이 로마 군대를 물리쳤다는 확신과 희망을 주었을 것이다.

마지막으로 마가는 선교에 관심을 가졌다. 주님은 유대인뿐만 아니라 이방인에게도 능력을 행하셨고, 그의 복음이 그들에게도 전파되었다는 사실을 주지시킴으로 이방선교의 당위성을 전하려고 했던 것이다. 이에 반하여 마태는 마가의 본문을 과감하게 삭제, 축소함으로써 오히려 주님이 하나님의 아들임을 부각시키는 기독론에 관심을 갖는다. 하나님의 아들이 마귀들을 물리치는 것이 마태의 관심사였다. 마태의 본문에 선교에 대한 언급이 없는 것은 그의 관심이 오직 유대인에게로 향하여 있다는 것을 보여준다. 누가의 경우에는 마가의 본문을 거의 수정 없이 보도하고 있지만 자신만의 특수한 어휘를 사용해 강조한다. 그로 인해 누가는 주님의 활동과 능력의 보편성을 강조하고 있다. 이는 주님이 유대 땅에서 유대인들만을 위한 활동과 능력을 행한 것이 아니라, 이방지역에서도 행하셨다는 것을 보여주는 것이다. 또한 누가는 자신의 세대에 중점사항인 선교에 관심이 있음을 보여준다. 주님의 능력으로 치유 받은 사람이 복음을 전하는 제자가 되었지만, 여전히 그를 믿지 않는 사람들은 주님을 배척한다는 것이다. 이로서 누가는 복음을 전할 때, 나타나는 박해와 배척을 두려워하지 말라고 말하는 것이다. 주님도 배척을 받았으니, 제자들이 배척을 받는 것은 당연하기 때문이다.

2) 귀신 들린 아이 (마17:14~21, 막9:14~29, 눅9:37~45)

첫째, 이 장면은 아이에게서 귀신을 쫓아내는 데 실패한 8명의 제자들로부터 시작된다. 그리고 이 사건은 바리새인들과의 논쟁을 야기시켰다(막9:14~18).

둘째, 그 아버지는 아들의 치유를 위해 아들을 예수님과 그의 제자들에게 데려왔다. 따라서 아버지의 믿음은 역사하고 있었다(막9:17).

셋째, 귀신 들린 증상은 다음과 같다.
① 아이는 간질로 심히 고생하고 있었다(마17:15).
② 언어장애인이 되었다(막9:17).
③ 귀신이 간헐적으로 이 아이를 사로잡으면, 자해적인 경련에 억눌려 자신을 죽이는 행동까지 하게 만들었다.
④ 귀신은 아이의 모든 면 즉, 영적·감정적·정신적·육체적 그리고 사회적인 모든 면까지 피해를 가져 왔다.
⑤ 예수님께서 제자들의 믿음 없는 것에 대해 심하게 꾸짖으셨다(막9:19). 나중에 예수님께서 이렇게 분노한 이유와 제자들이 귀신을 쫓아내지 못한 이유를 설명하였다. 즉, 이런 종류의 특별한 귀신은 기도 혹은 필요한 경우에 금식 외에 다른 것으로는 쫓아낼 수가 없었다(막9:28~29).
⑥ 예수님과 대면할 때, 귀신은 자기 자신의 정체를 드러낼 수밖에 없었다. 이 아이는 뇌전증을 가지고 있었다. 이런 현상 역시 참관하는 사람들의 마음에 겁을 넣어줌으로써, 믿음을 약화시키는 양동작전으로 이해될 수 있다.
⑦ 예수님께서는 아버지에게 "언제부터 이렇게 되었느냐"라고 물으셨

다. 이것은 예수님께서는 치유에 필요한 지식을 얻기 위해 지식의 말씀을 사용하셨을 뿐 아니라, 질문을 사용하셨다는 사실을 알려 주고 있다.

⑧ 예수님께서는 믿음의 중요성을 상기시켰다. 능력은 영적인 동정에서 나오는 것이 아니라, 믿음에서 나온다. "믿는 자에게는 능치 못함이 없느니라" 예수님께서는 아버지의 믿음이 비록 망설이는 믿음이었으나, 그 믿음에 반응을 보이셨다.

> 예수께서 이르시되 할 수 있거든이 무슨 말이냐 믿는 자에게는 능히 하지 못할 일이 없느니라 하시니 곧 그 아이의 아버지가 소리를 질러 이르되 내가 믿나이다 나의 믿음 없는 것을 도와 주소서 하더라(막9:23~24)

⑨ 치유는 몇몇 사람들이 모여 있는 비교적 사적인 분위기 가운데서 일어났다(막9:15). 예수님께서 많은 군중이 몰려오는 것을 보시고, 그 아이를 즉시 치유하셨다. 이렇게 행하시는 이유는 다음과 같은 우려 때문이었다. 과도한 감정 및 '군중 심리' 유발을 방지하고, 믿음이 약화될 수 있는 시간을 단축시키며, 마귀가 원하는 불건전한 관심거리 제공을 차단하고, 이 아이의 참상을 고소하게 여기는 사람들로 인해 아이의 인격적인 손상이 발생하는 것을 막기 위함이었다.

⑩ 예수님은 귀신을 언어장애인 되고 귀먹은 귀신이라고 분별하셨다(막9:25). 아마도, 예수님께서는 지식의 말씀을 통해 귀신의 활동 그 이상을 알 수 있었을 것이다.

⑪ 예수님께서는 귀신을 꾸짖으심으로 귀신을 쫓아내셨다. 즉, 떠나서 다시 돌아오지 말라고 명하셨다(막9:25).

⑫ 영적 전쟁이 발생되었다. 귀신은 사람에게서 떠나면서 소리를 질렀

다. 또한 귀신은 떠나면서 그 사람에게 손상을 줄려고 한다. 따라서 관련된 사람은 극도의 피곤과 심적 타격을 경험할 수 있다(막9:26).
⑬ 예수님께서는 '거의 죽은 것 같은' 상태의 아이의 손을 잡아 일으키심으로 다시 살려서 아버지에게 건네주었다(막9:27).

3) 더러운 귀신 들린 사람(막1:21~28, 눅4:1~37)

첫째, 귀신의 축출은 회당 안에서 공적으로 일어났다(막1:21).

둘째, 이 귀신 들린 사람은 특별한 증상은 없었다. 그는 회당에 온 다른 보통 사람들과 같았다(막1:23, 회당 안에 귀신 들린 사람이 많음을 볼 수 있다).

셋째, 안식일에 예수님의 권세가 나타났고, 모든 사람들이 놀랍게도 귀신은 큰 소리를 지름으로 그 정체를 드러냈다(막1:22~23).

넷째, 귀신은 예수님이 누군가를 알고 질문을 던졌다(막1:24).

다섯째, 예수님께서는 귀신을 잠잠케 하셨고, 떠날 것을 명하셨다.

여섯째, 그 귀신은 경련을 일으키며 큰 소리를 질렀다. 그 후에 그 사람을 해하지 않고 떠났다.

일곱째, 모든 사람에게 부각된 것은 예수님의 권위였다(막1:27). 따라서 이 소문은 퍼져나갔고 많은 사람들이 그에게 몰려오게 되었다(막1:28).

4) 수로보니게 여인의 딸(마15:22~28, 막7:24~30)

첫째, 이 여인은 귀신 들린 딸을 대신하여 예수님께 왔다(막7:25). 귀신 든 딸의 증상에 대한 설명은 없다.

둘째, 이 여인의 믿음이 딸의 치유의 주요 요인이 되었다. 이 여인은 엄청난 끈기 및 어떠한 창피도 감수하는 강심장을 소유했다. 그녀는 하나님의 자비를 신뢰했다("개들도 상에서 떨어진 부스러기를 먹나이다")(마

15 : 23~27).

셋째, 예수님은 "이 말을 하였으니 돌아가라 귀신이 네 딸에게서 나갔느니라(막7:29)"고 하시며 치유를 선포했다.

넷째, 놀라운 사실은 치유의 역사가 좀 떨어진 곳에 있는 환자에게서 일어난 것이다. 예수님께서 멀리서 말씀하실 때에 귀신은 떠났다(막 7:30).

5) 치유된 군중

첫째, 큰 집회를 하는 중에 혹은 군중 가운데 있는 귀신 들린 자들이 치유되었다. 예수님께서는 말씀으로 귀신을 몰아냈다(마8;16).

둘째, 예수님께서는 군중 가운데서 귀신이 말하는 것을 허락지 않았다(막1:32~34).

셋째, 귀신이 사람들에게서 나갈 때, 큰 소리로 비명을 지르며 나가기 때문에 대중 집회가 가끔 방해를 받는다(막3:10~13, 눅4:41, 행8:7).

6) 빌립보의 여종(행16:16~18)

첫째, 계집종은 미래를 예언하는 귀신을 지녔고, 그녀 역시 점쟁이였다(행16:16).

둘째, 귀신 들린 계집종은 경제적 이익을 위해 이용당했고, 이는 귀신이 원하는 것이었다(행16:16).

셋째, 바울과 그 일행은 귀신들의 세계에 이미 알려져 있었다(행19:15). 악령은 오랫동안 바울과 그의 일행들을 쫓아와서, "이 사람들은 지극히 높은 하나님의 종"이라고 소리 질렀다. 이런 행동은 다음과 같이 설명할 수 있다.

① 귀신에게도 '지식의 말씀'이 있다.
② 귀신도 거짓 아첨 및 허위 선전을 할 수 있다.

③ 귀신도 바울과 그의 일행을 계속적으로 방해하며 괴롭히는 행위를 할 수 있다.

넷째, 아마도 바울은 며칠 동안 이 악한 영과 협상을 벌인 것 같다. 바울은 너무나 괴롭힘을 당해 드디어 예수님의 이름으로 귀신을 쫓아냈다(행16:16).

다섯째, 그 결과 전도팀은 즉각적으로 핍박을 받게 되었다(행16:19~23). 이것은 흑암의 세력들이 얼마만큼 빌립보 사회 및 상업을 사로잡고 있었는가를 보여준다. 하나님의 왕국이 이런 사탄의 요새를 파괴하였을 때 거센 반응이 일어났다.

여섯째, 그러나 이 계집종은 자유함을 얻었다. 분명한 것은 그녀는 전보다 훨씬 감정적으로 안정 되었고, 정상적인 사회생활을 갖게 되었을 것이다.

7) 막달라 마리아(눅8:1~3)

그 후에 예수께서 각 성과 마을에 두루 다니시며 하나님의 나라를 선포하시며 그 복음을 전하실새 열두 제자가 함께 하였고 또한 악귀를 쫓아내심과 병 고침을 받은 어떤 여자들 곧 일곱 귀신이 나간 자 막달라인이라 하는 마리아와 헤롯의 청지기 구사의 아내 요안나와 수산나와 다른 여러 여자가 함께 하여 자기들의 소유로 그들을 섬기더라(눅8:1~3)

<표 6-2> 귀신 들린 자들의 성경적 특징

	특징	평가	의학적 소견
누가복음8장 26~39절	① 옷을 오랫동안 입지 않았다 ② 집에 거하지 않았다 ③ 무덤사이에 살았다 ④ 예수가 하나님의 아들이라는 것을 한 눈에 알았다 ⑤ 초인적인 힘을 소유하였다(쇠사슬, 쇠고랑 끊음)	① 귀신들리면 벌거벗는 현상이 나타날 수 있다. ② 귀신이 들리면 집보다는 다른 곳에서 방황하기도 한다 ③ 귀신들리면 영적인 능력자를 알아본다 ④ 귀신들리면 여러 귀신이 함께 들어올 수 있다	기질성 정신장애인 뇌전증에 주로 나타나는 발작증상 중 배회광(Poriomania : 타 지역을 자기도 모르게 떠돌아다니는 것) 현상이 나타났다
	⑥ 광야(사막)에서 헤맸다 ⑦ 예수에게 자신의 정체를 말했다 ⑧ 굉장히 숫자가 많은 귀신이 들렸다(군대: 6,826명 이상)	⑤ 귀신들리면 인간(혹은 동물)에게 전이(Transference) 될 수 있다. ⑥ 귀신들리면 자신과 상대방을 더 정확하게 인지한다	

<표 6-3> 성경 속의 무당에 대한 여러 가지 명칭들

명 칭	성 경	내 용
① 우상 숭배자 (불로 자녀들을 지나가게 하는 자)	신18:10~12	깊은 최면술을 이용하여 시뻘겋게 달은 숯불을 밟고 지나가게 하는 행위인데 이렇게 함으로 액운이나 불행을 다 불살라버리고 건강과 행복을 누리게 한다는 종교의식
② 복술자(קסם) (카쌈 : qasam, divination)	겔21:21~23 (짐승의 간을 사용) 민22~24장 (발람사건)	죽은 영혼이라고 가장한 악령의 도움을 받아 미래에 관한 지식을 알려주는 자

명 칭	성 경	내 용
		① Augury:천계를 보면서 혹은 동물들의 내장을 가지고 미래를 점치는 것 ② Divination:죽은 남편, 아내, 부모 등을 불러낸 후 중매자 속에 들어온 영혼과 대화 하는 것
③ 길흉을 말하는 자 (מעונן) (아난:anan, nwecromancy)	신18:9~12 삼상28:7~25 (엔도라의 무당)	년, 월, 시 등을 따져 시간의 흐름이나 사주, 관상, 토정비결 등을 보는 것 뿐 아니라 죽은 자의 영혼들을 이용하여 미래의 사건을 알아내는 자
④ 요술하는 자(נחש) (나하쉬:nachash)	왕하 17:17, 21:6	주절거린다는 뜻으로 지혜의 여신인 뱀신을 섬기면서 주문을 외어서 미래의 사건을 알아내는 행위
⑤ 진언자(וחבר) (하바르:chabar)	신18:11, 시58:5~6 사47 : 9	귀신의 세계와 사람들 사이의 매개역활을 하는 사람. 제물을 바쳐서 귀신의 도움을 받고 점을 치는 행위
⑥ 신접자(חבר) (헤베르:cheber)	사8:19, 29:4 신18:11	귀신들에게 복을 빈다든가 구걸하여서 복을 얻는 사람들
⑦ 박수(ושאל) (쇠알:shaal)	레19:31, 20:6, 27 삼상28:3, 9	미래를 아는 자, 거짓선지자 등으로 불렸고 미래를 알아 점을 칠 수 있는 사람들
⑧ 초혼자(אוב) (오브:ob)	삼상28:7, 왕하1:2	"구하는 자"라는 뜻으로 귀신에게 제물을 바치고 귀신에게 물어보는 제사장 역할을 담당한 사람들

4. 귀신 쫓음의 실제

어떻게 우리가 귀신 들림을 알 수 있는가? 우리는 이따금 자신의 본성과 반대되고 자신의 인격과 동떨어진 방식으로 행하려는 강박충동에 시달리는 사람을 유심히 살펴보아야 한다. 이러한 현상은 귀신의 활동일 수가 있기 때문이다. 하나님께서 성령님을 통하여 인간을 만나시는 데 반하여 사탄은 자신의 부하들인 귀신들을 보내어 인간을 만난다. 그러나 많은 사람들은 이러한 귀신의 방문으로 발생한 결과를 거의 믿으려고 하지 않는다. 귀신의 공격대상이 된 사람은 평소 상태라면 행할 수 없는 행위들을 종종 나타낸다. 그리고 실제로 귀신의 특성이 그 사람을 통해서 나타난다.

건전한 축사 사역을 하기 위해서는 하나님이 주시는 지혜와 지식, 영적분별력, 많은 경험 그리고 심리학적, 정신의학적 지식 등이 통합되어야 한다. 그래서 이런 방법이 안 되면 저런 방법으로 전환시켜야 하며, 자신의 경험과 능력만을 가지고 사역하는 것이 아니라 여러 사역자들과 함께 팀사역을 해야 한다. 단계별로 좀 더 구체적인 방법들을 보면 다음과 같다.

1단계 : 영들을 분별해야 한다.
제일 처음에 이루어지는 단계가 가장 어려울 때가 많이 있다. 정신장애인인가? 귀신들린 자인가? 하는 끝없는 질문을 내 자신에게 던져볼 때가 너무 많이 있었다. 이 분별력은 유명한 치유 사역자들도 쉽지 않

---

159) Charles H. Kraft, 사악한 영을 대적하라, 242~243.

게 생각하는 문제이다.[159]

　　어떤 사람은 하나님께서 직접적으로 계시를 통해 계시적으로 분별력을 주신다고 하는데 그 계시적 사건이 어느 정도 정확한 것인가에 대한 논란이 있을 수 있다. 그래서 필자는 다음 몇 가지 분별력에 대한 방법들을 제시한다.

　　첫째, 성령님께 악한 영을 분별할 수 있는 능력을 달라고 기도한다. 초자연적인 영분별의 은사(고전12:10)가 먼저 임해야 바른 치유를 할 수 있다.

　　둘째, 지혜의 은사가 나타나야 한다. 영분별과 더불어 사악한 영에 대한 바른 대처 방안이 무엇인가? 하는 영적 질문에 대한 지혜가 있어야 한다. 귀신들린 사람을 어떻게 치유할 것인가, 정신장애인을 어떻게 치유할 것인가, 이들의 영과 육을 어떻게 돌볼 것인가에 대한 지혜와 지식을 달라고 기도해야 한다.

　　셋째, 경험과 관찰이 있어야 한다. 앞에서 언급한 귀신이 들렸을 경우 나타나는 일반적인 특징들을 잘 적용 하면서, 다른 사역자들에게서 얻은 지식과 본인이 스스로 터득한 경험이 잘 배합되어 관찰을 통한 분별이 있어야 한다. 축사가 초자연적인 사역이라면 경험과 관찰은 자연적인 사역이다. 그러기 위해서는 앞서간 선배들의 지식을 잘 배워야 할 필요가 있다. 눈동자의 모습을 보고 귀신의 존재를 알아내거나, 입의 거품 현상이나 구토를 통해 알아내거나 유혹해오는 상황을 보면서 귀신의 존재를 알아내거나, 전혀 다른 목소리를 듣고 귀신의 존재 등을 알아낼 수 있다. 우리는 정확한 관찰력을 통해 귀신의 역사를 분별할 수 있다.

　　넷째, 귀신의 정체를 폭로시켜야 한다. 때로는 귀신들이 자신의 정체를 끝까지 속이는 경우가 있다. 마치 인간 속에 전혀 귀신이 없는 것처럼 아주 얌전하게 행동할 때도 있다. 또한 귀신이 떠난 것처럼 거짓 몸짓을 통해 축사자들을 혼란시키는 경우도 있다. 축사기도를 할 때 민감하게 반응을 보인 후에, 예수 이름으로 떠나라고 명령하면 짐짓 떠나간 것처럼 연극을 할 때도 있다. 우리는 직설적이고 도전적인 질문(대화)과 명령을 통해 귀신의 정체를 노출시켜야 한다. 성경말씀과 예수 그리스도의 이름으로 시작된 명령을 통한 압력에도 아무런 반응을 보이지 않으면, 우리는 빨리 방법을 정신장애자 치유 쪽으로 바꾸어야 한다.

찰스 크래프트는 귀신의 정체를 노출시키는 방법을 다음과 같이 서술 하였다.

일단 어떤 사람 속에 귀신들이 숨어 있다고 의심이 가고 나타날 것이 확실시 되고, 내적 치유가 만족할 만한 수준으로 이루어졌다고 생각될 때, 우리는 귀신에게 정체를 밝힐 것을 명령할 수 있다. 귀신이 있다는 의심이 들 때는 먼저 귀신의 유무를 타진해도 되겠느냐는 허락을 받아야 한다. 기도 받는 사람이 승낙하지 않을 때는 안하는 것이 좋다… 종종 사람들의 눈을 들여다보면서 귀신들을 대적할 필요가 있다. 만일 어떤 사람이 무언지 모를 이유들로 인해 불안해한다고 생각하면, 그 사람이 집중할 수 있도록 눈을 감게 한다. 그러나 어떤 경우에는 눈을 뜨게 하는 것이 더 좋을 때도 있다 … 귀신들 스스로는 정체를 드러내지 않으므로 우리가 그들을 대적해야 자신들의 정체를 밝힌다. 귀신이 있는지 없는지 확실치 않을지라도 직접 귀신들을 대적해보는 것이 가장 좋다. 귀신들이 있을 것이라고 의심되는 감정이나 영적인 문제의 이름을 사용해서 귀신들을 대적하곤 한다. 예를 들면, "OO(분리, 분열, 무속, 죽음…)의 영아, 내가 예수 그리스도의 이름으로 너를 대적한다. 네 정체를 밝혀라"라고 말한다. 귀신들의 반응을 얻기 위해서 보통 하나 혹은 그 이상의 영들을 여러 번 대적해야만 한다. 때때로 "네 정체를 숨기지 말고 나타내라"라고 명령하기도 한다. 어떤 경우에는 하나의 반응을 얻기 위해 여러 귀신들을 대적해야 할 필요도 잇다. 계속해서 여러 영의 이름들을 부르는데, 이와 같이 하는 데에는 인내와 끈기가 필요하다. 때때로 힘이

약하다고 생각되는 귀신들을 집중적으로 공격해 보는데, 그렇게 해보는 이유는 강한 힘을 가진 귀신들에 비해 약한 귀신들이 더 쉽게 대답할 수 있을 것이라고 가정하기 때문이다. 만일 내가 불러내야 할 영의 이름이 무엇인지 확실치 않으면, 나는 귀신에게 그 이름을 말하라고 명령하기도 한다. 그들로 하여금 자신들의 이름들을 밝히게 하는 것이 쉬운 일은 아니다. 그러면 우리는 지식의 말씀의 은사를 기대하거나 다른 어떤 행동에 따른 이름들을 들어 말해 보거나 아니면 그냥 '우두머리 영'이 나오도록 불러보기도 한다 … 예수님께 도와줄 힘 센 천사들을 보내 달라고 요청하라라 … 천사들과 예수님의 임재는 귀신들에게 큰 위협이 될 뿐 아니라, 누가 그 사역의 주도권을 잡고 있는지를 알게 해 주는 역할을 한다. 다음으로 영들의 위계질서가 어떻게 되어 있는지 물어보라. 나는 내가 대적하는 영에게 그를 다스리고 있는 귀신들이 누구인지를 밝히라고 말한다. 나는 그들 위에 군림하고 있는 높은 계급의 귀신들이 드러나 있다고 위협조로 말함으로써 귀신들이 변절하도록 유도하기도 한다.[160]

2단계 : 사역을 하기 전에 먼저 보호막을 쳐야한다.

축사자 자신에게 보호기도를 통해 자신을 예수님의 보혈로 덮어야 하며 축사자 가족, 성도, 장소, 팀사역자들 모두에게 성령님의 기름 부으심으로 보호해 달라고 기도해야 한다. 필자는 많은 사역자들이 성공적인 축사를 한 후에 자신도 역공을 당할 뿐 아니라 가족들, 성도들, 사역자들, 교회 등도 역공을 당하여 분열되고, 쓰러지고 하는 경우를 너무 많이 보아 왔다. 악한 영들은 능력에 의해 쫓겨 갈지언정 자신들은 절대로 지치거나 아프거나 힘들어하지 않는다.

---

160) Ibid., 248~252.

악한 영은 상대가 강하면 상대를 피하면서 상대 주위에 있는 가장 약한 곳을 침범해 들어가 새롭게 역사한다.

우리는 다음과 같은 선포적 보호기도가 있어야 한다.[161]

첫째, 사역과 장소에 대한 기도가 있어야 한다. "나는 예수 그리스도 이름으로 이곳에 있는 악한 영들을 대적한다. 너희는 이곳에서 떠나가라. 나는 이 장소, 이 시간, 이 사람들을 예수 그리스도께 드린다. 그러므로 내가 명령할 때 이외에는 사탄의 어떤 영도 활동하지 못할 지어다."

둘째, 지역과 주변사람들과 재산 및 건강에 대한 기도가 있어야 한다. "나는 여기 있는 각 사람과 그 가족과 친구 및 동료 그리고 그들에게 속한 재산, 재정, 건강, 그 외의 모든 것들이 사탄의 복수나 다른 도전적 행동으로부터 보호되기를 예수 그리스도의 이름으로 명한다."

셋째, 악한 영과 연결고리를 끊는 기도가 있어야 한다. 기도 받는 사람 속에 있는 귀신들이 그 사람 속에 있는 다른 귀신들이나 밖에 있는 다른 영의도움을 받지 못하도록 단절시키는 것이 중요하다. 그래서 우리는 이를 위해 다음과 같이 기도해야 한다. "예수 그리스도의 이름으로 명하노니, 이 사람 속에 있는 귀신들이 그 속에서 있는 다른 귀신들이나, 이 사람 밖에 있는 어떤 영들로부터 도움 받지 못할지어다."

넷째, 악한 영의 역사나 현상을 잠재우는 기도가 있어야 한다. 우리는 폭력이나 토하는 현상 등 과격한 행동이 나타나지 않도록 금하는 기도를 해야 한다. "예수 그리스도의 이름으로 명하노니, 이 사람 속에 있는 어떤 영도 이 사람으로 하여금 폭력을 행사하게 하거나, 토하게 하

---

161) Ibid., 247~248.

거나, 또는 다른 과격한 행동을 하도록 만들지 못할지어다."

이렇게 하면, 이제 귀신을 대적할 준비가 된 셈이다.

다섯째, 예수님의 권세와 성령님의 인도와 능력을 기도해야 한다. 우리는 예수님의 권세, 성령님의 인도와 능력을 구하는 기도를 해야 한다. "예수 그리스도의 능력과 권세와 마가의 다락방에 임하신 성령님의 불같은 역사가 나와 사역자 모두에게 임할지어다. 이제부터 악한 영들은 예수 그리스도 이름으로 명하노니 떠나갈지어다."

3단계 : 내면에 있는 상처들을 해결해야 한다.

존 브래드쇼우(John Bradshaw, 1933~2016)는 "과거에 무시당하고 상처받은 내면아이가 바로 사람들이 겪는 모든 불행의 가장 큰 원인이라고 믿는다"라고 말했다.[162] 그러므로 축사에 있어서도 상처받은 내면을 먼저 치유하는 것이 원칙이다. 왜냐하면 귀신들이 우리 안에 있는 상처를 먹으며 생존하기 때문이고 그 상처가 있는 한 절대로 인간의 내면에서 떠나려 하지 않기 때문이다.

첫째, 상처받은 내면아이(inner child)를 치유해야 한다. 혼의 치유에서 더 자세히 논하겠지만 마음속에 품고 있는 상대방에 대한 분노, 미움, 적대감 그리고 갖가지 상처 등을 먼저 치유해야 한다. 그래서 내적 치유가 필요하다. 결국 악한 영들은 우리의 가장 약한 부분이나 상처 속에 머물러 있기 때문에 그러한 부분들을 제거하는 것이 중요하다. 내적 치유에 대한 개념이 없었던 과거의 축사 사역자들은 마치 생 이를 뽑듯이 악한 영들과 싸움을 벌여 왔었다. 그래서 힘들고 지친(소위 진이 빠지

---

162) John Bradshow, 상처받은 내면아이 치유(Inner Child), 오제은 역 (서울:학지사, 2024), 31.

는) 사역들이 많이 있었다. 내적 치유를 통한 축사는 보다 통전적인 치유를 가능하게 만들어 준다.[163]

가족치료사인 브래드쇼우(John Bradshow)는 상처받은 내면아이의 종류를 다음과 같이 서술하였다.[164]

상호의존증(codependence) : 정체성 상실을 의미하는 것으로 건강하지 않은 가족관계에서 나타난다. 예를 들면 알콜중독자가 있는 가정의 모든 가족들이 어쩔 수 없이 그 중독자의 행동에 맞춰 살아가는 것이다. 그들은 알콜을 경계하면서 나중에는 알콜에 적응하게 되고, 심지어는 자신들도 중독자가 되어 버린다.

공격적 행동(offender behaviors) : 상처받은 내면아이를 가지고 있는 사람들은 어떤 때는 조용하고, 착하고, 인내한 사람으로 주위에서 비춰지곤 한다. 그러나 육체적, 성적 학대 등에 무기력하게 성장한 아이는 가해자와 자신을 동일시하여 나중에 성장하여 많은 사람에게 폭력을 휘두르는 경우가 많이 있다. 독재자 히틀러는 어렸을 때 아버지로부터 상습적으로 매를 맞고 자랐다. 그의 아버지는 유태인 지주의 사생아였다. 폭력적인 아버지에게서 학대받은 그는 결국 인류역사상 수 백만명을 죽인

---

163) 내적 치유에 대해서 다음과 같은 테이프나 서적을 꼭 듣거나 읽어볼 것을 권면한다.
See Charles H. Kraft, Inner Healing and Deliverance Tapes Intercultural Renewal Ministries(Pasadena, DC:1994) 이 테이프는 교회개발원에서 번역되었다.
Don Matzat, Inner Healing:Deliverance or Deception(Evgene, OR : Harvest House, 2017)
Rita Bennett, How to Pray for Inner Healing(Eastbourne:Kingsway Publications, 1991)
164) Ibid., 31~39.

장본인이 되었다.

자기애성 성격장애(narcissistic disorders) : 어릴 때 무조건적인 사랑을 받지 못한 사람은 자기 중심적인 사고가 생겨서 결국 상대방을 사랑하지도 못하고 상대방의 사랑도 받지 못하고 그리고 자기 자신도 사랑할 수 없게 된다.

신뢰의 문제(trust issues) : 양육자가 신뢰할 수 없는 사람이었다면 아이는 깊은 불신의 뿌리를 안은 채 성장하게 된다. 이들은 결국 친밀한 것과 맹목적인 것, 사랑과 집착, 보호와 통제 등을 혼동하게 된다.

표출된 행동·내면적 행동(acting out / acting in behaviors) : 상처받은 내면아이가 해결되지 않은 감정(emotion)이 있을 때 이것을 외부로 표출하는 것을 '격분'이라고 한다. 이것을 존 브래드쇼우는 '움직이는 힘(energy in motion)'이라고 표현하였다. 반대로 내면적으로 표출하는 것을 '자학'이라고 한다. 내면 세계에 상처가 있다면 이러한 현상들이 나타난다.

마술적 믿음(magical beliefs) : 잘못된 교육과 환경 그리고 잘못된 사고로 인해 막연히, 대책없이 인생을 기다리는 것을 의미한다.

친밀감 장애(intimacy dysfunctions) : 상처받은 내면아이들은 혼자 버려지는 것에 대한 두려움과 다른 사람들에게 휩쓸려 버리는 것에 대한 두려움 사이에서 방황하고 있다. 어떤 이들은 다른 사람이 자신을 거절할까 두려워 외부세계로부터 스스로를 영원히 고립시켜 버린다. 또 어떤 이들은 혼자 남겨질까 두려워 자신이 속해 있는 파괴적인 집단을 떠나지 못한다. 대부분의 사람들이 이 두 극단 사이를 왔다 갔다 하기도 한다.

무질서한 행동(nondisciplined behaviors) : 설교하는 부모보다는 자기 훈련이 잘 된 부모가 필요하다. 아이들은 부모가 하는 말이 아닌 부모가 실제로 하는 행동을 보고 배우기 때문이다. 부모가 제대로 된 모델이 되어 주지 못했을 때 아이는 무질서해진다. 그 반대의 경우로 부모의 규율이 지나치게 엄격할 때 아이는 지나치게 규율적이 되어버려 거기에 얽매이게 된다. 이런 사람이 나중에 성인이 되었을 때 인간관계에 많은 어려움을 겪게 된다.

중독적·강박적 행동(addictive/compulsive behaviors) : 내면아이가 만족할 줄 모르는 욕구와 욕망의 상태로 있다면 습관성 약물, 물건, 정서에 중독될 수 있다.

사고의 왜곡(thought distortions) : 상처받은 내면아이는 전부 아니면 전무(all or nothing) 라는 이분법적이고 극단적인 사고를 가지게 되어 대인관계에 문제를 발생하게 된다.

공허감, 무관심, 우울(emptiness, apathy, depression)

둘째, 반복적인 죄를 회개시켜야 한다. 사역가운데 반복적인 죄악에 대한 회개가 중요하다는 것을 종종 느낀다. 실예로 자살귀신들에게서 벗어났던 사람의 경우가 있다. 내가 명령을 하자 자살귀신들은 큰 소리를 울부짖으며 그 사람에게서 나왔다. 그러나 그 후에 그 사람은 다시 범죄 했으며 얼마안가서는 세속인과 같은 삶을 살게 되었다. 그러자 그는 다시 악한 영에 사로잡혔으며 괴로움에 떨게 되었다. 얼마 후 그는 자신의 죄에 대해서 통회하면서 다시 주님께로 돌아왔다. 그러나 그는 그 당시에 자살귀신들 뿐만 아니라 다른 일곱 귀신들에게 사로잡혀 있었다.

축사 사역을 통해 다시 한 번 그는 완전하게 귀신에게서 벗어날 수 있었다. 그러나 과정은 대단히 힘들었다. 반복적인 죄를 회개시키는 과정에서 귀신들이 그의 성대를 막고 있었으며 그가 자신의 죄악을 고백하는데 상당한 시간이 걸렸다.

그럼으로 인해 축사 사역은 대단히 오랜 시간이 걸렸고 모두의 기운이 빠지는 그러한 결과를 초래하게 되었다. 우리는 수시로 조그만 것에서부터 회개하는 습관을 가지고 있어야 한다. 완전한 축사를 위해서는 회개가 선행되어야 한다. 만일 우리가 귀신의 억압 때문에 고통당한다면 우리는 죄를 고백하고 귀신을 쫓아내는 일에 순종해야 한다. 예수님은 사탄의 속박을 파하시고 포로된 자를 자유케 하려고 이 세상에 오셨다. 우리는 예수 이름의 권세 안에서 귀신의 세력을 정복하는 능력을 체험할 수 있다.

4단계 : 악한 영을 대적해야 한다.

주님께서 사용하신 치유 방법의 통계를 보면 가장 많이 사용하신 방법이 21회로 명령(말씀)이었다. 주님의 말씀과 관련된 치유는 전 치유 사역의 75%에 달한다. 치유나 축사를 위한 명령기도는 성령님의 인도를 받아 예수 그리스도의 이름으로 명령하는 것이다. 믿는 자는 예수 그리스도의 이름으로 명령기도를 할 수 있다. 사도행전에 사도 바울이 점치는 귀신들린 여종이 여러 날을 따라다니며 심히 괴롭게 할 때 귀신에게 이르데 "예수 그리스도의 이름으로 내가 네게 명하노니 그에게서 나오라 하니 귀신이 즉시로 나오니라"(행16:18)라고 기록되어 있다. 제자들도 주님께서 명령하신 것처럼 예수 그리스도의 이름으로 병 든 자를 고치고 귀신들을 쫓아내며 죽은 자를 살렸다.

우리는 말씀과 능력으로 귀신에게 "예수 그리스도의 이름으로 떠나라"고 명령해야 한다. 축사를 할 때 다음과 같은 방법들이 사용될 수 있다.

첫째, 귀신을 꾸짖거나 모욕을 주어 내쫓아야 한다. 인간 내면속에 다시는 거할 수 없도록 그냥 내보내는 것이 아니라(귀신을 달래서 내보내 는 것이 아니다) 꾸짖거나 강한 언어를 사용하여 내쫓아야 한다.

예수께서 꾸짖어 이르시되 잠잠하고 그 사람에게서 나오라
하시니 더러운 귀신이 그 사람에게 경련을 일으키고 큰 소리

를 지르며 나오는지라(막1:25~26)

25καὶ ἐπετίμησεν αὐτῷ ὁ Ἰησοῦς λέγων, Φιμώθητι καὶ ἔξελθε ἐξ αὐτοῦ. 26καὶ σπαράξαν αὐτὸν τὸ πνεῦμα τὸ ἀκάθαρτον καὶ φωνῆσαν φωνῇ μεγάλῃ ἐξῆλθεν ἐξ αὐτοῦ(막1:25~26, NTG)

'꾸짖어'라는 말은 그리스어로 '에페티메센(epetimeseon)'이라고 하는데 '질책하다', '비난하다'라는 뜻으로 마가복음 9장 25절에서도 더러운 영을 꾸짖고 추방할 때 사용되어졌고, 누가복음 4장 39절에서는 시몬의 장모의 열병을 꾸짖을 때 사용되어졌다. 예수님께서도 축사 사역을 하실 때 제일 먼저 악한 영을 비난하고 질책하시고 난 후에 축사 사역을 하시곤 하셨다.

이는 예수께서 이미 그에게 이르시기를 더러운 귀신아 그 사람에게서 나오라 하셨음이라(막5:8)

ἔλεγεν γὰρ αὐτῷ, Ἔξελθε τὸ πνεῦμα τὸ ἀκάθαρτον ἐκ τοῦ ἀνθρώπου(막5:8, NTG)

'더러운 귀신아'라는 말은 그리스어로 '퓨뉴마토 아카다르톤(πνευμα το ἀκαθαρτον)'이라고 하는데 육체적, 도덕적, 종교적으로 '불결하다'라

---

165) Geoffrey W. Bromiley, ed, 신약성서 신학사전(Theological Dictionary of the New Testament), 신약성서 신학사전번역위원회(서울:요단출판사, 2008), 341~342.

는 뜻으로 '성결'이라는 하나님의 뜻에 반대되는 저주 같은 욕을 의미한다.[165]

둘째, 강하고 담대하게 명령해야 한다.

마귀를 대적하라 그리하면 너희를 피하리라(약4:7)

인간 내면 속에 들어가 있는 귀신을 향하여 단호한 어조로 명령해야 한다. 귀신들은 축사자에게 두려움을 주기 위해 자신의 힘을 과시할 때가 있다. 그 때 두려움과 공포심을 가져서는 안된다. 우리는 그들보다 월등하게 강한 능력을 가지고 있음을 알아야 한다. 허세를 부릴수록 권세를 가지고 힘을 과시하지 못하도록 명령해야 한다.

귀신 축출은 예수 이름으로 권세 있는 명령을 하여 귀신들을 추방하는 실제적인 행위이다. 만일 당신이 귀신들렸거나 귀신들렸다고 생각한다면 축사 사역에 전적으로 순종해야 한다. 예수 그리스도가 자신의 주님이심을 고백하고 자신 안에 있는 귀신을 제거하기 원한다고 고백한 다음에 담대하게 귀신은 떠나라고 명령해야 한다. 일반적으로 축사 사역은 예수의 이름으로 영과 혼과 육체에 있는 질병을 제거하는 강력한 명령기도로 행해진다. 인간은 구분될 수 없는 삼위일체적 존재로서 육체와 혼과 영으로 구성되어 있다. 만일 이 세 가지 영역중에서 한 영역이 공격을 받는다면 인간은 흔히 세 가지 영역 모두에서 공격에 대한 반응을 느낀다. 과거에 교회에는 질병에 걸린 사람들을 위하여 하나님께 치유와 회복과 축사를 구하는 간구기도만 했었다. 그리고 이러한 기도로 교회는 놀라운 기도의 응답을 많이 받았다. 그러나 또한 많은 사람들이 귀신에게서 놓임 받지 못했다.

예수님은 12제자들에게 병든 자를 치유하고 귀신들을 축출하라고 명령하셨다. 우리는 귀신을 다룰 때에 영·혼·육을 똑같은 연장선에서 바라보면서 영·혼·육을 공격해오는 귀신에게 담대하게 명령해야 한다. 단순히 한 분야만 명령하게 되면 다른 분야가 무너질 수 있기 때문이다. 우리가 담대하면 담대할수록 귀신들은 떠나게 되어 있는 것이다.

5단계 : 귀신이 떠났는지 확인해야 한다.

악한 영들의 본질은 자신의 존재에 대해 속이는 것이다. 자신의 정체가 드러나는 것을 누구보다도 싫어하는 것이 악한 영들이다. 자꾸 자신의 정체를 숨기면 그것에 대해 예수 그리스도의 이름으로 명령해야 한다. 악한 영이 인간 내부에서 무엇하고 있으며, 아직도 남아있는가를 계속해서 확인해야 한다. 그래서 모든 귀신을 전부 쫓아야 한다. 악한 영들은 축사자에게 혼동을 주기위해 속이거나 거짓말을 많이 한다. 거짓 몸짓을 통해 마치 인간의 몸에서 떠난 것처럼 행동하거나 떠날 것이라고 말하면서도 계속 미적미적 거리면서 시간을 끄는 경우도 있다. 어떤 경우에는 밤새껏 축사를 해야 겨우 나가는 경우도 있었다. 그래서 축사 사역은 혼자의 힘이 아니라, 팀사역으로 진행되는 것이 가장 바람직한 것이다. 또한 적당하게 흥정을 하자는 귀신들도 있다. 축사 사역에는 타협이 있을 수 없다. 대부분의 귀신들은 어느 선에서 떠나가지만 그렇지 않은 경우가 종종 있는데 필자도 며칠 동안 영적전쟁을 벌인 경우가 있었다. 그 때 악한 영들은 자신이 가지고 있는 모든 방법을 다 동원하여 축사를 방해하였다.

한 번은 어떤 성도님을 위해 축사 사역을 하였는데,

"예수이름으로 빨리 떠나가라!",

"알았어, 알았어 나가면 되잖아, 아참, 조금만 기다려! 아이고 분해, 아이고 분해"

"빨리 떠나라!"

"지금 떠나가고 있잖아! 아이고 분해 아이고 분해…"

"예수 이름으로 명하노니 더러운 귀신아! 떠나라!"
"나는 나가기 싫단 말이야, 다른 사람에게로 갈 수 있게 해줘"
"안 돼, 더러운 귀신아! 떠나라"
"알았다니까, 자 지금 떠났어"
 갑자기 조용해졌다. 그래서 다시 한 번 명령을 하였다.
"몸 안에 남아있는 악한 영들은 떠나라!"
 그러나 아무런 반응이 없었다. 악한 영들은 조용히 잠들어 있는 척하고 있었기 때문이다. 다시 귀신에게 "몸 안에 있는 귀신은 지금 빨리 말하라"라고 명령했다. 그러자 다시 악한 영들이 또 다시 말을 하기 시작하였다.
 본격적으로 대화가 시작되었다.
"넌 어디서 온 거야, 왜 들어온 거야"
"어릴 때 성폭행을 당할 때 들어왔지, 이 사람을 내 종으로 만
 들기 위해 들어왔지."
"이제 네가 있을 곳이 못돼, 이제부터 이 분에게는 성령님이
 거하실 것이다. 이 악한 귀신아 예수 이름으로 떠나라"
"아이고 분해, 아이고 분해, 엉엉엉"
 결국 귀신은 떠나갔지만 계속 물고 늘어지는 악한 영의 술책으로 인해, 축사 후에 나의 모든 육체와 정신이 탈진된 듯 한 느낌을 받게 되었다. 인간 속에 들어와 있는 모든 악한 영들은 무조건 내보내야 한다. 그러기 위해서는 계속적인 확인 작업이 필요하다.

　6단계 : 축사 후에 관리가 필요하다.
　귀신을 내어 쫓은 후에는 당사자에 대한 훈련(교육) 프로그램이 있어야 한다. 가장 중요한 것은 성경공부를 통한 말씀 훈련이 있어서 다시는 악한 영이 들어오지 못하도록 말씀으로 무장시켜야 하는 것이다. 또

한 카리스마적 사역을 통해 성령의 기름 부으심이 충만하게 넘쳐날 수 있도록 영적인 지도가 필요하다. 육적으로도 원만한 대인관계를 위해 인간관계 훈련이나 공동체 훈련, 영성 훈련 등을 시키는 것도 중요하다. 축사는 끝이 아니라, 시작이기 때문에 한 영혼을 그리스도의 사랑으로 끝까지 잘 인도해야 한다. 그래서 치유 센터에는 악한 영들의 침입을 예방하고, 치유하고, 재활시킬 수 있는 통전적인 프로그램이 적용되어야 한다. 이럴 때 온전한 치유 사역이 이루어질 수 있는 것이다. 또한 다른 축사자들과 서로 네트워크가 형성되어 있어야 한다. 서로를 위해 중보기도 하며, 팀 사역을 하고, 정보를 공유하면서 이 땅에 자리 잡고 있는 사악한 영들의 견고한 진들을 서로 협력함으로 무너뜨려야 한다.

한국 기독교의 가장 큰 약점이 협력의 부족이다. 하나가 되기보다는 분열, 분리, 독선, 독주하는 것이 현실이다. 조금만 다르거나 튀어나오면 이단으로 정죄하기 바쁘다. 다르다는 것은 결코 틀린 것이 아니다. 우리는 서로 협력하여 장점을 취하고 단점은 버리면서 하나님 나라를 건설해 나가야 할 것이다.

7단계 : 계속된 사역은 탈진을 가져온다.

우리 인간은 유한한 존재이다. 아무리 능력이 많은 사람이라도 자신의 한계를 인정해야 한다. 귀신들은 지치거나, 아프거나, 탈진되지 않는다. 우리 인간이 지치거나, 탈진되는 것이다. 그래서 능력이 있다고 무조건 모든 악한 영들과 계속해서 싸워서는 안된다. 예수님도 소문을 듣고 찾아오는 수많은 환자들에게 치유와 사역을 다 베풀지 않으셨다. 오히려 물러가사 한적한 곳에서 기도하셨다. 악한 영들도 팀사역을 한다. 그들은 우리들보다 더 잘 조직된 군사체계를 가지고 있음을 명심해야 한다. 인간이 부여받은 지혜로 그들의 거센 도전을 다 막아내기는 솔직히 역부족이다. 전적으로 성령님의 능력과 도우심에 위탁해야 한다. 우리가 아무리 능력이 있다고 할지라도 역시 인간은 나약한 존재다. 엘리야는 바알 귀신을 섬기는 선지자 450명과 아세라 귀신을 섬기는 선지자 400명과 대적하여 전무후무한 큰 승리를 거두었다(왕상18:16~46). 그러나 곧바로 왕후 이세벨에 의해 쫓기는 신세가 되어 광야로 도망을 쳤으며 너무 지쳐서 로뎀나무 그늘 아래서 탈진되어 쓰러져 있는 나약한 모습을 보여주었다(왕상19:1~5).

이것이 바로 인간의 본 모습이다. 우리는 자신에게 주어진 역량만큼 사역하고 적당한 선에서 멈추어야 한다. 축사를 하다보면 정작 전해야 할 복음의 메시지는 실종되고 계속 밀려오는 기도요청에 의해 기계적인 사역만이 남게 된다. 축사를 시작하고 소문이 나면 귀신들린 사람만 몰려온다. 이 때 지혜가 필요하다. 우리의 목표가 축사가 아니라, 더 중요한 것이 예수 그리스도의 복음을 선포하는 것이기 때문에 축사자는 주님과 친밀한 관계를 계속 유지하면서 복음주의로 나아가는 자신만의 노하우를 가지고 있어야 한다. 많은 치유자(내적 치유자 포함)들이 과중된 사역으로 인해 결국 병마에 쓰러지는 것을 많이 보아왔다. 물론 주님께 열심을 내서 얻은 훈장과 같은 질병이지만 자기 자신을 잘 조절하지 못한 경우가 더 많이 있음을 볼 수 있다.

III. 혼의 치유

1. 혼의 이해

'혼'은 히브리어로 '네페쉬(nephesh)', 그리스어로 '프쉬케(psüche)'라고 하는데 구약에서는 '정신(누스, nous)', '마음(레브, leb, 레바브, lebab)로, 신약에서는 '마음(카르디아, kardia)', '감정(두모스, thumos)' 등으로 심리학에서는 '정서(emotion)', '자아(ego)', '정신(mind)', '인격 혹은 성격(personality)', '성품(nature)', '생각(thoughts)' 등으로 사용되고 있다.

우리말 성경에는 '네페쉬'와 '프쉬케'를 일반적으로 혼, 영혼이라고 번역하면서도 또한 마음이라고 번역하고 있다. 네페쉬가 '혼', '영혼'으로 번역된 회수는 173회이고 '마음'으로 번역된 회수가 100회이다. 그리고 프쉬케가 '혼', '영혼'으로 번역된 회수는 28회이고 '마음'으로 번역된 회수가 8회이다.[166]

---

166) Gerhard Kittel, Gerhard Friedrich, "혼", 신약성서 신학사전, 1496~1508.

같은 단어를 가지고 그 상황에 따라 다르게 번역했기 때문에 문맥을 통하여 그 단어가 주는 의미를 해석해야 한다. 보통 '혼'이라고 하면 영어에서 '소울(soul)'이라는 단어를 쓰는데 이것을 우리말로는 '정신'이라고 번역할 수 있다. 이 soul이라는 단어는 어느 정도 그 히브리어 단어를 자연스럽게 표현해 주기는 하지만 히브리어의 네페쉬 개념을 포함하지 않는 그리스철학의 플라톤주의[167], 영지주의[168] 등으로부터 파생되어 나온 관념들 때문에 흔히 히브리어의 '네페쉬'개념을 지나치게 과장하여 표현하게 된다. 구약성서에서의 혼은 불멸의 영혼을 의미하지 않는다. 오히려 그것은 본질적으로 생의 원리 또는 살아있는 존재, 즉 욕망과 감정을 지닌, 그리고 때로는 의지까지도 지닌 주체로서의 자아를 의미한다. 신약성서에서의 푸쉬케는 구약성서에서의 네페쉬에 상응한다.

---

[167] 플라톤(Platon, B.C 427~347)은 인간이 영혼의 상태에 따라 심판을 받게 될 것이라는 소크라테스(Socrates, BC 469~399)의 입장에 동조한다. 그는 보통 영혼은 이성적, 비이성적, 식물적 영역으로 구분되며 지식의 힘은 최고의 가치를 가지고 있으며 영혼은 정신에서 유래된 것으로 물질을 가지는 힘이 있다고 말하면서 참된 지식에 도달하기 위해서는 사고능력이 영혼의 다른 부분에 대하여 적절한 통제를 해야 한다고 주장했다.

[168] 영지주의(그노시스, Gnosticism)는 헬레니즘 시대에 유행했던 종파의 하나로 기독교와 다양한 지역의 이교 교리(그리스, 이집트 등)가 혼합된 모습을 보였다. 이원론, 구원 등의 문제에 있어 정통 기독교와 극복할 수 없는 차이를 보이며 이단이라 비난 받아 3세기경 쇠퇴했으나 그 후에도 다양한 종파의 교리와 사상에 영향을 미쳤다. 대표적 그노시스주의자인 발렌티누스에 의하면, 이 세상에는 세 가지 요소, 즉 물질과 정신, 영적인 것이 존재한다. 여기서 영적인 요소는 하나님도 모르게 몇몇 사람에게만 주어진 특권으로, 이 영적 요소가 바로 하나님에 대한 열망을 불러일으키는 내적인 힘이며 원동력이다. 구원이란 바로 이것을 통하여 물질로부터의 해방과 탈출을 의미하는 것이다. 이에 따라 사람에게도 세 가지 부류가 있는데, 육체적 인간, 정신적 인간, 영적 인간이 그것이다.

그러나 푸쉬케는 비교적 적게 나온다. 푸쉬케라는 단어는 '생명'을 의미하는 옛 그리스어 용법을 계속 계승하고 있는 것이다. 사도 바울은 새로운 심리학적 특성들을 표현하기 위하여 때때로 소마(soma)와 프뉴마(pneuma)라는 단어들을 사용하기를 더 좋아하였다.

카르디아는 일반 그리스어에서 문자적인 의미와 비유적인 의미로 사용되었다. 또한 이 단어는 신체 기관과 육체적인 생명중심인 마음을 의미하였다(특히 아리스토텔레스의 작품에서). 다른 한편으로 이것은 정서의 자리이자 일반적인 영적 생활의 원칙으로 간주되었다. 자연에 관한 특별한 의미로 사용될 때 이 단어의 의미는 나무의 심(the pith of wood)과 식물의 종자였다. 또한 카르디아는 핵심 즉 인간, 동물, 식물의 가장 깊숙한 부분이라는 일반적인 의미도 지녔다.

특히 호머(Homeros, BC 800~750)[169]와 비극작가들의 작품에서 카르디아는 매우 광범한 의미로 사용되었다. 이 단어는 단순히 신체의 중심부를 지칭하는 말로만 사용된 것이 아니라 인간 전체의 지적, 영적 중심부를 지칭하는 말로도 사용되었다. 특히 호머는 생각과 감정을 분명하게 구별 짓지 않고 감정과 이성을 함께 제시하고 있다. 이런 점에서 볼 때 마음을 인간 의지의 중심이다 결단력의 자리로 보는 것은 불충분한 조치에 불과하다.

구약성서는 몸과 마음, 즉 정신과 영으로 구분해서 사용하지 않았

---

169) 호머(호메로스)의 작품으로 전해지는 서사시 〈일리아스〉와 〈오디세이아〉는 서양 문학의 최초이자 최고의 걸작으로 손꼽힌다. 〈일리아스〉는 트로이와 그리스 간의 전쟁을 다룬 서사시다. 황금 사과에서 비롯된 세 여신의 불화와 '파리스의 선택', 지상 최고의 미녀 헬레네의 납치와 도주로 시작돼 '트로이의 목마'로 끝난다.

다. 몸을 지칭해도 그것은 곧 그 사람 전체를 가리키는 말이며 마음이라고 해도 그의 모든 것을 가리키는 것이다. 따라서 네페쉬라고 했을 때 그 의미는 바로 '삶'이 되는 것이다. 그것도 몸과 얽어진 삶이다. 다음은 레브의 경우인데 이것은 마음(heart) 또는 정신(mind)으로 사용되고 있으나 역시 인간의 영혼과 육체를 함께 의미한다. 그것은 히브리인들은 영혼을 머릿속에 있는 것으로 생각하였기 때문이다. 그렇기 때문에 구약성경은 인간을 영혼과 구분 없이 하나의 실존으로 본 것이다. 그러나 그것이 사용되는데 있어서는 두 가지의 의미 즉, 문자적인 의미와 비유적인 의미로 사용되었다. 70인 역본에서는 레브가 주로 카르디아로 번역되었다. 카르디아는 주로 '인간 전체'를 뜻하는 일반적인 의미로 사용되었다. 이러한 개념이 성서에서는 인간의 의지적인 것과 함께 감정적인 것, 또한 영적인 상태의 모든 것이 머무를 수 있는 것으로 묘사되고 있다.

    육체 기관으로 간주되는 마음은 용기와 육체의 생활의 자리이다(시38:10, 사1:5). 마음이 양식을 얻어 강하게 되면 인간 전체가 소생하게 된다(창18:5, 삿19:5, 왕상21:7). 마음은 정서, 즉 기쁨(신28:47)이나 고통(렘4:19), 화평(잠14:30)이나 혐원(신19:6) 등의 자리이다. 또한 마음은 이해와 지식의 자리요, 이성적인 힘과 능력의 자리(렘14:14)이다. 그러나 어리석고(잠10:20 이하) 악한 생각도 마음속에서 작용한다. 그리고 의지와 신중하게 고려된 의도(왕상8:17), 금방이라도 영향을 미칠 것 같은 결정(출36:2)이 마음에서 생겨난다. 레브(leb)는 고립되어 있는 기능보다는 오히려 모든 면에서 자극을 받는 인간, 즉 전체적인 면에서의 인간을 의미한다(시22:26, 73:26~27, 84:2~3). 이 단어는 인간성 전체, 그것의 내적 생활과 품성을 뜻하는 포괄적인 용어이다. 이것은 독립적인 인간 자아의 의식적이고 신중한 영적 활동이다.

    마음은 인간으로 하여금 경건한 태도로나 불순종한 태도로 하나님의 말씀과 활동을 만나는 기관이기도 하다. 마음은 경배와 예배의 자리이며(삼상12:24, 렘32:40), 신령한 사람의 마음은 하나님의 율법에 신실한 경향이 있으며(사51:7), 불경건한 사람의 마음은 완악하며 하나님과 멀리 떨어져 있다(사29:13). 하나님께로의 전향이 일어나는 것은 바로 마음속에서이다(시51:10~12,17,19, 욜2:12).

신약성서에서 카르디아는 157회 나타난다. 바울서신에 57회, 공관복음에서 47회, 사도행전에 21회, 공동서신들에 13회, 히브리서에 10회, 요한복음에 6회 그리고 요한계시록에 3회 나온다. 육체적인 생명(생활)과 인간의 심리구조의 중심으로서의 카르디아가 신체기관 곧 자연적인 삶의 자리라는 의미로 나오는 경우는 드물다(눅21:34, 행14:17, 약5:5). 이와는 달리, 이 말은 지적·영적 생활의 자리, 곧 외적인 모습과는 반대되는 내면생활의 자리라는 의미로 더욱 자주 사용된다(고후5:12, 살전2:17, 참조: 삼상16:7). 즉, 영과 이성 그리고 영혼 감정, 정욕과 본능의 운동들과 똑같은 방식으로 마음속에 그들의 자리를 차지할 것이다. 마음은 인간의 자아를 뜻하며 마음은 곧 인간이다(벧전3:4).[170]

따라서 어떤 사람이 마음을 가졌다는 것은 곧 그의 인격 전체를 뜻하는 것이다. 그래서 그의 삶은 사람과 사람 사이에 있어서와 하나님 앞에서도 온전한 모습으로 서는 것이다. 그렇기 때문에 마음을 지키려 하였고 마음의 병을 주의하였다.

하나의 두드러진 특성은 '카르디아'와 '누스'의 개념을 근본적으로 결부시킨다는 데 있다. '누스'도 '인간(person)', '인간의 자아(man's ego)'라는 의미를 지니기도 한다. 마음과 혹은 생각과 정신은 병행적으로(고후3:14 이하) 사용되거나 동의어로(빌4:7) 사용하기도 한다.

---

170) 하용조 편찬, "마음", 비전성경사전, 370~371.

결론적으로, 신약성경에서도 '마음'을 다 한다는 것은 육은 제외되고 마음만 열심히 내거나 하는 분리주의를 말하는 것이 아니다. 특히 육과의 관계에 있어서는 밀접한 관계가 있음을 독립적인 견지에서 보아도 알 수 있는 것이다. 분명한 것은 정신이라고 했을 때, 기독교의 입장은 '영'과는 분명한 차이가 있음을 말할 수 있다.

<그림 6-1> 혼과 영, 육의 상관관계

① 혼이 영과 함께 있을 때

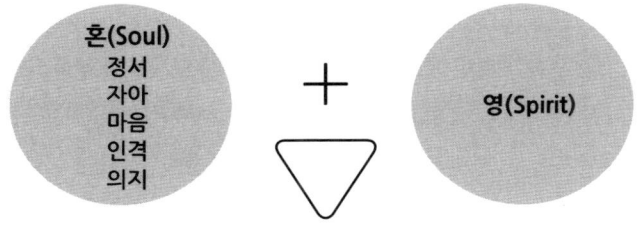

속사람(롬7:22)

영에 속한 사람
새사람
성령의 사람
거듭난 사람
성령의 법을 따르는 사람
복음의 사람
진실된 사람
양자의 영을 받은 사람
그리스도의 향기가 나는 사람
하늘에 속한 사람
변화된 사람
초자연적인 사람
부지런한 사람
경건한 사람
zoe(새로운 피조물)

② 혼이 육과 함께 있을 때

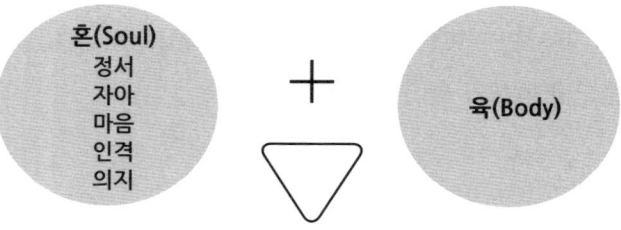

겉사람(롬7:22)

육에 속한 사람
옛사람
마귀의 사람
죄와 사망의 법을 따르는 사람
율법의 사람
거짓된 사람
종의 영을 받은 사람
사망의 냄새가 나는 사람
땅에 속한 사람
유전적인 사람
자연적인 사람
게으른 사람
세속적인 사람
bios(생물학적인 사람)

---

③ 혼이 미성숙된 상태에서 은사, 영권이 임했을 때

겉사람(롬7:22)
육에 속한 사람
옛사람
마귀의 사람
죄와 사망의 법을 따르는 사람
율법의 사람
거짓된 사람
종의 영을 받은 사람
사망의 냄새가 나는 사람
땅에 속한 사람
유전적인 사람
자연적인 사람
게으른 사람
세속적인 사람
bios(생물학적인 사람)

④ 혼이 성숙된 상태에서 은사, 능력, 영권이 임했을 때

인간은 자연 발생적으로 생긴 것이 아니라 하나님의 창조물이라고 인정할 때 인간은 거룩한 존재로서의 부름을 받는 것이다. 전통적인 생활방식에서 오는 '혼'에 대한 막연한 이해를 '영'과 혼동하는 일은 없어야 할 것이다.

인간은 영·혼·육으로 되어있지만 그 중에서 가장 '중심의 축'역할을 감당하는 것이 바로 '혼'이다. 이 혼이 영과 육 가운데 어느 것에 붙어있느냐에 따라 그 사람이 '영의 사람' 혹은 '육의 사람'이 되는 것이다. 그러므로 혼을 잘 다스리거나, 치유하거나, 성숙시킬 때만 온전한 사역자가 될 수 있다.

2. 혼의 손상

사람은 과거의 모든 것을 기억하고 있다. 비록 나는 잊은 것 같지만 그것은 나의 의식 수준에서 잊어버린 것이고 내가 의식하지 않는 잠재의식 속에 과거의 모든 것이 차곡차곡 저장이 되어 있다. 사람의 기억은 사건의 내용을 사실적으로 기억하고 있을 뿐만 아니라 감정까지 기억하고 있다. 문제는 과거의 나쁜 기억이나 상한 감정이 제대로 처리되지 않으면 시간이 지날수록 잠재의식 속에 쓴 뿌리가 되어 독을 내뿜는다는 사실이다. 이 독이 제대로 처리되지 않으면 그 사람의 현재의 생각이나 행동을 통제하고 더 나아가서 인간관계나 자신의 운명에까지 심각하게 부정적인 영향을 끼친다.

사람이 일상생활에서 생각하고 느끼는 감정의 30%는 의식수준의 영향을 받지만 나머지 70%는 잠재의식의 영향을 받는다고 한다. 즉 '나'는 '지금의 나'가 아니라 '과거에서부터 계속 되어온 지금의 나'이기 때문이다. 많은 사람들은 주님을 믿으면 그리스도 안에서 새로운 피조물이 되었기 때문에 과거사는 잊어버리고 오직 푯대를 향하여 앞으로 전진만 하면 문제가 없다고 가르친다.

그러나 내가 예수를 믿고 그리스도 안에서 자유를 누리는 신분과 실제로 내가 그 신분에 합당한 삶을 살아가는 성화의 과정은 다르게 나타난다. 누구나 예수를 믿으면 하나님의 자녀가 되어 죄와 마귀의 권세에서 벗어나는 신분이지만 그렇다고 모든 문제가 해결되고 나쁜 성격이나 습관에서 벗어날 수 있는 것은 아니다.

우리는 잠재의식 속에 묻혀있는 나쁜 기억과 상한 감정을 처리해야 한다. 이것은 옥토에 섞여 있는 여러 가지 이물질을 제거하는 작업과 같다. 좋은 말씀의 씨앗이 내 마음 밭에 아무리 많이 뿌려져도 내 마음의 밭에 온갖 이물질이 섞여 있으면 씨앗이 제대로 자라서 풍성한 열매를 맺지 못한다. 이 장애물들은 나도 모르게 나의 잠재의식 속에 쌓여 있는 상한 감정과 나쁜 기억들이다.

> 너희는 하나님의 은혜에 이르지 못하는 자가 없도록 하고 또 쓴 뿌리가 나서 괴롭게 하여 많은 사람이 이로 말미암아 더럽게 되지 않게 하며(히12:15)

쓴 뿌리를 치유하지 않으면 내 속에서 독을 품어서 자신도 괴로울 뿐만 아니라 상대방을 더럽힌다. 그러기 때문에 내적 치유 즉 혼의 치유는 다음과 같은 이유로 필요하다.

첫째, 우리가 죄악으로 가득한 이 세상에 태어났다는 사실 그 자체로서 입게 되는 상처들 때문이다.

둘째, 우리가 다른 사람의 행위에 의해 입게 되는 상처 때문이다.

셋째, 우리 자신이 범한 개인적인 죄악의 결과로 오는 마음의 상처 때문이다. 탐욕, 경쟁심, 그릇된 생각 등이 원인이 되어 올바른 선택이나 판단을 내리지 못함으로서 초래되는 상처들 그리고 죄의식으로부터 오는 여러 가지 행동과 분노들을 의미한다.

쓰라린 과거의 경험들은 우리의 기억가운데 달라붙어 있으면서 우리로 하여금 자유롭게 하나님의 은총을 체험할 수 없게 만든다. 우리는 성령님의 인도하심 가운데 베풀어지는 용서와 화해의 치유가 필요하다. 이처럼 혼의 치유는 우리로 하여금 마음의 상처로 인한 고통과 억압으로부터 해방시켜 주어 정서적인 회복을 가져오고 하나님과 친밀한 관계를 막고 있던 상한 마음을 치유함으로서 하나님과의 관계를 회복시켜 주며 우리의 속사람을 건강하게 만들어줌으로서 하나님 나라 확장을 위해 기여하게 한다. 영적으로 성숙한 사람은 하나님과의 올바른 관계 속에서 하나님 나라 확장을 위해 열심히 일하는 사람이다.

상처를 받은 감정들은 육체의 손상처럼 관찰될 수는 없으나 몇 가지 공통되는 행동과 태도를 보이게 된다. 정서적으로 상처를 받았을 때에 나타나는 증상들은 다음과 같다. ①타당한 이유 없이 강한 정서적 반응을 보인다. ②마음에 심한 고통을 느낀다. ③경우에 따라서는 모든 감정이 억제되어 전혀 무표정하다. ④극단적으로 지배적이거나 반대로 의존적인 태도를 보인다. ⑤자아 중심적이거나 반대로 거절 못하는 태도를 보인다. ⑥진정한 대인관계를 유지하는 능력을 상실하였다. ⑦열등의식과 낮은 자존감을 가지고 있다. ⑧비관적인 인생관을 가지며 분노조절을 할 수 없다. ⑨공포감을 가졌다. ⑩비도덕적이다.

이런 혼의 상처가 오게 되는 이유들은 다음과 같다.

첫째, 우리가 감당할 수 없는 감정상의 상태가 되었을 때(예:사별, 이혼, 직장을 잃음, 건강을 잃음, 사고, 명예 실추 등)이다.

둘째, 부정적인 조건의 스트레스를 계속 받게 되었을 때(예:분쟁, 심한 권위적 훈련, 여러 가지 심리적 잔인성 등)이다. 스트레스의 결과는 그것을 처리하는 사람의 안정성 여부, 융통성 여부, 성격과 자라온 환경과 교육 등에 달렸다.

셋째, 자기가 설정한 요구의 수준에 도달하지 못함으로써, 무가치함, 거부감, 걱정, 갈등, 분노, 죄의식 등을 가져온다.

넷째, 어릴 때의 감정은 더욱 여리므로 쉽게 상처를 받게 된다. 어린 아이들에 대한 거부반응은 나쁜 감정을 유발한다.[171]

사탄이 가장 중점적으로 성취하려고 애쓰는 목표는 사람의 생각을 사로잡아 그들의 혼에까지 자신의 세를 확장하는 일이다. 사람의 생각은 사람의 혼이 거하는 장소다. 사람의 생각이 성령의 기름부음 아래 있는 경우, 그들의 생각은 성령을 따라 마음을 다스릴 것이고 삶의 방향도 결정할 것이다. 하지만 만일 사탄이 우리의 생각을 다스리게 되면, 사탄은 우리 삶의 모든 영역에 자신의 통치권을 확장하게 된다. 사탄은 이러한 사실을 잘 알기에 우리의 생각을 얻으려고 그렇게 열심히 노력하는 것이다. 사탄은 우리의 생각뿐만 아니라 우리의 마음까지도 통제하기 위해 의식 속, 생각의 깊은 영역을 지배하려는 것이다. 그는 사람들의 마음을 얻기 위해 자신의 극악한 화력을 집중시켜 이 '전투'에 쏟아 붓는다. 마음을 얻기 위한 전쟁에서의 사탄의 노력은 다른 어떤 전쟁에서의 노력보다 치열하다.

바울은 이러한 영적 전투에 대해 다음의 글을 남겼다. 실제로 이 성경구절은 사람의 마음 속 생각에 관한 것이지 일반적인 마귀의 역사에 관한 것은 아니다.

---

171) Ibid., 153.

우리가 육체에 있어 행하나 육체대로 싸우지 아니하노니 우리의 싸우는 병기는 육체에 속한 것이 아니요 오직 하나님 앞에서 견고한 진을 파하는 강력이라 모든 이론을 파하며 하나님 아는 것을 대적하여 높아진 것을 다 파하고 모든 생각을 사로잡아 그리스도에게 복종케 하니(고후10:3~5)

여기서 바울은 '견고한 진', '모든 이론', 그리고 '하나님 아는 것을 대적하여 높아진 것'과의 싸움을 이야기한다. 성경의 다른 곳에서도 바울은 마귀와의 전쟁에 관해 상세하게 설명하는데,(엡6:10) 여기서는 우리의 생각, 우리의 마음을 타이틀로 걸고 마귀와 한 판 벌이는 싸움이 주제이다.

고대 사람들은 자신의 도시에 성벽을 둘러 요새를 구축하고 그 안에 물과 식량을 조달하기 위한 통로 및 관계시설, 식량 저장고 등을 마련해 두었다. 적의 침략이 있을 때, 모든 시민은 요새를 보호하기 위해 전쟁에 참여했다. 적들은 성을 포위하기 위해 성벽 주변 곳곳에 도랑을 팠을 것이고, 또한 성을 공격하기 위한 무기를 성벽 둘레에 배치해 놓았을 것이다. 그들은 성 안으로 진격하기 위해 성벽의 취약한 부분을 탐색했을 것이고, 그 부분을 무너뜨리기 위해 투석기로 공격을 가했을 것이다. 그리고 성벽을 향해 불화살을 던져, 화염 가운데 방어 군력을 흩어지게 하여 제대로 성벽을 수비하지 못하도록 유도했을 것이다.

편지 수신자의 마음속에 자리한 거짓된 방어 성벽을 무너뜨리기 위해 바울은 하나님의 말씀과 능력을 투석하였다. 또한 그들의 성벽에 꺼지지 않는 불을 놓기 위해 불화살을 던졌다. 이를 설명하기 위해 바울은 사람들이 갖고 있는 전쟁지식을 이용하였다.

바울은 진리의 돌덩이를 던져 독자들의 마음 가운데 믿지 못하는 성벽이 무너지고 그 틈으로 하나님의 말씀이 들어갈 수 있도록 안간힘을 다했다. 비록 하나님의 말씀을 전하는 바울 자신도 약함을 가지고 있었지만 말이다. 바울이 말하기를 하나님의 말씀은, 그것을 전하는 사람의 약함에 제한받지 않는다고 하였다. 하나님의 말씀은 사람의 이론을 파하고 생각의 견고한 진을 무너뜨리기에 충분할 만큼 강력하다. 하나님의 거룩하고 능력 있는 말씀을 통해 우리는 사람의 생각을 사로잡아 그리스도께 순종하도록 인도할 수 있다.

개인 차원의 '생각의 견고한 진'이라 함은 우리 각자가 스스로의 삶을 살아가면서 자신 안에 형성해 놓은 '생각하는 방법'과 '느끼는 방법'을 말한다. 우리는 하나님의 형상으로 창조되었다. 그리고 자유의지를 갖고 있다. 하나님의 형상에 따라 우리도 창조력을 갖고 우리 내면에 무언가를 창조해 놓았다. 하나님에 의해 창조되어진 우리가 생명과 자유의지를 가진 것처럼, 우리가 창조한 것이 무엇이든지 그 안에는 역시, 생명이 있고 자유의지가 있다. 예를 들어 만일 우리가 화내는 습관이나 질투하는 습관 혹은 알콜 중독의 습관을 창조해 냈다면 그 습관은 우리 속에 하나의 '생명'이 되어 자유의지를 선포하며 죽기를 거부할 것이다.

우리는 다시는 화를 내지 않겠다고 결심하곤 한다. 안타까운 것은 우리의 '확고한' 결단이 그 습관을 죽이지 못한다는 것이다. 얼마 안 있어 '제 때'가 되면 분노, 질투심, 술 취함의 습관이 발동한다. 그리고 살아있는 분노의 습관이 여전히 우리를 통제한다는 사실에 좌절하게 된다. 그러나 개인의 견고한 진은 습관, 그 이상이다. 견고한 진은 통제사령관이다. 즉, 견고한 진은 지휘봉을 휘둘러 죄 된 습관들을 부리면서 우리 안에 육적인 통제를 가하는 통제 사령관이라 할 수 있다. 또한 생각의 견고한 진은 '우리의 생각과 감정'의 요새이다. 그리고 '우리의 생각과 감정' 속 중심을 이루고 있는 '이기심 왕국'의 방어벽이기도 하다.

견고한 진은 우리가 말씀을 들을 때, 혹은 기도나 상담을 받을 때, 우리의 생각에 연막(smokescreen)을 쳐서 진리가 우리 속에 들어오지 못하도록 가로 막는다. 진리를 받아들이지 못하면 우리는 회개할 기회, 자유롭게 될 기회를 놓치게 된다. 또한 생각의 견고한 진은 '거짓'을 수호하며 우리를 '육체'와 '이기심' 속에 가둬 놓는다. 견고한 진의 임무에는 이렇듯 '외부 요인'(진리의 말씀)을 차단하는 것 뿐 아니라, 그리스도를 믿는 믿음으로 인해 새로워진 우리의 영과 마음에 진리가 적용되지 못하도록 방해하는 일도 있는 것이다. 그리고 견고한 진은 우리로 하여금 편협한 시각을 갖게 하여 일반상식으로 봐도 잘못된 것을 옳다고 판단하게 만든다. 견고한 진은 거짓과 참혹의 줄로 우리의 속사람을 묶어 놓는다.

하나님의 축복이나 진리는 거짓의 성벽을 위협한다. 이에 견고한 진의 통제센터엔 비상이 걸리고 더 많은 거짓말과 속임으로 성벽의 취약점을 보완하느라 바빠진다.

견고한 진은 뇌(생각하는 기관) 속에 포진되어 있는 종양과 같다. 종양과 마찬가지로 견고한 진에는 고통의 '핵'이 있고 뒤틀린 감정과 생각의 '고름'이 그 핵 주위를 둘러싸고 있다. 견고한 진은 우리의 인격과 성품에 고통을 안겨주는 핵이다. 그래서 주님의 끈질긴 사랑은 습포제가 되어 그 사람의 머리에 붙여져야 한다. 진리와 용서의 흡입력이 종양의 핵을 빨아들여 제거 시켜야 할 필요가 있다. 일단 견고한 진의 통제센터가 무너지거나 축출되면, 견고한 진을 둘러싸고 있는 거짓말은 그리스도의 십자가 위에 하나씩 죽음을 맞이하게 된다. 그래서 결국 '고름'이 몸 밖으로 빠져나가고 '치유'가 몸 안으로 들어가게 된다.

히브리서 2장 15절은 주 예수님이 "죽기를 무서워하므로 일생에 매여 종노릇하는 모든 자들을 놓아 주려고" 인간의 모습을 하고 이 땅에 오셨음을 증거한다. 여기서 우리가 무서워하는 죽음은 육신의 죽음이 아니다. 육신의 죽음은 오히려 본향으로 돌아갈 수 있기 때문이다. 따라서 여기서의 죽음은 바로 우리가 통제불능의 상태가 되는 것을 말한다. 성령님께서 우리의 생각과 마음을 다스릴 수 없는, 그런 상황이 되는 것을 말하는 것이다.

두려움은 견고한 진의 주된 무기이다. 우리는 두려운 나머지 하나님이 선하시다는 사실을 신뢰하지 못한다. 그러나 온전한 사랑은 두려움을 내쫓는다(요일4:18). 견고한 진에 대해 선전포고를 하는 것은 다름 아닌 사랑이다. 사랑은 우리로 하여금 진리를 목도하게 만든다. 사랑이야 말로 자기기만, 자기 속임의 견고한 성벽에 진리의 돌을 투석하는 무기이다. 사랑은 우리를 회개케 한다. 사랑은 위를 오래참게 하고, 거짓과 속임의 폭풍을 뚫고 자유를 향해 악착같이 투쟁하도록 만든다.

마귀가 어떻게 견고한 진을 사용하는지 깨닫는 것은 쉽다. 일단 마귀는 사람의 속에 둥지를 틀어 그곳에 깃들인 후 자신의 통제권을 유지하기 위해 다른 귀신들을 불러 모아 자신의 수하에 둔다. 그렇게 되면 그 사람의 견고한 진은 이제, 진리를 가로막는 역할을 수행할 수 있다. 왜냐하면 가로막는 영들이 견고한 진 안에서 '완벽한 은신'을 하며 활개 칠 수 있기 때문이다. 또한 견고한 진은 마귀로 하여금 인간의 감정과 생각을 통제, 조종할 수 있도록 자리를 마련한다. 견고한 진은 멍석 깔린 마귀의 작전 상황실이 되었다. 통제하는 영들의 '완벽한 가정'이 된 것이다.

견고한 진은 육적인 동기와 감정을 불러 모은다. 그렇게 소집된 육적인 '동기'와 '감정'은 증오, 두려움, 시기, 정욕, 중상, 모략의 영역에 특화한 마귀들이 안전하게 착륙할 수 있는 활주로 역할을 한다. 정신적인 견고한 진을 육적인 의미로 견주어 볼 때, '힘세고 사악한 사람'과 같고 영적인 의미로 본다면 마귀의 집과 같다. 물로 마귀가 사람 안에 들어와 둥지를 틀기 전에 견고한 진이 완전히 구축되는 일은 거의 없다.

마귀의 저주를 입은 사람을 자유케 하는 데에, '힘세고 사악한 사람'을 묶고 내쫓는 것으론 충분하지 않다. 견고한 진의 세력이 무너져야 한다. 그 전까지 우리는 그 힘세고 사악한 사람의 집에 들어가 세간을 약탈할 수 없다. 다시 말하지만, 끈질긴 사랑과 진리만이 정신적인 견고한 진을 무너뜨리고, 사악한 사람을 무장해제 시킨다.

우리는 견고한 진이 언제 무너져 내렸는지를 분별할 수 있다. 갑자기 내담자의 표정이 밝아지거나 우리가 이야기한 진리에 그가 처음으로 동조한다면, 이것이 바로 그 사람의 견고한 진이 무너졌다는 표식일 것이다. 그는 이제 스스로의 힘으로 귀신의 능력을 정확하게 판단할 것이다. 그는 또한 연막을 쳐서 우리가 말한 진리를 가로막는 대신, 우리의 사역을 도울 것이며, 자신 안에 진리가 들어올 수 있도록 노력할 것이다. 견고한 진이 무너졌으니 이제 사악한 자의 곡간을 약탈할 준비가 되었다. 희망의 빛이 그의 얼굴에 내리쬐고 있다.

그의 신앙은 다시 견고해 졌다. 물론 우리가 그 사람 속에 있는 또 다른 견고한 진을 발견하여 그것을 다루려고 할 때, 그 사람은 다시금 우리의 사역을 막아설 지도 모른다. 하지만 그는 이미 자유의 느낌을 맛보았기 때문에 승리는 보장된 것이나 다름없다. 영적 전쟁 가운데 진리의 작전은 한 쪽 끝에서부터 다른 쪽 끝에 포진된 적들을 하나, 하나 섬멸케 한다. 도미노처럼 말이다. 전쟁이 진행되면서 남아있는 견고한 진들을 무너뜨리는 것은 점차 쉬워진다.

개개인의 견고한 진들은 집단적 견고한 진으로 통합될 것이다. 그러면, 견고한 진을 무너뜨리는 것은 훨씬 어려워진다. 집단의 견고한 진은 집단 내 구성원 전체가 공유하는 정신구조로서 구성원들 모두가 생각하는 방법, 느끼는 방법, 행동하는 방법을 지칭한다. 개인의 견고한 진이 어린 시절의 거짓말에 기초하여 세워지는 것처럼 집단의 견고한 진 역시 특정한 문화 아래 오랫동안 전해 내려온 생각과 방법이 거짓 속임수에 기초하여 세워진다. 견고한 진의 성벽은 철학, 전통, 집단에의 충성심, 종교적 의식과 금기사항, 문화적 기준과 가치 등으로 구성된다. 바울은 골로새서에 다음과 같이 말하였다.

> 누가 철학과 헛된 속임수로 너희를 노략할까 주의하라 이것이 사람의 유전과 세상의 초등 학문을 쫓음이요 그리스도를 쫓음이 아니니라(골2:8)

만일 철학이 헛된 속임수라면 우리는 생각하기를 어떻게 철학이 사람을 노략할 수 있는가? 하고 의심할 것이다. 이에 대한 대답은, 철학과 전통은 종이에 적혀 아무 능력 없는 글씨나, 무해한 삶의 양식이 아니라는 것이다. 철학과 전통은 집단의 견고한 진이 된다. 그럴 경우, 철학과 전통은 실제가 되고 강력한 세력이 되어 사람들의 마음을 휘어잡고 실제로 사람들을 통제하게 된다.

민족, 나라, 도시, 교단, 지역교회, 정치 집단 혹은 심지어 박애주의 집단 등, 이러한 집단의 생각을 가두고 그들의 마음을 통제하기 위해 정사와 권세, 사탄은 집단적 견고한 진을 사용한다.

샌드포드는 견고한 진을 무너뜨리고 갇힌 자를 자유케 하기 위해 여섯 가지를 말하였다.[172]

첫째, 우리는 견고한 진이 어떻게 우리 안에 들어오게 됐는지 반드

---

172) John and Mark Sandford, 축사 사역과 내적 치유, 420~422.

시 살펴보아야 한다. 그래야만 회개를 통해 사탄의 가시를 제거할 수 있게 된다.

둘째, 우리는 회개해야 한다. 우리의 눈에서 들보를 제거하기 전에 우리는 밝히 볼 수 없고 효과적으로 사역할 수도 없다(마7:3~5).

셋째, 확실한 지도를 받아야 한다. 하나님께서 명령하시지 않으면, 견고한 진이나 속이는 자를 제거할 수 없다. 동일한 원리가 마귀를 쫓을 때도 적용된다. 하나님의 명령을 따르지 않는다면, 무너졌던 견고한 진이 이후에 더 험악한 정사와 권세들을 데리고 돌아올 것이기 때문에 나중 상태가 처음 상태보다 더 악화된다고 하겠다.

넷째, 우리는 군인으로서 전투하는 법을 배워야 한다. 우리가 명확하고 확실한 지도를 따른다면 혼자서도 집단의 견고한 진, 정사와 권세들을 공격할 수 있다.

다섯째, 우리는 사탄의 대응 사격에 대해 방어할 태세를 갖춰야 한다. 그러나 우리는 이미 주 예수 그리스도 안에서 승리를 얻었음을 기억해야 한다.

여섯째, 참고 견디라. 집단의 견고한 진, 정사와 권세를 대면하는 것은 짧은 시간동안 치르는 전투가 아님을 기억하라. 이것은 오랫동안 지속될 투쟁이다.

3. 혼의 치유

혼의 치유를 '내적 치유(inner healing)', '기억의 치유', '과거 상처의 치유'라고도 한다. 혼의 치유는 일회적으로 하는 것이 아니라 지속적인 과정을 밟는다.

오늘날 육체적 질병이 아닌 혼이 병든 사람이 많다. 또한 육체적 질병으로 시달리되 그 근본은 혼적 혹은 영적 질병 때문에 기능적 또는 기질적인 육체의 병을 앓는 사람들이 있다. 그런 혼의 장애로 인한 고통이 종종 육체의 고통보다 더욱 심하기도 하지만 보통 다른 사람에 의하여 쉽게 인식되지 않는다. 다리가 부러졌다면 금방 타인의 관심과 동정을 받게 되지만 마음의 상처는 상대방이 잘 알 수 없다.

일반적으로 혼에 병이 생기는 것은 다른 사람이 나에게 행하였거나 과거에 노출된 어떤 경험들에 의한 상처에서부터 나타난다. 이 상처가 나쁜 기억의 형태로 그리고 약하고 상처받은 정서의 형태로 현재의 우리에게 영향을 준다. 이 기억으로 인해 여러 가지 형태의 죄, 우울, 무가치함, 열등감, 타당성 없는 두려움과 걱정, 심인성 질환 등으로 고통을 받게 된다. 여기에는 부모의 죄가 현재에 미치는 영향도 포함하고 있다. 따라서 혼의 치유는 정서와 기억과 사람의 혈통을 포함하여 다룬다.[173]

정서란 인간이 느끼는 희·노·애·락을 통칭한다. 정서는 우리의 내적 혹은 외적 세계의 경험에 대한 심리적 반응으로, 갑작스런 소리에 놀라거나, 모욕을 당한 것에 분노를 느낀다거나, 도움이 필요한 사람을 보고 동정을 느끼게 되는 것 등을 예로 들 수 있다. 이런 정서적 변화가 있을 때에 육체적 변화가 동반되는 것이 보통인데, 예를 들면 화를 내는 것은 정서적 변화이지만 이때에 얼굴이 붉어지고, 근육에 힘을 주고, 손바닥에 땀이 나고 하는 등의 현상은 육체적 변화이다.

사람의 마음(mind)은 정서 반응에 있어서 매우 중요한 역할을 한

---

[173] see Betty Tapscott, Ministering Inner Healing (Houston : Tapscott Minisries, 2024).

다. 즉 그 사람의 가진 지식 여하에 따라 내부나 외부 세계에 대한 인식이 결정되고, 이에 따라 정서적 반응이 나타나고, 의지적 행동이 뒤따르게 된다.

일단 정서적 반응이 일어나면 그 다음부터는 그 상황을 회상하는 것만으로도 같은 정서적 경험이 반복될 수 있는데, 예를 들면 우리에게 수치나 고통스러운 기억을 가져다준 경험은 그런 경험을 다시 겪지 않더라도 단순히 생각하는 것만으로도 같은 수치나 고통스러움을 느낄 수 있다. 이런 상황이 반복되면 결과적으로 육체의 기능 질환이나 기질적 질환을 야기할 수도 있고 영적인 문제를 일으킬 수도 있다.

모든 정서적으로 즐겁지 않은 경험들이 파괴적인 것은 아니다.

슬픔, 실망, 실패, 거부감, 공포 등과 같은 외부나 내부의 자극에 대한 균형을 잃지 않은 반응은 성장하여가는 과정에 있어서 필수적이나 그 자극이 감당할 수 있는 정도를 넘어서게 될 때에 정서의 병을 가져와 장기가 그 영향을 미칠 수 있다.[174]

사역의 1단계

첫째, 예수님의 구원에 대하여 이야기한다.

둘째, 타인에 대하여, 자신에 대하여, 용서하는 것을 이야기 한다. 용서는 느낌이 아니라 고백이며 의지적인 행동이다.

셋째, 혼의 치유의 두 단계를 이야기한다.

① 속박을 깨뜨림-집안이나 사회에 내려오는 잘못된 관습, 제도, 문화, 전통 등을 포함하며 내 마음에서 구속되어 있는 상처들을 자신의 의지로 깨뜨려야 한다.

---

[174] 박행렬, 기독인을 위한 전인창조 사역, 152.

② 기억을 깨뜨림-부정적인 기억들을 긍정적 기억으로 대치시켜야 한다. 나빴던 기억보다 좋았던 기억을 더 떠올리면서 자신을 긍정적으로 의식화시켜야 한다.

 넷째, 개인치유 방법을 사용한다.
① 자신을 보호하는 기도를 한다. 사탄은 근본적으로 우리의 감정을 상하도록 간계를 꾸며왔다. 우리의 과거를 치유하기 위해 하나님께 나아갈 때는 먼저 사탄의 영향력을 축소시켜야 한다.
② 성령님이 인도하시도록 간구한다. 성령님이 우리의 필요에 대한 모든 것을 아심으로 우리를 인도하실 수 있다.
③ 상처받은 사건을 기억한다. 이것은 마치 우리의 머리속의 원인과 결과를 치유하는 중요한 내용이 된다.
④ 감정을 느낀다. 일어났던 일에 대한 감정의 충격을 느끼도록 허용하는 것이 중요하다.
⑤ 상처에 대해 이야기하며 의지적인 결단으로 그 가해자에 대해 용서한다고 말한다.
⑥ 예수님이 그 사건에 들어오시도록 한다(마28:20).
⑦ 예수님이 행하시는 바를 관찰한다. 이것은 주님의 임재가 수동적인 데서 능동적인 순간으로 바뀌는 순간이다. 그 분이 무엇을 하시든지 무슨 말씀을 들려주시든지 주목해서 보아야 한다.
⑧ 예수님이 하시는 일에 적극적으로 동참한다.
⑨ 치유를 봉하도록 믿음을 행사한다. 이렇게 기도한다.

 "예수님, 저는 주님이 이 기억을 다루시도록 결정했으며 그것은 더 이상 옛날처럼 나의 자아상이나 감정이나 태도, 행동에 부정적인 영향을 미치지 못할 것입니다. 감사합니다."

 다섯째, 성경묵상을 통한 치유을 사용한다. 하나님의 말씀은 살았고 운동력이 있으므로 헛되이 되돌아오지 않는다. 우리는 이 말씀을 통하여 내면의 상처를 치유하고 우리 깊은 자아가 하나님이 우리에게 주기를 간절히 원하시는 새 이름을 향해 뻗어가도록 하는 치유를 받을 수 있다.

　　기도 – 주님이 우리의 눈을 열어 주시고 그의 말씀을 우리 안에 받을 수 있도록 기도한다.
　　읽기 – 그 말씀에 기록된 사건의 순서가 우리의 마음 속에 분명해 지도록 반복해서 그 구절을 읽는다. 특히 묵상을 통한 치유의 과정에서는 복음서 같은 내용들이 좋은데 그 이유는 사건들이 개념보다는 더 쉽게 이해되고 소화될 수 있기 때문이다.
　　그려봄 – 모든 장면을 영화를 보는 것 같이 상상해 보는 것이다.
　　투사 – 이야기 속의 사람들의 역할에 자신을 투사하는 것이다. 투사는 이 치유과정에서 가장 핵심적인 부분이다. 이것은 성령님이 특별히 우리의 마음과 생각에 말씀하시는 단계이다.
　　해결 – 앞의 네 단계는 거의 변함없이 무엇인가 해결되어야 할 것을 가르쳐준다. 태도나 우선순위, 행동이나 믿음, 절차나 관계 등이 변화되어야 하는 것이다. 이 다섯 단계는 15분 정도 안에 끝날 수 있다. 만일 좀더 깊이있게 적용하고 싶으면 상황에 따라 연장할 수 있다.
　　여섯째, 타인을 위한 치유 방법을 사용한다. 다른 사람을 위한 내적 치유기도의 효과적인 기본단계는 다음과 같다.
① 문제의 배경을 확인한다. 모든 관련자료를 검토하고 기도받을 사람으로 하여금 기도의 필요나 문제점 등을 요약한다. 간단한 대화를 통해 과거의 분노, 상처, 수치 혹은 특별히 고통스러운 경험이 있었는지를 알아본 후 기도를 시작할 수 있다. 기도 중에 하나님의 목적을 훼방하는 모든 악령이 떠나기를 명령하고 대적의 궤계를 거부하며 예수 그리스도 이름으로 보호해 주시도록 요청한다.
② 하나님께 귀를 기울인다. 문제가 되는 사건이나 기억들을 생각나게

해 주시며 기도받는 이에게 용기와 정직함과 힘을 주시도록 성령님께 기도한다. 그리고 나서 주님이 무엇을 하시거나 무슨 말씀을 하시거나 기다린다.

③ 질문한다. 기도하면서 하나님의 음성에 귀를 기울일 때 기도받는 자는 물론 기도회원에게도 서로서로 질문을 한다. "무슨 일이 일어나고 있는가?", "어떤 느낌이 드는가?", "주님이 무슨 말씀을 하시는가?", "어떤 말씀이 떠오르는가?"

④ 예수님이 임재하시도록 초청한다. 기억을 치유받기 위해서는 예수님의 임재 속에 다시 그 기억이나 경험을 재현함으로 고통을 제거하는 것이 필요하다. 예수님은 그 사건을 바꾸시지는 않지만 그것의 부정적인 영향력을 깨뜨리고 고통과 두려움을 없애주는 중보자의 역할을 하신다. 주님은 우리의 경험을 드러내 주시고 그것을 재조명하시며 새로운 시각으로 바라볼 수 있도록 도우신다. 예수님이 그곳에 계셨다. 주님이 임하셔서 말씀하신 것을 볼 수 있을 때 우리는 진정한 회복을 체험할 수 있다. 치유는 고통스러웠던 사건에 주님이 임재하심을 받아드리게 될 때 일어난다. 하나님에 대한 새로운 관점이 분명해지며 하나님을 향한 사랑과 신뢰의 관계가 더욱 깊어지기 때문이다. 주님은 사랑과 격려의 말씀을 해 주시고 안전한 곳을 제공하신다. 사탄은 우리를 불구로 만들려고 고통을 과장하나 주님은 그것을 제거하시고 상처 입은 상황에 대한 기억을 치유하신다.

⑤ 하나님의 사랑으로 사역한다. 치유 사역의 최선의 방법은 오직 사랑뿐이다. 사랑하면서 주님이 치유를 위해 인도 하시는 대로 신실하게 따라가야 한다. 사랑은 결코 실패하지 않는다.

⑥ 그 사람을 축복한다. 기도를 마칠 때는 그 사람을 축복함으로써 마무리한다. 성령님이 기도시간에 보여주신 것과 하신 일들을 다시 생각해보며 인도를 구한다.

사역의 2단계

첫째, 여러 가지 더러운 영혼을 예수님의 이름의 권위를 가지고 묶어서 쫓아낸다.

둘째, 상처받은 기억의 치유를 위해 '토설'한다. 조상과 관련된 것(출20:5), 태아 때와 관련된 것(시139:13~16), 출생시와 관련된 것, 영아 때와 관련된 것, 유아 때와 관련된 것, 학동기와 관련된 것, 사춘기와 관련된 것, 청년기와 관련된 것, 결혼 생활과 관련된 것, 장년기와 관련된 것, 노년기와 관련된 것 등 부정적인 모든 것들을 말과 행동으로 표현하면서 자신의 감정을 드러낸다.

'용서'는 치유 받는 핵심이 된다. 내담자로 하여금 자기에게 상처를 준 사람을 용서하게 해 달라고 입으로 고백하도록 하는 것이 중요하다. 과거의 상처 때문에 용서하지 못하는 것은 영적, 혼적, 육적, 사회적 각 분야에 고통을 가져다준다. 누가 잘못하였든지 자신에게 어떤 상처가 있다면 용서 받든가, 용서하든가 하여 문제를 바로 잡는 것은 자신의 책임이다(마5:23, 18:15~22). 우리는 하나님께서 우리를 용서하신 것 같이 우리도 상대방을 용서하고 잊어야 한다(엡4:31).

사역의 3단계

성령 세례(침례)에 관하여 이야기하여 준다. 은사를 바라보지 말고 은사를 주시는 예수님을 바라보게 한다. 기름을 바르고 기도하며(약5:14), 영적 전쟁에 대하여 이야기하여 준다(벧전5:8~9, 고후3:17, 요8:36). 기도 받는 자에게 확신시켜줄 일들은 첫 번째, 그들과 나눈 이야기는 누구에게도 비밀로 한다는 것을 강조하고 두 번째, 과거 상처의 치유는 일회적인 사건이 아니라 점진적으로 이루어짐을 재확인 하여주고 세 번째, 이들이 혼(과거 상처)의 수술을 받았음을 알려주고 육신의 수술처럼 점차적인 회복기가 있다는 것을 설명하여 주며 네 번째, 하나님의 말씀을 묵상하면서 휴식하도록 권하고 다섯 번째, 하나님께서 우리 각 사람을 귀하게 보시고 사랑하심을 일깨워주는 것이다.

혼의 치유는 오늘날 치유 사역에서 매우 중요한 것이다(눅4:18). 주님은 우리를 무겁게 하는 악으로부터 우리를 자유케 하려고 오셨다. 어제나, 오늘이나, 영원토록 동일하신 예수께서는 과거의 상처와 그로부터 영향을 받은 다른 부분의 상처들과 현재의 삶에까지 영향을 미치고 있는 것까지 치유하여 주신다. 혼의 상처는 정서뿐만 아니라, 전인으로서의 인간의 각 방면에 영향을 미치고 사회적 관계에도 영향을 미친다. 반대로, 혼의 상처의 치유는 정서뿐만 아니라, 그에 의하여 영향을 미치는 인간의 각 방면을 새롭게 하여준다.

결론적으로 혼의 치유는 다음과 같이 하여 이루어진다.
첫째, 하나님과 다른 사람들로부터 용서함을 받거나 우리가 다른 사람을 용서하여 줌으로 이루어진다. 그러므로 우리가 삶에서 상처를 받을 때에 그 반응으로 생기는 습관적인 반응과 행동의 양식들을 부수어야 한다(골3:12~17).
둘째, 기도와 하나님의 말씀의 조명과 나의 삶에 대한 주님의 목적을 생각함으로 이루어진다. 주님께서 우리의 나쁜 기억들을 재해석하고 치유하시도록 한다(롬8:28).
셋째, 부모의 죄로부터 나쁜 영향을 가져다주는 것이 있으면, 기도로써 권위를 가지고 혈통의 세력을 깨뜨림으로 이루어진다.
넷째, 부정적 결과를 초래하였던 어떤 사람이나 어떤 일의 혼적인 속박 혹은 정서적 의존성을 기도로써 권위를 가지고 깨뜨림으로 이루어진다.

다섯째, 우리로 하여금 새로운 피조물이 되게 하신 것을 예배와 성경 공부와 관상을 통하여(롬12:1~2) 확인하면서 정기적으로 마음을 새롭게 함으로 이루어진다.

여섯째, 그리스도의 몸(교회)의 지체가 되어 신앙이 계속 성숙되어 갈 때에 혼의 치유에 관련된 모든 종류의 자유함이 있게 됨으로 이루어진다(엡4:15~16, 약5:16).

일곱째, 지나친 감정을 조절함으로 이루어진다. 성령님과 계시적인 은사들에 대하여 사랑이 넘치는 예민함이 요구된다. 피상적인 것에 대하여 조심하여야 되지만, 반면에 불필요하고 상처를 주는 것은 피하여야 하고 지나친 감정을 표출하는 것도 피하여야 한다.

열덟째, 성경적 모델과 반대되는 것이 아니면 심리학, 상담학 등 세속적 방법들을 치유에 사용함으로 이루어진다.

아홉째, 새로운 피조물로 재탄생되었음을 인지함으로 이루어진다. 혼의 치유를 지나치게 강조함으로써 발생하는 부정적이고 내성적인 태도를 피하고 건전한 성경적 균형을 유지하기 위하여 우리는 그리스도 안에서 새로운 본성에 초점을 맞추어야 한다. 우리의 새 본성에 대한 성경의 묘사들은 분명히 우리 자신의 연약함이나 공포, 분노, 기억 등에 의해 판단되는 것보다 더 진실되고 실제적이고 더 믿을 만한 평가인 것이다(롬8:1~2, 엡4:20~24, 계12:11).

IV. 육의 치유

1. 육의 이해

'육' 혹은 '몸'은 '사람이나 동물의 머리에서 발끝까지, 또는 거기에 딸린 것들을 통틀어 이르는 말'176)로 몸에 대한 이해는 시대와 철학적인 관점에 따라 다르게 나타나며 성경을 통해 서로 다양한 개념들을 발견할 수 있다.

'육'은 히브리어로 '바사르(basar)'인데, 구약에서 273회 나온다. 다른 단어로 '세에르(sheer)', '베사르(besar)'등이 있다.177) 이 단어들은 인간의 육체적, 공간적, 촉각적면을 나타내기 위하여 신체의 여러 부위와 기관들의 명칭을 사용한다.

---

176) 두산동아편 동아새국어사전 제5판, 843.
177) Laird Harris, Gleason L Archer, Bruce K Waltke, 구약원어신학사전, 168~169, 1119.

신약은 형이상학적인 것과 대치되는 진정한 육체적 몸을 가리키기 위해 '소마(soma)'라는 그리스어를 사용하고 있다. 이 신약성서에 나오는 소마는 구약사상에서 뿐만 아니라, 그리스 사상에서도 일반적으로 나타나는 넓은 범위의 의미를 반영하고 있다. 이 단어는 마태복음 27장 52절, 누가복음 17장 37절 등에서는 시체(corpse)를 의미하며 마태복음 27장 58절, 마가복음 15장 34절, 누가복음 23장 55절, 요한복음 19장 31절에서는 예수님의 몸(body)에 사용된다.

몸의 육체적인 양상이 마가복음 5장 29절('병이 나은 줄을 몸에 깨달으니라'), 야고보서 2장 16절('몸에 쓸 것을 주지 않으면')에서 가장 두드러진다. 마태복음 6장 22절에는 눈을 몸의 등불이라고 하며(참조, 막5:29), 마태복음 6장 25절에는 몸이 의복보다 더 중한 것이라고 말한다. 마태복음의 이 구절들은 몸이 단순히 육체기관이라는 것을 초월하여 소마가 자아를 의미하는 것임을 나타내는 것이다.

또한 몸은 질병, 치유 등을 경험하며(막5:29), 음식과 의복을 필요로 한다(약2:16). 히브리서 10장 22절에는 전문적인 형태가 나오며, 마태복음 5장 29~30절에서는 몸과 지체들이 대조되고 있다. 지체들은 전체의 유익을 위해서 이 몸에서 잘려 나갈 수도 있다는 것이다. 그래서 박해자들은 영혼이 아니라 몸만을 죽일 수 있을 뿐이라고 하는데 몸과 영혼은 함께 지옥에 떨어질 수도 있다(마10:28).

바울서신에서는 이 단어가 91회 나오는 반면에 바울서신 이외의 신약에서는 51회밖에 나오지 않는다. 이 단어는 바울을 통해 그 참된 내용을 갖게 되는데 바울은 시체나 노예, 또는 보완적인 용어로서 프쉬케를 가리키는 말로 소마를 사용하지 않는다. 그리고 무엇보다 중요한 것은 이제까지의 몸에 대한 이해는 몸은 더러운 것, 유한한 것이기 때문에 영혼이 몸과 함께 계속 있는 것이 아니라 분리된다는 것이었다. 즉, 죽음은 영이 몸으로부터의 해방됨을 의미한다는 것이다. 그러나 바울은 우리가 부활할 때에 몸과 함께 부활한다는 몸의 부활을 이야기 한다. 로마서 8장 11절에 따르면 '하나님은 우리의 죽을 몸을 살리실 것이다'(고전 6:14) 라고 하며 로마서 6장 12절은 우리가 부활에 동참하게 될 것을 보여준다.

바울이 소마(soma)를 사용할 때는 육체만을 말하는 것이 아니라 인격성 전체를 말하였다. 그러나 그는 그리스도와의 관계에서 몸을 해석할 때는 몸은 더럽혀질 수 있는 것으로 이해를 하였으며 몸이 어떻게 살아야 할지를 말하고 있다.

바울이 활동했던 당시의 헬레니즘에서는 소마(soma)와 더불어 사르크스(육, sarx)란 단어도 사용되었다. 여기서 육은 인간의 육체성에 매여 있는 죄성을 가리킨다. 그러므로 죄에서의 해방은 육에서의 해방을 뜻한다. 결론적으로 말해서 신약 성경에서 몸에 관해서 말할 때마다 그것은 곧 전인을 뜻하는 것이다.[178]

2. 육의 손상

사고나 질병, 감염에 의해 우리 몸은 손상을 입게 된다. 또한 일중독에 의한 무리한 육의 사용은 반드시 육체적 탈진을 가져오게 된다. 무절제한 생활, 중독성 물질, 잘못된 식생활, 자연환경의 파괴 등도 우리 육체에 치명적이다. 질병이 죄로, 저주로, 유전으로 왔건 중요한 것은 주

---

178) 하용조편 "육" 비전성경사전, 1105.

님은 이 모든 질병을 치유하셨다는 것이다.[179] 그렇다고 의학적인 혜택을 모두 끊고 기도만 하는 것은 위험하다. 능력을 추구하는 사람들은 의학적인 혜택을 비능력, 비신앙으로 혹은 성령님의 능력을 무시하는 행위라고 주장한다.

신유나 축사도 하나님이 주신 능력이고 의학도 하나님이 주신 지혜의 능력이다. 특히 일반 질병과는 다른 정신장애 분야에서는 더욱 그렇다. 그래서 더욱 긴밀한 상호 협력이 필요한 것이다. 어느 한쪽으로 질병을 패배시키느냐가 중요한 것이 아니다. 하나님의 형상으로 창조된 인간을 신유, 축사, 상담학, 의학, 심리학 등을 동원하여 본래의 모습으로 회복시키는 것이 더 중요한 것이다.

3. 육 치유의 성경의 예

1) 한센병 환자의 치유[180] (막1:40~45, 마8:1~4, 눅5:12:16)

한센병 환자의 치유 사건은 비교적 단문에 속한다. 주님께 한 한센병가 와서 엎드려 절하며 "원하시면 저를 깨끗케 하실 수 있습니다."라고 간구하자 주님께서 그에게 손을 내밀어 "내가 원하노니 깨끗함을 받으라"하시며 그를 고쳐 주셨다. 그리고 그에게 율법에 이른 대로 제사장에게 몸을 보이고 한센병이 치료되었다는 증거(선언)를 받으라고 하는

---

179) 전요셉, 정신장애와 귀신 쫓음, 22.
180) 한센균(Mycobacterium Leprae)에 의하여 발병되는 만성감염성 질환으로 피부와 말초신경에 에 주병변을 일으키는 면역학적 질환으로 감염경로가 아직 명확하지는 않지만, 대개 호흡기로 감염된다.

것이 본문의 내용이다.

역시 이 본문에서도 마가가 제일 많은 분량을 할애하고 있으며, 마태는 본문을 축소하고 있고, 누가는 거의 수정 없이 보도하나 자신의 관심에 따라 편집한다. 마가는 뒤이어 나오는 논쟁(막2:1~3)의 서론으로 본문을 이용하고 있으며, 같은 논쟁의 요소를 갖고 있지만(눅5:12~6:11), 관점이 다른 누가의 관심은 예수의 선교 활동의 여러 측면들, 곧 병자들을 고쳐 주고 죄인들에게 은총이 주어지고 복음의 기쁨이 주어지는 등 적극적인면을 강조한다. 반면에 마태는 본 기사를 예수의 첫 번째 이적으로 소개하고 있다.

<표 6-4> 공관복음서의 한센병 환자 치유 대조표

마가 1장 40~45절	마태 8장 1~4절	누가 5장 12~16절
40. 한 나병환자가 예수께 와서 꿇어 엎드려 간구하여 이르되 원하시면 저를 깨끗하게 하실 수 있나이다 41. 예수께서 불쌍히 여기사 손을 내밀어 그에게 대시며 이르시되 내가 원하노니 깨끗함을 받으라 하시니 42. 곧 나병이 그 사람에게서 떠나가고 깨끗하여진지라	1. 예수께서 산에서 내려오시니 수많은 무리가 따르니라 2. 한 나병환자가 나아와 절하며 이르되 주여 원하시면 저를 깨끗하게 하실 수 있나이다 하거늘 3. 예수께서 손을 내밀어 그에게 대시며 이르시되 내가 원하노니 깨끗함을 받으라 하시니 즉시 그의 나병이 깨끗하여진지라	12. 예수께서 한 동네에 계실 때에 온 몸에 나병 들린 사람이 있어 예수를 보고 엎드려 구하여 이르되 주여 원하시면 나를 깨끗하게 하실 수 있나이다 하니 13. 예수께서 손을 내밀어 그에게 대시며 이르시되 내가 원하노니 깨끗함을 받으라 하신대 나병이 곧 떠나니라

마가 1장 40~45절	마태 8장 1~4절	누가 5장 12~16절
43. 곧 보내시며 엄히 경고하사 44. 이르시되 삼가 아무에게 아무 말도 하지 말고 가서 네 몸을 제사장에게 보이고 네가 깨끗하게 되었으니 모세가 명한 것을 드려 그들에게 입증하라 하셨더라 45. 그러나 그 사람이 나가서 이 일을 많이 전파하여 널리 퍼지게 하니 그러므로 예수께서 다시는 드러나게 동네에 들어가지 못하시고 오직 바깥 한적한 곳에 계셨으나 사방에서 사람들이 그에게로 나아오더라	4. 예수께서 이르시되 삼가 아무에게도 이르지 말고 다만 가서 제사장에게 네 몸을 보이고 모세가 명한 예물을 드려 그들에게 입증하라 하시니라	14. 예수께서 그를 경고하시되 아무에게도 이르지 말고 가서 제사장에게 네 몸을 보이고 또 네가 깨끗하게 됨으로 인하여 모세가 명한 대로 예물을 드려 그들에게 입증하라 하셨더니 15. 예수의 소문이 더욱 퍼지매 수많은 무리가 말씀도 듣고 자기 병도 고침을 받고자 하여 모여 오되 16. 예수는 물러가사 한적한 곳에서 기도하시니라

마가복음(1:40~45)

이 이적 이야기는 마가의 첫 번째 이적, 가버나움에서의 귀신 축출(막1:21~28), 베드로의 장모를 고친 이적(막1:29~31), 그리고 온 동네(막1:33)와 더 나아가 온 갈릴리를 다니시면서 각색의 병들을 고치시고, 귀신들을 내어 쫓으신 그 다음에 기록되어 있다. 그리고 뒤이어 안식일과 율법에 관한 논쟁이 나온다. 이렇게 볼 때 본 이적 이야기는 논쟁 설화에 속하며, 그 서론 격에 해당된다고 말할 수 있다. 그렇다면 마가는 앞의 이적 설화와 뒤따라 나오는 논쟁 설화를 자연스럽게 연결하는 가교로서

이 이적 설화를 현재의 위치에 편집한 것이라고 볼 수 있다. 따라서 본문도 두 가지 초점에서 분석해야 할 것이다.

첫째, 마가는 한센병 환자의 치유를 통하여 예수의 신적 능력을 강하게 드러내고자 했을 것이다. 구약성서에 한센병 환자의 치료는 단 두 번 나오는데, 모두가 하나님만이 하실 수 있는 일이다. 따라서 주님이 나병을 고친 이적 기사는 주님은 분명 하나님의 아들이며 그의 능력이 얼마나 큰가를 보여 준다고 하겠다.

둘째, 마가는 한센병 환자를 치료하고 율법의 규례에 따라 제사장에게 가서 몸을 보이고 예물을 드리라고 한 것은 다음에 나오는 논쟁과 관련이 있다. 여기서 마가는 주님이 율법의 규정을 지키는 것으로 묘사함으로 주님이 율법에 대해 부정적인 태도를 가진 분은 아니라는 것을 보여주고 있는 것이다.

셋째, 한센병 환자가 침묵하라고 한 주님의 명령을 지키지 못하고 나가 전파했다고 한 것은 결국 진실은 숨길 수 없이 드러나고 알려진다는 점을 분명히 하고 있는 것이다.

마태복음(8:1~4)

마태는 주님의 설교 및 그 설교에 대한 청중들의 반응에 관한 기술로부터 이 복음서에 최초로 등장하는 구체적인 치유담(마8~9장에 기록된 열 개의 기적 이야기 가운데 첫 번째 것)으로 신속하게 화제를 바꾸어 나간다. 주님이 행하신 최초의 치유 사역이 이방인이 아니라, 유대인을 대상으로 했던 것은 결코 우연한 일이 아니었다. 주님은 이스라엘 백성들에 대한 전도사역을 가장 우선적으로 배려하셨다(마10:5~6, 15:24). 이 이야기는 비록 간략하고 직설적이기는 해도 의미있는 내용으로 기록되어 있으며 그 배경이나 장소가 명시되어 있지 않다. 마태는 주님께서 행하신 놀라운 기적 이야기 속으로 우리를 돌연히 이끌어 들이고 있다.

공관복음서에 공통적으로 기록되어 있는 이 기사는 마태가 누가와 마찬가지로 비교적 많은 분량의 마가복음 기사를 축약하는 방식으로 기술한 것이다. 마태가 마가복음 1장 41절에 "민망히 여기사"라는 문구를 누락시킨 것은 아마도 주님의 인간적인 감정을 표현하기를 꺼려했기 때문일 것이다. 그리고 마가복음 1장 43절의 "그를 엄히 경계하사"라는 문구를 누락시킨 것도 같은 이유에서였을 것이다.

마태는 또한 마가복음 1장 44절에 "네 깨끗케 됨을 인하여"라는 문구를 누락시키고 있는데 이는 아마도 그 나병환자를 치유해 주신 분은 바로 주님이시며 제사장은 단지 치유된 사실을 확인해 줄 수 있을 뿐임을 강조하기 위함이었을 것이다. 마지막으로 마태는 이 치유 사역 이후에 일어난 일들에 관한 마가복음의 기사-주님의 엄중한 경고에도 불구하고 치유 받은 나병환자가 이 일을 널리 퍼뜨렸기 때문에 사방에서 사람들이 모여들었고, 그 때부터 주님께서는 드러나게 동네로 들어가실 수 없었다는 내용(막1:45)을 누락시키고 있다.

이는 아마도 주님이 명령을 거역한 사람에 관한 기사를 싣기가 꺼림직 했기 때문일 것이다. 한편, 공관복음서에서 공통적으로 발견할 수 있는 내용에는 다음과 같은 것들이 있다. "원하시면 저를 깨끗게 하실 수 있나이다"라고 간청하는 한센병 환자, 그의 몸에 손을 대시며 "내가 원하노니, 깨끗함을 받으라!"는 주님의 말씀, 이 일을 아무에게도 말하지 말고 "저희에 대한 증거로써 모세가 정한 예물을 드리라"는 주님의 말씀, 이 단락은 다음과 같이 세 개의 소단락으로 구분될 수 있다.

첫 번째, 한센병 환자의 간청(2절)
두 번째, 한센병 환자를 깨끗이 낫게 하신 주님(3절)

세 번째, 이 일에 침묵을 지키고 제사장을 찾아가라는 주님의 말씀(4절)

이 단락에서는 한센병 환자에 관한 기술과 주님에 관한 기술 사이에 매우 흥미로운 대구법적 요소들이 발견된다. "나아와", "손을 내밀어", "절하고", "저에게 대시며", "내가 원하노니 깨끗함을 받으라" 비교적 짤막한 이 치유이야기에서는 첫 번째와 마지막 요소가 누락되어 있다. 즉, 한센병 환자에 상태에 관한 기술과 치유 사역을 목격한 민중들의 반응이 나타나지 않았다는 것이다. 축소된 마태의 본문에서는 한센병 환자의 믿음과 주님의 능력이 돋보인다.[181]

누가복음(5:12~16)

누가는 마가복음의 순서를 따르다가 시몬을 제자로 부르시는 이야기(눅5:1~11) 때문에 중단하고 다시 나병환자를 고치신 이야기부터 마가의 순서로 복귀하고 있다. 누가는 이미 주님의 나사렛 회당 설교를 통하여 구약성서에 이스라엘의 많은 한센병 환자들이 있었으되 이방인인 수리아 사람 나아만 장군만이 깨끗함을 받았음을 언급했는데(눅4:27), 이제 여기서 이스라엘의 한센병 환자 중에 깨끗함을 받는 자가 있음을 증거하고 있는 것이다(눅17:11~19).

누가는 마가의 자료를 거의 수정 없이 인용하고 있지만, 누가의 편집은 몇 가지 점에서 마가의 본문과 차이가 있다.

첫째, 누가는 마가의 이야기를 현재의 문맥에 소개하기 위해 사건이 있던 장소로 '한 동네에'(눅5:12)라는 말을 첨가하고 있다. 이것은 분명히 이 이적을 주님의 갈릴리 활동과 연관시키기 위함일 것이다.

---

181) Donald A. Hagner, WBC성경주석 마태복음(Word Biblical Commentary), 김경진 역(서울:도서출판 솔로몬), 359~360.

둘째, 누가는 마태처럼 마가의 표현 중 '민망히 여겼다'(막1:41), '엄히'(막1:43) 등과 같은 감정적인 말을 삭제한다. 이것은 주님의 감정에 대한 표현을 피하는 것이다. 공관복음서 기자들 중에 예수의 자기감정표현을 가장 자연스럽게 자주 사용한 기자는 마가이다. 그러나 마태와 누가는 이러한 마가적인 감정표현묘사를 관련 구절에서 삭제하거나 수정하는 경향을 보여준다.

셋째, 누가는 고침 받는 한센병 환자가 주님의 명령을 어겼다는 말도 삭제시킨다. 아마도 이것은 주님의 권위에 대한 누가의 존경심에서 비롯된 것일 것이다. 그 대신 누가는 주님의 소문이 더욱 퍼져 허다한 무리가 말씀도 듣고, 자기 병도 나음을 얻고자 하여 모여들었다고 강조한다. 이렇게 함으로 누가는 주님의 선교활동을 병 고치는 활동보다 우위에 둔다.

넷째, 마가와 마태는 각각 '한센병 환자'라고만 언급한 데 반해 누가는 '온몸에 나병 들린 사람'이라고 상세한 설명을 첨가하고 있다. 누가의 의도는 주님이 불쌍한 사람을 돌보는 분이라는 것을 강조하기 위함이다.

마지막으로, 마가는 예수가 한적한 곳에 계셨다고만 하였는데(막1:45), 누가는 한적한 곳에 계신 것이 기도하기 위함임을 강조한다. 주님을 기도하는 사람으로 묘사하려는 누가의 관심이 여기서도 나타나고 있다.[182]

동일한 한센병 환자를 치유하는 이적 기사를 가지고 각 복음서 기자들은 자신들의 주장을 다르게 전달하고 있다. 그 내용을 보면 다음과 같다.

첫째, 본 이적 기사에서 분명하게 복음서는 역사에 관심이 있는 것이 아니라, 신학적인 관심을 가지고 복음서를 편집하였다는 사실을 알 수

---

182) 김득중, 대한기독교서회 창립 100주년기념 성서주석 누가복음(서울:대한기독교서회), 295~297.

있다. 즉, 마태는 마가의 본문을 사용하였음에도 자신의 신학적 관심에 따라 순서를 바꿔서, 최초의 이적으로 본 기사를 기록하고 있는 것이다.

둘째, 모두 주님이 율법을 반대하지 않았다고 주장한다. 그러나 마가는 논쟁 설화에 앞서 예비적으로 주님이 율법을 지켰다는 이야기를 함으로 다음에 나오는 율법과 안식일에 대한 논쟁에서 나타날 수도 있는 독자들의 오해를 미리 불식시키고 있는 것이다. 마태도 자신의 특유의 유형을 따라 앞에서 언급한 율법과 주님의 말씀과의 비교가 율법을 폐기하는 것이 아니라, 율법의 완성, 더 나아가 율법보다 주님의 말씀이 더 권위 있음을 예화로 보여주고 있는 것이다.

셋째, 마태는 본질적인 것만 수록하여 주님의 능력을 부각시키는 반면, 마가는 선교적 관심을 추가한다. 그러나 누가는 이를 더 적극적으로 확대하고 있음을 보여 준다. 이 외에도 누가는 기도하는 주님의 모습을 첨가한다. 또한 각 본문들이 쓰일 당시에는 성전이 파괴되고 없었지만 성전이 건재하고 제사가 드려지고 있는 상황을 전제하고 있다. 이것은 적어도 마태와 누가의 관심은 성전 제사에 있는 것이 아니라, 최소한 주님이 율법을 반대하지 않았다는 사실을 주지시키려는 목적에 있다고 보아야 할 것이다. 이는 주님을 믿는 자들이 유대인들에게 박해받을 때, 주님이 율법을 지켰다는 사실을 보여 주려는 의도가 있었음을 알 수 있다.

2) 가버나움 백부장의 치유(마8:5~13, 눅7:1~10)

위 이적 이야기와 비슷한 이적이 요한복음 4장 46~53절에도 나오는데 마태나 누가와 본문이 많이 달라 평행 본문으로 보기 어렵다. 마태는 산상설교 후에 나오는 10가지 이적 시리즈 중 두 번째에 위치시키며, 누가는 산상 설교의 평행 본문인 평지 설교 후 첫 번째 이적으로 소개하고 있다.

〈표 6-5〉 공관복음서의 백부장 치유 대조표

마태 8장 5~13절	누가 7장 1~10절
5. 예수께서 가버나움에 들어가시니 한 백부장이 나아와 간구하여 6. 이르되 주여 내 하인이 중풍병으로 집에 누워 몹시 괴로워하나이다 7. 이르시되 내가 가서 고쳐 주리라 8. 백부장이 대답하여 이르되 주여 내 집에 들어오심을 나는 감당하지 못하겠사오니 다만 말씀으로만 하옵소서 그러면 내 하인이 낫겠사옵나이다 9. 나도 남의 수하에 있는 사람이요 내 아래에도 군사가 있으니 이더러 가라 하면 가고 저더러 오라 하면 오고 내 종더러 이것을 하라 하면 하나이다 10. 예수께서 들으시고 놀랍게 여겨 따르는 자들에게 이르시되 내가 진실로 너희에게 이르노니 이스라엘 중 아무에게서도 이만한 믿음을 보지 못하였노라 11. 또 너희에게 이르노니 동 서로부터 많은 사람이 이르러 아브라함과 이삭과 야곱과 함께 천국에 앉으려니와 12. 그 나라의 본 자손들은 바깥 어두운 데 쫓겨나 거기서 울며 이를 갈게 되리라 13. 예수께서 백부장에게 이르시되 가라 네 믿은 대로 될지어다 하시니 그 즉시 하인이 나으니라 13. 예수께서 백부장에게 이르시되 가라 네 믿은 대로 될지어다 하시니 그 즉시 하인이 나으니라	1. 예수께서 모든 말씀을 백성에게 들려주시기를 마치신 후에 가버나움으로 들어가시니라 2. 어떤 백부장의 사랑하는 종이 병들어 죽게 되었더니 3. 예수의 소문을 듣고 유대인의 장로 몇 사람을 예수께 보내어 오셔서 그 종을 구해 주시기를 청한지라 4. 이에 그들이 예수께 나아와 간절히 구하여 이르되 이 일을 하시는 것이 이 사람에게는 합당하니이다 5. 그가 우리 민족을 사랑하고 또한 우리를 위하여 회당을 지었나이다 하니 6. 예수께서 함께 가실새 이에 그 집이 멀지 아니하여 백부장이 벗들을 보내어 이르되 주여 수고하시지 마옵소서 내 집에 들어오심을 나는 감당하지 못하겠나이다 7. 그러므로 내가 주께 나아가기도 감당하지 못할 줄을 알았나이다 말씀만 하사 내 하인을 낫게 하소서 8. 나도 남의 수하에 든 사람이요 내 아래에도 병사가 있으니 이더러 가라 하면 가고 저더러 오라 하면 오고 내 종더러 이것을 하라 하면 하나이다 9. 예수께서 들으시고 그를 놀랍게 여겨 돌이키사 따르는 무리에게 이르시되 내가 너희에게 이르노니 이스라엘 중에서도 이만한 믿음은 만나보지 못하였노라 하시더라 10. 보내었던 사람들이 집으로 돌아가 보매 종이 이미 나아 있었더라

본 이적 이야기는 그 주제가 '믿음'이다. 그런데 왜 유대인의 믿음을 예로 들지 않고 이방인인 백부장의 믿음을 예로 들었을까? 그것은 마태나 누가가 이방인 선교와 유대인과 비유대인을 포용하는 교회 선교의 보편적 범위를 촉구했기 때문일 것이다.

마태와 누가의 본문의 차이점은 첫째, 누가에 비해 마태의 본문이 간결한 데 반해 누가는 훨씬 복잡하다. 이것은 원래의 자료를 마태가 축소시켰다고 볼 수도 있고, 누가가 확대시켰다고 볼 수도 있다. 즉, 원형이 없기 때문에 알 수 없다는 것이다.

둘째, 마태에서는 백부장이 직접 나와 간구하는 데 반하여, 누가에서는 직접 대면을 피하고 유대인의 장로들과 벗들을 주님께 보낸 것으로 되어 있다.

셋째, 마태는 백부장에 대한 설명이 없는 데 반해 누가는 우호적으로 자세히 설명한다는 것이다.

넷째, 마태에는 "또 너희에게 이르노니 동서로부터 많은 사람이 이르러 아브라함과 이삭과 야곱과 함께 천국에 앉으려니와 나라의 본 자손들은 바깥 어두운 데 쫓겨나 거기서 울며 이를 갊이 있으리라"(마8:11~12)는 말씀이 나오는데 반하여 누가에는 이 말씀이 13장 28~29절에 순서가 바뀌어 나온다는 것이다.

마태는 백부장의 하인의 병을 뇌혈관 질환이라고 소개하지만 누가처럼 백부장이 사랑하는 종이라는 수식어가 없다. 그리고 백부장이 어떤 사람이라는 것도 서술하지 않고 곧바로 백부장이 주님께 나아와 대화를 한 것이 중심이 되어 있다.

이 대화(마8:5~13)의 핵심은 '백부장의 믿음'이다. 마태는 누가에 비해 이 '믿음'이라는 주제를 부각시킨다. ① 백부장이 직접 나와 '간구하는' 행동(마8:5). ② 백부장의 믿음을 칭찬하는 말씀(마8:10). ③ "네 믿은 대로 될 지어다"(마8:13)라고 하신 말씀 가운데 계속해서 백부장의 믿음이 강조되고 있다. 이에 비해 누가는 백부장의 믿음을 칭찬하는 것만 언급하고 있다. 이렇게 볼 때 마태는 누가보다 백부장의 믿음을 더 부각시키고 있음을 알 수 있다. 그리고 마태복음 5장13절에 의하면 마태에게 있어서는 이적 자체가 중요한 것이 아니라, 믿음과 성취 사이의 일치가 중요하다(마9:29;15:28). 또한 누가에 없는 삽입절은 이러한 믿음의 맥락에서 해석될 수 있으며, 믿음에 관한 주님의 말씀을 이해하는 데 도움을 준다. 즉, 백부장 같은 이방인이라도 믿음이 있는 자는 "아브라함과 이삭과 야곱과 함께 천국에 앉을 수 있게 해준다."라는 약속과 함께 이스라엘을 향해서는 그들의 특권(나라의 아들들)이 있음에도 불구하고 믿음이 없을 경우에는 심판을 받을 것이라는 경고를 제시하고 있는 것이다. 따라서 마태는 누가와는 달리 믿음을 치유 받는 믿음에서 구원을 받는 믿음으로까지 확대하고 있는 것이다.

이 이야기는 누가복음에서 간혹 '단편들의 삽입'이라 불러지는 부분(눅7:1;8:3)으로 시작한다. 그렇게 불리는 이유는 이 부분이 여기서 마가의 골격 속으로 끼어드는 자료를 구성하고 있기 때문이다. 이 내용 중 약간은 마태복음에도 있으나 마가복음에는 없다.

누가는 마가의 구조 속으로 되돌아가고 있다. 누가는 이 부분을 문학적인 전환과 지리적인 이동으로 시작한다. 마태복음과 요한복음도 이 치유의 장소에 일치한다. 마태복음과 누가복음은 이 이야기를 60개 이상의 동일한 단어로 전한다.

그러나 세 복음서는 자체의 신학과 목적에 따라 이 사건의 윤곽을 그리고 있다. 이 백부장은 이방인으로 갈릴리 분봉왕인 헤롯 안디바(Herod Antipas)이거나 가이사랴의 본부를 둔 유대의 행정관 본디오 빌라도의 부하였을 것이다. 그는 유대인의 땅에 살면서 신앙을 가졌던 이방인이었음을 보여준다. 누가는 여기서 주님의 생활과 교회의 생활 중에 있었던 유사한 사건들을 연결 짓고 있음이 분명하다. 누가복음 7장 1절에서 10절과 사도행전 10장은 눈에 띄게 유사하다. 사도행전의 기록은 이렇게 시작된다. "가이사랴에 고넬료라 하는 사람이 있으니, 이달리야 부대라 하는 군대의 백부장이라 그가 경건하여 온 집안과 더불어 하나님을 경외하며 백성을 많이 구제하고 하나님께 항상 기도하더니"(행 10:1~2) 이 유사한 기록들의 중요함은 사도행전에서 보이게 될 이방인을 향한 선교의 예시가 되고 있으며 그 선교에 대한 주님의 사역 중에 있었던 권위 있는 사례를 제공한다는 점이다.

이 백부장은 칭찬할 만할 자질을 가진 사람이다. 그에게는 그의 종이 심하게 병들어 있는 것이 관심사였으며 주님께서 그를 치유하실 수 있음을 확고하게 믿었다. 유대인 동네의 지도자들에 의하면 이 백부장은 유대인을 사랑했고 그들을 위하여 회당을 지었었다(눅7:3~5). 이방인들로 여겨지는 그의 친구들에 의하면 백부장은 주님께서 자기집에 오시는 것을 황송해 했다. 이에 더하여 그는 주님의 말씀에 권세가 있음을 믿었다. 결국 그는 군대의 장교로서 명령의 권세를 알고 있었다. 주님께서는 이스라엘 안에서 그 사람의 믿음에 견줄만한 믿음이 없다고 그를 칭찬하셨고 그의 종은 치유를 얻었다.

이 백부장 자신은 주님을 만나보지 못했다. 이러한 사실은 이 이야기에 있어서 최소한 두 가지 면에서 중요하다.

첫째, 이 백부장이 주님을 보지 않았으나 주님의 말씀에는 권세가 있었음을 믿는 모든 신앙인들을 염두 해두고 있다는 점이다. 다른 시대 다른 장소에서 예수그리스도를 믿는 우리로서는 매우 중요하게 생각해야 할 문제이다. 주님의 말씀은 어느 때, 어느 장소에서나 믿음에 효력을 주고 믿음과 함께하는데 이 말씀이 교회를 탄생시키고 지탱한다.

둘째, 누가의 목적에 더욱 직접적인 것인데 백부장이 주님께 접촉할 수 있었던 것은 두 부류의 중재자들 즉, 몇 사람의 유대인들과 이방들을 통해서였다는 것은 사실이다. 이 장교 자신은 새내기 개종자로 유대교의 신앙을 받아들이기는 했으나, 이방인이 유대인이 되는 의식에는 아직 나가지 않은 사람이었던 것 같다. 이 두 부류의 사람들은 유대인과 이방인의 세계를 이어주는 다리와 같은 그의 믿음의 상태를 극적으로 보여주고 있다.[183]

3) 시각장애인으로 태어난 청년의 치유 (요9:1~41)

요한복음에 나오는 치유 이적은 이제까지 살펴본 공관복음서와는 사뭇 다르다. 공관복음서에서의 이적은 주님의 신적 능력을 증거함으로써 그가 하나님의 아들임을 입증하고, 나아가 저자들의 신학적 목적과 독자들의 삶의 자리에 맞게 교훈적인 의미를 주는 것인 데 반하여, 요한복음은 이적 그 자체에 의미가 있는 것이 아니라, 상징적인 의미를 전달하기 위한 수단으로서, 그리고 주님의 설교를 소개하기 위한 도입 예화로 이적을 소개하고 있다.

요한복음 9장에서도 시각장애인이 눈을 뜨는 이적 자체는 사실 아주 간단히 서론적으로 소개될 뿐, 실제로 본문의 대부분이 바리새인과 시각장애인, 시각장애인의 부모, 그리고 시각장애인과 주님, 주님과 바리새인들 간의 대화로 이루어져 있다. 그래서 요한복음에는 '이적'이란 용어가 전혀 사용되지 않고 그 대신 '표적'이란 말을 쓰고 있는 것이다.

요한복음 9장의 이 이적 이야기는 8장과 10장의 신학적 주제와 매우 밀접한 관계를 맺고 있는 것처럼 보인다. 요한은 8장 12절에서 주님을 '세상의 빛'으로 강조한 후에 9장에 들어와서 주님이 시각장애자의 눈을 뜨게 함으로 세상의 빛을 보게 해준 이야기를 소개한다. 그렇게 함

---

183) Fred B. Craddock, 현대성서주석 누가복음, 126~127.

으로써 8장의 신학적 주제를 9장에서 계속 이어나가는 것이다.

또한 요한복음 9장에서 눈뜬 자가 주님을 '하나님으로부터 오신 분'(요9:33)으로 고백함으로써 10장에서 주님이 하나님과 한 분임(요10:30)을 선포하기 위한 준비 작업을 하는 셈이다. 요한에게 있어서 주님을 '하나님', 혹은 '하나님의 아들'로 고백할 수 있는 사람은 분명히 영적으로 눈을 뜬 사람이 것이기 때문이다. 이런 의미에서 이 이적 이야기는 마가복음에서 주님이 벳새다의 맹인의 눈을 고쳐 준 후(막8:22~26)에 주님에 대한 베드로의 신앙고백이 나오는 것(막8:29)과 상당히 유사하다.

첫째, 본문에서 요한은 육체적 시각장애인을 고친 것은 영적인 시각장애자를 고치는 것이라는 상징으로 사용하고 있다.

요한은 눈뜬 자가 주님을 부르는 호칭에 변화를 줌으로써 영적 시각장애인이 점차 영적으로 눈을 떠가는 것을 보여주고 있다. 본문에서 눈뜬 자가 주님을 지칭할 때, 처음에는 '예수라 하는 그 사람이'(요9:11)라고 부르다가 점차 '선지자'(요9:17), '하나님으로부터 오신 분'(요9:33), '주님'(요9:38)이라고 고백한다. 이것은 영적으로 눈을 뜨게 되면서 주님이 누구인지를 알게 된다는 것을 말해 주고 있다.

하지만 바리새인들을 향해 주님이 "내가 심판하러 이 세상에 왔으니 보지 못하는 자들은 보게 하고 보는 자들은 맹인이 되게 하려 함이니라"(요9:39)고 말함으로써 바리새인들은 주님을 보고도 알아보지 못하는 영적 소경임을 분명히 하고 있다. 즉, 주님을 받아들이는 것이 곧 세상의 빛을 받아들이는 것이며, 반면에 주님을 거부하는 것은 빛을 거부하는 것이므로 소경과 같다는 것이다.

둘째, 본문에서 요한의 관심 중 하나는 구원론적 관심이다.

요한은 주님을 빛으로 소개한다. 주님은 자신을 생명이며, 세상의 빛(요9:5)으로 선언한다. 생명과 빛은 구약성서의 창조기사에서 본질적인 요소들이다. 또한 생명과 빛은 모두 묵시 문학적으로 함축된 의미를 가지고 있다.

요한에게 있어서 빛과 생명이란 말은 매우 특징적인 말이다. 또한 헬레니즘의 종교 철학에서도 요한과 마찬가지로 특징적인 말이다. 많은 대중 종교들도 빛과 어둠의 싸움에 대해서 말하는 신화에 어느 정도 기초하고 있다. 따라서 빛은 우주론과 구원론의 불가피한 요소이다. 요한이 주님을 "세상의 빛"이라고 말한 배경에는 요한이 초대 그리스도교 전승에 서 있음을 보여준다(행13:47, 빌2:15, 골1:12~13, 엡5:8, 벧전2:9). 그럼에도 불구하고 요한은 이 말을 정형화하는데 있어서 그리스 종교와 지혜와 율법에 대한 유대 사상에 영향을 입었을 가능성이 크다. 그러나 요한에게 '세상의 빛'은 우주론적 차원을 가리킨다고 하기보다 본질적으로 구원론적 기능이 무엇인지를 서술하는 것이다. 주님이 바로 빛이기 때문이다. 주님을 믿는 자는 구원을 받지만 주님을 믿지 않는 자는 이미 심판을 받은 것이다(요3:16~18). 왜냐하면 빛이 세상에 왔으나 사람들이 악하므로 빛을 미워하며, 어둠을 사랑했기 때문이다(요3:19~21).

본문에서도 주님을 만난 시각장애인이 눈을 뜨고 주님을 '주님'으로 고백하며 구원에 이르지만, 주님을 미워하는 바리새인들은 시각장애인이 되어 심판을 받게 된다. 요한복음 9장 41절에 "죄가 그저 있느니라"는 말씀은 "아들을 믿는 자에게는 영생이 있고 아들에게 순종하지 아니하는 자는 영생을 보지 못하고 도리어 하나님의 진노가 그 위에 머물러 있느니라"(요3:36)에 해당된다.

그러므로 본문에서 말하고자 하는 구원론적 관심은 세상의 빛으로 오신 주님께 순종한 시각장애인은 고침을 받고 구원받았지만, 순종하지 않은 바리새인들은 도리어 시각장애인이 되어 하나님의 진노 아래 놓이게 된다는 것이다. 따라서 요한은 이 본문을 읽는 독자들에게 생명의 빛,

구원의 빛으로 순종하고 나올 것을 시각장애인과 바리새인의 비교를 통하여 촉구하는 것이다.

셋째, 요한은 요한복음 편집 당시, 요한 공동체와 초대교회 공동체가 직면한 문제(유대교와의 갈등)에 대한 해답을 제공하려는 것이다. 특히 요한복음 9장 28~33절 논쟁은 1세기 말 경 서로 대립되었던 바리새인으로 대표되는 모세의 제자들과 시각장애인으로 대표되는 주님의 제자들간의 격렬한 논쟁의 모습을 대변한다고 할 수 있다. 바리새인과 시각장애인은 각각 '우리'(요9:28~29;31)라는 표현하므로 1세기 말 당시의 회당의 유대인들과 그리스도인들을 대변하고 있다. 또한 본문에서 시각장애인의 부모가 주님께 누구인지를 말하기를 두려워하는 것(요9:21~31)은 그 당시 상황에서 주님을 믿으면서도 공식적으로 주님을 메시아로 고백하기를 두려워하는 많은 유대인들(숨어 있는 기독교인)을 상징하는 것이다. 그리고 주님을 '하나님으로부터 오신 분'으로 고백하는 시각장애인은 회당으로부터 쫓겨나는데(요9:22, 34) 이는 85년경의 실제 상황을 반영한 것이다.

요한은 본문을 통하여 유대교 회당으로부터 쫓겨나는 것을 두려워하지 말고 오히려 쫓겨나서 그리스도인으로서의 정체성을 확립하라고 촉구하고 있다. 왜냐하면 쫓겨난 자를 주님이 찾아가 만나 주시기 때문이다. 그런 사람만이 진정으로 "주님, 제가 믿습니다."라고 온전한 신앙고백에 이를 수 있기 때문이다. 따라서 요한은 심판 아래 있는 소경 된 자들에게 굴복하지 말고 유대교 회당으로부터 축출당하는 한이 있더라도 "주님을 정정당당히 고백하라. 그러면 주님이 만나주시고 참 제자가 된다"라는 위로와 용기의 말을 전하고 있는 것이다.

4. 육의 치유

육의 질병은 각 기관의 병이나 기능적인 병 모두를 말하는 것으로, 따라서 육의 치유라는 것은 육의 상태를 변화하고 회복하여 육이 정상적으로 작동하도록 하는 것이다. 모든 종류의 치유 가운데서 육의 치유가 가장 어렵게 느껴지고 영의 치유가 오히려 쉽다고 생각한다. 우리가 종종 기적이라고 부르는 것은 육의 치유 영역을 일컫는다(요9장). 의학계에서 투약이나 수술, 면역 요법, 방사선 등의 치료 방법을 동원하여 질병 치유에 기여하고 있다. 또한 정신 요법을 동원하기도 한다. 만약 질병의 일차적인 원인이 외상, 세균 감염 등 순수하게 물리적인 것이면, 현대 의학의 방법으로도 좋은 효과를 기대할 수 있다. 그러나 같은 외상이나 세균 감염이라고 할지라도, 그 배후에 영적인 문제가 놓여 있을 때에는 영적인 문제를 다루어주어야 한다.

통전적 치유에서 육의 질병을 치료하는 원칙은 아래에 기록된 성경의 예들에서 결론 부분에 언급되어 있다. 강조할 점은 균형을 지키는 것이다. 지나치게 신앙만을 강조하다가는 의학이나 상식적인 문제를 놓쳐버리는 잘못을 범할 수 있고, 반면에 지나치게 의학적인 치료나 자연적인 치료만을 강조하다보면 신앙적인 것을 무시하는 잘못을 범할 수 있다는 점이다. 의약이나 다른 세속적 방법들이 육의 치유에 믿음의 기도와 병행하여 사용될 수 있다. 지속적으로 육체의 건강을 주는 자연적인 수단들-식이요법, 운동, 절도있는 생활 등 도 또한 병행하여 적용하여야 한다.

치유 사역자가 통전적 치유를 함에 있어서는 영 중심적 생각이 필수적이다. 왜냐하면 사람은 근본적으로 영적 존재이기 때문이다. 전인 치유적 관점에서 보면 많은 육체적 질환이 영의 문제나 귀신 들림에 의하여 야기되고 있다. 일반적으로 의학계에서 연구된 생리적 기전이 있으므로 이 항에 대한 언급은 생략하기로 하겠다. 다만 많은 생리 기전의 이면에는 영과 혼과 육의 상호 관계를 염두에 두어야 함을 강조하고 싶다.

프랜시스 헌터(Frances Hunter)는 치유 사역자의 필수 기억사항을 다음과 같이 요약하였다.[184]

① 당신이 사역하는 사람에게 무엇이 문제인가 물어보라. 그의 담당 의사가 내린 진단이 무엇인지 물어보라.
② 치유 사역을 하기 위해 질병에 대한 세부적 의학 지식까지 다 알아야 할 필요는 없다. 그러나 무엇이 문제인지 알고서, 문제의 증상이 아닌 문제 자체를 다루는 것이 중요하다. 무엇보다 실제적으로 사역해야 한다. 다시 말해서, 상대방의 말을 주의 깊게 듣고 그의 문제에 대해 창조 사역을 할 수 있어야 한다.
③ 상대방에게 그의 질병이 무엇이냐고 물었을 때, 그가 병명을 말한 후에는 그 증상이 아무리 심각하게 들릴지라도 "쉽네요"라고 말하라. 가장 치명적인 질병이라도 하나님께서 간섭하시면 '쉬운' 것이 됨을 기억하라. 우리는 이러한 대답이 치유를 받는 사람에게 희망을 줄 뿐만 아니라, 자신이 "쉽다"라고 말하는 소리를 들음으로써 말한 사람의 믿음도 증가한다는 것을 발견했다.
④ 일단 당신이 치유 사역을 베푼 후에는 상대방이 그의 믿음을 행동으로 옮기게 하라. 만일 그의 허리가 아팠다면, 허리를 구부리게 하라. 팔꿈

---

184) Charles and Frances Hunter, 치유 핸드북(Handbook for Healing), 전용복, 김호배 공역(서울:서로사랑, 2010), 179~187.

치에 문제가 있었다면, 팔꿈치를 구부리게 하라. 어깨나 무릎 관절염이 문제라면, 팔을 흔들거나 다리와 무릎 부분을 움직여 보게 하라.

⑤ 치유 받은 사람으로 하여금 반드시 "예수님, 감사합니다!"를 고백하게 하라. 하나님께 드리는 감사는 불완전한 치유를 완전하게 할 수 있다.

⑥ 사역 후에는 고침 받은 사람들이 있는지 찾아보라. 고침 받지 못한 사람들을 찾는다면 당신의 믿음은 흔들리게 될 것이다. 그러므로 오직 병 고침을 받은 사람들만 찾고, 그 비율이 증가하는 것을 주시하라.

⑦ 사람들은 종종 "아직도 아파요"라고 말할 것이다. 또한 고통이 어느 정도나 사라졌느냐고 물으면 그들은 "95%요. 그러나 아직도 아픈 것이 좀 남아 있어요"라고 말할 것이다. 그렇다면 치유된 95%에 대해 하나님께 감사하도록 그들을 격려하라. 왜냐하면 그들이 감사를 드릴 때 남아 있던 5%도 사라지는 경우가 많다. 그러나 부정적인 측면을 강조하면 95%가 90%로 떨어지고, 치유의 강도가 계속 내려간다는 사실을 발견했다. 예수님께 감사하는 것은 치유를 완전하게 하는 가장 좋은 방법 중 하나이다. 같은 이유로 부정적 태도를 가지면 5%의 통증이 10%로, 그 다음엔 15%로, 그 후에는 50%까지 증가하고, 마침내는 이전의 모든 고통이 100% 다시 찾아와 치유를 완전히 잃어버리게 되는 수도 있다.

⑧ 남아 있는 통증에 집중하지 말고, 사라진 통증에 집중하라. 병이 아닌 치유에 집중하라.

⑨ 당신은 의사가 아니다. 그러므로 의료 행위를 시도하지 말라. 또한 특정 약에 대한 처방을 내리거나 현재 복용하고 있는 약을 끊으라는 식의 조언을 해서는 안 된다.

⑩ 당신이 진단하지 말라. 환자가 직접 당신에게 그들의 문제가 무엇이며 어떤 증상이 있는지 대답하게 하라.

⑪ 악한 영을 쫓아낼 때마다 '예수님의 이름과 하나님의 성령의 권능으로' 행하라.

⑫ 치유가 이뤄지기 위해서는 두 가지가 필요하다는 것을 기억하라. 바로 예수님의 이름(몇 번이고 거듭해서 말하라. 아무리 자주 말한다 해도 결코 지나치지 않다)과 하나님의 성령의 권능이다.

⑬ 한 가지 방법으로 효과가 없다면, 하나님께 어떻게 해야 할지를 물어라. 계속적으로 다른 방법들도 시도하며, 끈기 있게 행동하라.

⑭ 환자에게 당신이 아는 최상의 방법으로 사역한 이후에도 여전히 눈에 보이는 결과가 없다면, 하나님의 치유 권능이 그의 안에 임하셨기 때문에 치유가 시작되었다는 것을 그가 믿도록 격려하라. 놀라울 정도로 많은 사람들이 그 후에 치유되었다.

⑮ 주님을 위해서 절대 미온적인 태도로 사역하지 말라.

⑯ 의심이 생길 때는 그것을 쫓아내라

⑰ 다른 영역에서 한 가지 이상의 증세에 대해 치유를 행하고 난 후에는, 팔과 다리의 치유를 위한 사역을 한 번 더 거듭하는 것이 도움이 된다.

⑱ 치유를 위해 환자에게 안수할 때, 환자가 성령의 권능 아래 넘어질 경우를 대비해서 반드시 환자 뒤에 그를 붙잡기 위한 누군가를 세워야 한다. 만일 붙잡을 만한 사람이 없다면 당신이 환자의 어깨를 붙들고 기도하라. 환자가 성령의 권능 아래 넘어지지 않아도 염려하지 말라. 넘어지는 사람도 있고 그렇지 않은 사람도 있다. 그러나 양쪽 모두 치유 받는다.

⑲ 당신은 의사도, 척추교정지압사도, 접골사도 아니라는 것을 기억하라. 당신은 뼈의 위치를 바로잡는 것이 아니라, 다만 하나님의 초자연적 권능을 적용하고 있는 것이다.

⑳ 담대하게 행하라. 두려움 때문에 멈추어선 안 된다. 권위를 가지고 말

하라. 이는 크게 말하라는 것이 아니라, 진심으로 말하라는 뜻이다.

사역할 때 당신에게서 권능의 영향력이 발산된다. 따라서 상대방에게 가까이 갈수록 그는 더욱 큰 권능을 느끼고 받게 될 것이다. 그러나 상대방에게 불쾌감을 줄 정도가 아닌 적정 거리를 유지하는 수준으로 다가가라. 치유를 행할 때 한 번에 한 문제씩 집중하라. 한 문장 안에 모든 신체 질환을 포함시켜 치유를 베풀지 말라. 한 번에 한 가지씩 하라. 다음 순서를 진행하기 전에, 첫 번째 상태가 어떻게 진행되고 있는지를 점검하라. 가능하면 환자가 치료되었음을 쉽게 알아차릴 수 있는 것부터 시작하라. 예를 들어, 환자가 쉽게 구별할 수 있는 통증이나 불쾌감 같은 것 등이 이에 해당된다. '팔이나 다리 길이를 맞추는 것', '골반'이나 '목'의 통증 치유는 언제나 좋은 출발점이 된다.

환자를 치유하는 데에는 끈기와 실습이 요구된다. 당신이 처음 치유를 베푼 사람들이 모두 다 치유되지 않을 수도 있다. 그러나 예수님께서는 우리도 예수님과 같은 일을 행할 것이며, 그보다 더 큰 일도 할 것이라고 약속하셨다. 예수님은 치유하기 위해 그분에게 나온 모든 사람들을 고치셨다. 따라서 우리도 치유를 받기 위해 성령 충만한 그리스도의 몸으로 나오는 모든 사람이 치유 받게 될 것이라고 믿는다. 그 비결은 예수님께서 주신 마가복음 16장 15~18절의 대위임 명령에 순종하는 것을 결코 멈추지 않는 데에 있다.

우리는 없는 것을 있는 것 같이 불러서 창조할 수 있다(롬4:17). 하나님에게는 예비 기관들을 저장하는 거대한 창고가 있다. 새 타이어가 재생 타이어보다 낫다. 고속도로를 달리다 펑크 난 재생 타이어가 도로 사방에 조각조각 흩어져 잇는 것을 본 적이 있는가? 헌 것을 재생해서 쓰려 하지 말고 새 것을 구해야한다.

의심과 불신 때문에 사람들이 치유를 잃어버리게 해서는 안 된다.

그들이 치유된 것을 진정으로 알게 될 때까지 그들과 함께 하도록 해야 한다. 마귀가 그들의 치료를 도적질하기 위해 다가옴으로 마귀를 막아야 한다.

하나님께서 부르시기를 기다리면서 뒤로 물러나 앉아 있지 말아야 한다. 마가복음 16장 15~18절 말씀에 의하면, 하나님께서는 이미 당신을 부르셨으며 당신이 무엇을 해야 할지 말씀하셨다. 하나님께서는 새 일을 행하신다. 지금 이 시간 우리에게 주시는 하나님의 메시지는 믿는 자들인 우리가 모두 나가서 병든 자들에게 안수하라는 것이다. 하나님께서는 당신께서 하실 일을 하실 것이고, 사람들은 회복될 것이다.

예수님께서 이 땅에서 치유를 베푸실 때, 그분은 사람들의 감정을 고조시킨다거나 길고 복잡한 기도를 하지 않으셨다. 그분은 단순히 환자에게 치유를 명하셨다. 만일 당신이 성령 세례를 받았다면 예수님을 죽은 자 가운데서 다시 살리신 그 동일한 권능이 당신에게서도 흘러나올 것이다. 당신이 안수할 때, 상대방의 몸에 닿는 것은 하나님의 권능이며, 바로 그 권능이 치유를 행할 것이다. 당신이 예수님의 이름으로 누군가에게 안수할 때, 하나님의 치유의 권능이 당신 안에 있는 하나님의 성령으로부터 당신이 사역하는 사람에게로 흘러가는 것이다.

우리는 성령 충만하고, 성령님은 기름부음 받았기 때문에, 성령님의 기름 부으시는 권능이 언제나 우리 안에 있다. 그러므로 기름부음은 주기적으로 왔다가 사라지는 것이 아니라는 점을 명심해야 한다. 때때로 '만일 환자가 의심과 불신을 가지고 있다면 과연 그 사람을 고칠 수 있는가?'라는 의문이 제기된다. 성령을 믿는 자에게 표적이 따른다고 했다. 또한 우리는 사람들을 믿게 하려고 예수님께서 병자를 고치셨다는 사실을 안다. 불신이 치유를 중단시킬 수 있다는 것은 맞는 말이다. 그러나 종종 누군가가 병 고침을 받을 때, 그것을 목격한 사람들이 가장 먼저 회개하고 예수님을 구주로 영접하는 경우도 많다.

지혜와 상식, 올바른 분별력과 판단력을 사용하라. 다시 말해서 '지각없는' 사람이 되지 말라. 부인이나 남편이 아닌 이성과 함께 장기간 사역하지 않도록 주의하라. 특별히 당신이 지역 사회에 치유 사역을 하기 위해 나갈 때, 가능한 동역자를 찾아야 한다. 낙담해서는 안 된다. 마귀는 그것을 틈타고 들어와 당신의 믿음을 떨어뜨리려 한다. 어쩌면 당신이 처음으로 발걸음을 내디뎠을 때, 어려운 질병을 대하게 될지도 모른다. 그러나 그것 때문에 낙심하지 않도록 한다. 오직 이 한 가지만 기억하라. 당신이 자신에 대해 죽는다면, 사람들이 당신에 대해 뭐라고 얘기하든 당신은 신경 쓰지 않을 것이다. 성령께서 당신을 인도하시고 당시에게 말씀하시도록 구하면서, 최선을 다해야 한다.

종기나 노출된 상처 혹은 피나 고름 등의 유출이 있는 사람을 치유할 때는, 당신의 손을 환부에 직접 대지 않도록 해야 한다. 대신 환자가 자신의 손을 그 부위나 근처에 올려놓게 한다. 물론 하나님의 권능은 질병의 전염을 막을 수 있다. 그러나 우리는 세상 안에 살고 있으며 하나님의 자연법칙에 지배를 받는다. 사역 후에는 손을 깨끗이 씻도록 한다. 이것은 상식적인 위생관리이다.

누구에게 치유를 베풀든지, 그가 구원 받았는지 알아보도록 한다. 구원 받지 않았다면, 구원 받도록 사역해야 한다.

치유 사역은 성경적이고 온전한 주님의 대속 사역임에도 불구하고, 주님 당시나 과거 교회사 시대, 오늘날에도 항상 이를 거부하거나 부인하는 세력들이 막강한 힘을 가지고 대항해 오고 있다. 치유 사역은 신비한 하나님의 사역이기 때문에 누구든지 성령님을 의지하고 힘입음으로서 그 일에 임할 수가 있다.

그럼에도 불구하고 우리가 치유 사역을 할 때 치유가 일어나지 않는 경우는 다음과 같다.
① 성령의 기름부으심, 충만함이 없기 때문이다(행10:38).
② 자신의 죄를 구체적으로 회개하지 않았기 때문이다(시66:18).
③ 질병에서 낫는다는 믿음의 확신이 없기 때문이다(마17:20)
④ 영적인 진리를 충분히 배우지 못한 것 즉 치유하는 능력에 대한 무지 때문이다.
⑤ 잘못된 가르침 때문이다. 일부 정통주의자들은 치유 사역은 초대교회에서만 이루어졌고 지금은 일어나지 않는다고 잘못 가르쳤다.
⑥ 모든 치유는 즉각적으로 일어나야 한다는 편견 때문이다.
⑦ 질병은 우리의 믿음을 성숙시키고 거룩하게 만든다는 잘못된 인식 때문이다.
⑧ 치유가 하나님의 뜻이 아닐 수 있다는 생각을 하기 때문이다(막1:41).
⑨ 다른 사람을 용서하지 않았기 때문이다(마6:14~15).
⑩ 하나님께 불순종한 영역이 있기 때문이다.
⑪ 불순한 동기로 치유를 구했기 때문이다(약4:3).
⑫ 질병의 증상에만 관심을 집중시키고 주님을 바라보지 않았기 때문이다.
⑬ 낮은 자존감, 열등감, 우울감 등으로 하나님은 자신을 치유하시지 않을 것이라고 생각하기 때문이다.
⑭ 인내심이 부족하기 때문이다(눅18:1~8). 우리는 하나님의 때가 이루어질 때까지 기다려야 한다.
⑮ 육체를 무리하게 사용(일중독)했기 때문이다.
⑯ 잘못된 습관(무계획성, 과식, 짜고 매운 음식, 지방섭취 등) 때문이다.
⑰ 중독(담배, 알콜, 마약, 도박 등)되어 있기 때문이다.
⑱ 무속인이나 무속적 물건(부적, 무속도구 등)과 접했기 때문이다.
⑲ 조상으로부터 혹은 외부로부터 들어온 귀신의 역사 때문이다.
⑳ 의학적 치료를 하나님의 치유방편으로 인정하지 않기 때문이다. 의술

이나 약도 하나님의 지혜로 만든 것이고 하나님이 도구로 사용하신다.
㉑ 하나님과 인간과의 관계가 회복되어 있지 않기 때문이다.
㉒ 하나님의 뜻으로 택한 사람에게 질병을 허용하기 때문이다(사도바울, 욥).[185]

---

185) F. F. Bosworth, 치유자 그리스도(Christ the Healer), 오태용 역(서울:베다니출판사, 2022), 251~291.
한덕수, 치유가 일어나는 26가지 이유(서울:쿰란출판사, 2003), 32~52.
See Paul Tournier, 폴 트루니에의 치유(A Doctor's casebook in the Light of the Bible), 정동섭, 정지훈 역(서울:CUP, 2007)
김남수, 하나님의 사랑과 치유 사역(서울:서로사랑, 2006)
John G. Lake, 쟌 G. 레이크의 치유(Healing), 이자영 역(서울:순전한 나드, 2011)

V. 치유시 나타나는 현상들

성령의 기름부으심, 성령의 은사, 성령의 임재가 임할 때 일어나는 특이한 현상들이 있다. 하나님의 능력과 진리에 대한 반응으로 사람들 가운데 나타나는 현시들 또는 현상들은 그 형태가 매우 다양하다. 뒹굴기, 몸의 진동, 흐느끼기, 큰소리로 웃기, 소리 지르기 등 기이한 감정적 육체적 현상들이 매우 다양한 형태로 나타나고 있다. 이들 현상 가운데 어떤 것들은 자신이 행한 또한 자신에게 가해진 어떤 죄악에 대한 혐오감이나 두려움을 드러내 보여준다. 그리고 어떤 현상들은 귀신 들림과 관련이 있다.

그러한 현상들은 그 사람 안에서 성령과 악령들 사이에 능력 대결이 벌어지고 있음을 극적으로 드러내 보여준다. 그러한 현상들을 통해 많은 사람들이 전혀 새로운 방식으로 하나님의 은총과 기쁨을 체험하게 되며 그들의 감정 분출을 하나님과의 새로운 관계 속에서 느끼는 놀라운 기쁨과 평화를 반영하는 경우가 많다.[186]

1. 몸의 떨림과 진동의 현상

치유의 은사가 임할 때, 보통 양손이 떨린다거나 몸 전체가 떨리는 경우가 많이 있다. 그러나 공포나 불쾌감과는 다른 현상이다. 몸의 진동이나 떨림에 관한 성경적인 사례들은 무수히 많다. 몸의 떨림에는 하나님에 대한 두려움이 수반되는 경우가 많다(창42:28, 출19:19, 시2:11, 119~120). 예언자들은 하나님의 임재를 체험할 때 몸이 떨리는 현상을 체험하는 경우가 많았다(사66:5, 렘5:22, 단10:10~11). 신약에서도 몸의 떨림은 거의 일반적인 현상으로 기록되어 있다(마28:4, 막5:33, 눅8:37, 행7:32;16:29, 고전2:3, 고후7:15, 빌2:12, 히12:21).[187] 악한 영이나 정신적인 질환 그리고 파킨슨병(parkinson's disease)이 아니라면 우리는 성령님의 임재로 보아야 한다.[188]

2. 쓰러 넘어짐 현상

맥너트는 예배를 드릴 때나 기도를 드릴 때 또 찬양을 드릴 때 쓰러 넘어지는 현상을 '성령 안에서 의식'이나 '성령 안에서 죽음'(slain in the

---

186) John Wimber, Kevin Springer, 351.
187) Ibid., 356~357.
188) 파킨슨병은 뇌의 흑질(Substantia Nigra)에 분포하는 도파민의 신경세포가 점차 소실되어 발생하며 안정떨림, 경직, 운동완만(운동느림) 및 자세 불안정성이 특징적으로 나타나는 신경계의 만성 진행성 퇴행성 질환이다. 파킨슨병 환자는 60세 이상에서 인구의 약 1% 정도로 추정된다.

spirit)이라는 말로 표현하였다.[189] 한국에서는 '입신'이라고 종종 불린다. 이런 경험을 갖는 사람들의 이야기를 들으면, 그들이 쓰러질 때에 깊은 평화를 맛보고 하나님의 임재를 경험했다고 일반적으로 말한다. 역사적으로 존 웨슬리가 설교할 때에 사람들이 기절하는 것 같은 현상을 보이는 예가 종종 있었다.

웨슬리의 제자인 죠지 휫트필드(Geogre Whitefield, 1714~1770)가 복음을 전할 때에도 이런 현상이 일어났다. 이런 현상은 성령의 능력에 의한 것으로 받아 드릴 수 있는 것은, 결과적으로 나타나는 열매가 선하다는 것과 마음의 깊은 평안을 동반한다는 것이다.[190]

1850년대 남북전쟁이 일어나기 전에 유명했던 설교가 찰스 피니(Charles Finney, 1792~1875)가 이끄는 집회에서도 약 400명이 의자에서 마루로 쓰러지는 현상이 있었다.[191] 근대에는 케더린 쿨만, 케네스 해긴, 찰스 헌터부부, 등 많은 복음전도자 및 치유 사역의 집회에서 이 현상들을 목격하게 된다. 성경에서는 성령의 능력 아래서 넘어지는 예들이 있다. 요한복음 15장 6절에서 유다가 예수님을 배반하고 군인들을 데리고 왔을 때, 예수께서 '너희가 누구를 찾느냐?'라고 하신 질문에 저들이 뒤로 물러가 땅에 엎드러졌다고 기록되었다. 그리고 마태복음 28장 4절에는 예수님 무덤을 지키고 있던 군인들이 큰 지진이 나며, 천사들이 하늘로부터 내려오는 것을 보고 죽은 자 같이 되었다(엎드러졌다는 의미)고 기록되어 있다.

---

189) Francis MacNutt, 치유의 능력(The Power to Heal), 조원길 역(서울:전망사, 1979), 221.
190) Ibid., 234.
191) Kenneth E. Hagin, Why People Fall under the Power(Tulsa:kenneth Hagin Ministries, 2022), 23~31

마태복음 17장 6절에 변화산상에서 제자들이 하나님 음성을 들었을 때 엎드리어(fell on their face) 심히 두려워하였다. 또 사도행전 9장 4절과 22장 7절에는 다메섹 도상에서 사울과 그와 같이 하던 자들이 엎드러진 광경을 나타내고 있다.[192]

이런 경험을 한 사람은 단지 안식과 평강뿐만 아니라, 주님 당신을 경험하게 된다. 많은 군중들이 있고 특별히 말씀을 전하고 바라는 만큼 기도할 시간이 없을 때 병고침을 쉽게 하기도 한다. 특히 악령이 역사할 때에 이를 치료하는 데 필요하기도 한다. 그러나 이러한 현상은 사람들이 예수를 추구하는 대신 눈에 띄는 결과를 더 추구할 위험이 있고 성령의 역사가 아닐 수도 있다. 치유자 입장에서 기도 받은 자가 쓰러지지 않을 때 자존심 때문에 일종의 내적인 심리적인 힘을 사용하고자 하는 유혹을 받을 수도 있다. 또한 성령의 능력 하에 쓰러진다 하더라도 모두 치유되는 것은 아니다.[193]

3. 웃거나 흐느껴 우는 현상

어떤 사람들의 경우에는 갑자기 낄낄대거나 웃음을 터뜨리기 시작하여 몇 시간 동안, 때로는 며칠 동안이나 계속하기도 한다. 이런 현상은 정서적인 치유가 필요하다는 것을 나타낸다. 그러나 한편으로 이런 현상

---

192) Ibid., 237.
193) Ibid., 243~246.

들을 새롭게 하나님의 거룩함을 체험한 데서 오는 반응(창17:17)일 수 있다. 사라(창21:6) 그리고 에스라가 하나님의 율법책을 읽고 해석해 주었을 때 이스라엘 백성들이 울던 일(느8:9) 등이 있다.**194)**

4. 장시간에 걸쳐 열렬하게 찬양 드리는 현상

어떤 경우에는 사람들이 하나님을 찬송하기 위하여 몇 시간 동안이나 쉬지 않고 계속하는 현상이 나타나기도 한다. 이런 경우 성령의 능력으로 새로이 부여 받았다는 징표로 나타나는 것이 보통이다. 신약에서 이와 같은 예는 마리아의 찬가(눅1:46~55), 사가랴의 찬가(눅1:64, 68~79), 치유받은 뇌혈관 질환자(눅5:25), 한센병을 치유받은 사마리아인(눅17:15), 그리고 치유받은 앉은뱅이 거지(행3:8~10) 등이 있다.**195)**

치유에 있어서(육적이든, 심리적이든, 영적이든) 동반되는 현상은 이외에도 몇 가지가 더 있으나, 성격적 뒷받침을 하고 있는 현상들만을 고찰해 보았다. 오늘날 이뤄지고 있는 치유 사역 속에 동반되는 영적인 현상들은 잘 분별해서 받아들일 것이며 어떤 열매를 맺고 있는가에 관심을 두어야 할 것이다.

---

194) John Wimber, Kevin Springer. 362.
195) Ibid., 362~363.

VI. 통전적 치유 사역을 위한 제언

우리는 하나님의 형상을 온전히 회복시키는 치유 사역자들이다. 올바른 사역을 위해 끊임없이 기도하고 연구하고, 노력해야 한다.

필자는 바른 치유 사역을 위해 몇 가지를 제언 하고자 한다.[196]

1. 치유 준비

치유는 치유 사역자가 어떻게 준비되어 있느냐에 따라 결정적인 영향을 받게 된다.

첫째, 찬양과 기도를 통해 성령의 기름부으심 가운데 들어가 있어

---

196) See Randy Clark, 치유 사역훈련지침서(Ministry Team Training Manual), 인터내셔널 갈보리교회 번역팀(서울:순전한 나드, 2020)

야 한다. 그러기 위해서는 평소 매일 2시간 이상의 기도생활이 뒤따라야 하며 최소한 1시간 이상 능력기도를 해야 한다.

둘째, 자신의 영적 장애요소를 예수의 보혈과 성령의 능력으로 뚫으며 제거하는 강한 은사가 온 몸에 임하도록 하며(행1:8), 또한 속에서 흘러나오는(요7:38~39) 상태가 되도록 한다. 또한 치유에 대한 절대적 믿음 가운데 들어가야 한다(막16:17~18). 우리에게 아무 감각이나 느낌이 없어도 병든 사람에게 손을 얹은 즉 나리라는 단순하고 절대적 믿음만 있어도 병은 낫는다. 조용하고도 확신 찬 기도로써 치유역사는 얼마든지 나타날 수 있는 것이다.

셋째, 하나님께 귀를 기울이며, 지혜와 지식의 은사를 통하여 사역하고자 하는 영적 겸손이 있어야 한다(행3:4~5).

넷째, 질병의 증상, 질병의 원인을 알아내며, 믿음의 상태와 치유기도의 형태를 결정짓는 준비단계가 필요하다. 이 단계를 거치므로 성공적인 치유기도를 할 수 있다. 무작정 치유기도부터 먼저 할 때 실패할 확률이 많게 되기 때문이다. 먼저, 몇 가지 질문의 대화와 면담을 통해 영적 상태, 질병의 상태와 원인 등을 파악한다. 예수님을 구세주로 확실히 영접했는지를 질문, 치유에 대한 믿음의 정도, 성령의 은사와 능력에 대한 믿음, 병의 시작과 진행과정과 현재 증상, 의사나 본인의 의견, 가족관계, 기억나는 죄, 마음에 미워하는 자, 충격적 사건이나 말 못할 비밀이나 괴로운 일, 마음의 상처나 응어리 등을 대화를 통해 알아내고 기도 가운데 영적 통찰력과 분별력으로 질병의 치유 방법이나 단계를 찾아내도록 한다.

다섯째, 질병의 원인들을 말해주고 회개와 순종과 결단을 할 수 있도록 영적 권면을 한다. 그 시간 같이 기도하는 것이 좋으며, 모든 치유 장애요소를 보고 있는 현상이 나타나는 사람들, 믿음으로 확신을 가진 자들의 순서대로 치유하면 더욱 효과적이다. 혈로 씻는 기도, 성령의 불로 태우는 기도, 결단의 시도를 충분히 하도록 한다.

여섯째, 치유의 믿음을 갖게 한다. 간증, 치유의 믿음에 관련된 성경말씀, 치유받는 기도방법 등을 알게 하고, 병을 고칠 수 있다는 믿음을 심어주는 말을 말해주며, 입으로 시인하게 한 뒤에 같이 기도하는 시간을 갖는다. 그래도 믿음이 전혀 없거나 기도 받을 자세가 안 되어 있는 분은 다시 권면하든지 다음 기회에 기도 받도록 지혜롭게 대처하는 것이 좋을 것이다.

일곱째, 성령의 기름 부으심이 임하도록 한다.

치유는 사역자나 환자가 모두 성령께 얼마나 사로잡혀 있느냐에 따라 성패가 달려 있는 것이다. 이를 위해 예수님의 보혈찬양과 성령충만 찬양, 성령충만을 위한 통성기도, 성령께 사로잡히는 묵상기도("성령이여! 사로잡아주옵소서!")를 하면 효과적이다. 그 후 사역자가 환자에게 성령이 사로 잡아달라고, 기름 부어 달라고 능력기도를 함으로써 성령께 더 깊이 사로잡히도록 하는 것이 더욱 좋다. 머리 가운데 있는 백회혈 위에 안수하여 환자의 온 몸에 성령이 기름 부어질 때까지 기도하면 효과적이다. 이 때 쓰러짐의 현상이 나타날 때가 있다. 그냥 기도할 때는 치유가 70% 효과가 나타난다고 말하는 신유 사역자도 있다. 이 때 거부감을 느끼지 않도록 지혜롭게 해야 할 것이다. 더욱 깊이 성령께 사로잡히게 하기 위해 누운 상황에서 이마와 가슴 위쪽 부분에 손을 얹고 "성령의 불이 임하소서", "성령의 불로 막힌 곳이 뚫릴지어다", "성령이여 오시옵소서", "성령이여 깊이, 강하게 사로잡아 주옵소서"라고 진심으로 반복하여 기도하는 것이 좋다. 치유 보조 사역자들과 같이 기도하면 더욱 효과적이다.

열덟째, 치유역사가 강하게 일어날 수 있도록 집회시간과 집회장소의 환경, 찬양 사역자의 준비사항, 보조 사역자들의 믿음과 기름부으심의 상태, 이번 집회에 하나님께서 역사하실 방향에 대해 점검을 한다.

아홉째, 모임 가운데 더 강하게 임재하시는 성령의 역사와(마18:20, 슥2:10) 옆 사람으로 믿음이 확산되는 역사로 인해 강력한 치유 사역이 일어나지만, 개인별 치유 사역에 비해 치유시간이 제한을 받으며 개인적인 면담의 기회가 없고 질병의 원인을 제거하거나 개별적 사후조치를 취하기 어려운 점을 잘 고려하여 준비해야 한다.

열째, 집회에 있어야 할 하나님의 말씀과 설교, 간증, 기도, 찬송 등을 기도 가운데 준비한다. 사역자의 능력에 따라 대중전체의 영적 분위기가 창출되므로 철저히 기도하면서 준비해야 할 것이다.

열한째, 찬양을 통해 마음이 활짝 열리고 성령의 기름부으심이 강하게 있도록 한다. 30분 이상 찬송하는 것이 좋다. 경배와 찬양, 은혜찬송, 은사찬송을 성령의 인도하심을 따라하되 하나님의 임재와 성령께 사로잡힘과 하나님 보좌 앞에 나아감을 사모하면서 찬송하도록 한다. 찬양 끝 부분은 가사가 단순하고 짧으며, 심령에 와 닿는 찬송을 반복하여 깊이 사로잡히도록 하는 것이 좋다.

열두째, 적절한 시간(보통 15~35분)내에 말씀을 선포하여 믿음을 유발하도록 한다.

열셋째, 회개기도, 사단을 대적하는 기도, 성령충만을 위한 통성기도와 묵상기도, 찬양 등을 통해 성령께서 역사할 수 있는 영적 분위기를 만든다.

열넷째, 면담카드를 활용하여 집회시간 전에 검토하는 것도 좋다. 또한 질병 종류별로 손을 들어보게 하여 제일 많은 병과 종류들을 파악하는 것도 좋다.

통전적 치유를 보다 구체적으로 하기 위해 다음과 같은 단계가 필요하다.

제1단계 준비(Warming-up)

첫째, 열린 마인드가 필요하다.

반복되는 말이지만 많은 축사 사역자들이 환자는 절대로 약을 복용해도 안되고, 의학적 치료를 받아서도 안된다고 주장한다. 그래서 만약 이런 인간적인 방법의 도움을 받았다면 믿음이 부족한 것이고, 하나님 권위(능력)에 대한 도전으로 받아들인다. 그 결과 특히 정신장애 분야에서는 제대로 치유도 못하면서 병만 악화시키는 결과를 초래하는 경우가 많이 있었다. 그런데 더욱 큰 문제는 치유가 안되면 상대방의 믿음에 문제가 있다고 말한다는 점이다.

반대로 의사들은 의학적인 치유가 중요하다고 주장한다. 의학적인 치유를 받지 못해서 결국 질병이 악화되어 버렸다고 말한다. 만약 카리스마적인 도움을 받았다면 미신적이고, 비과학적인 사람으로 평가 절하시켜 버린다. 결국 치유에 한계를 많이 느끼면서도 계속해서 환자만 입원시켰다가 퇴원시키는 일들을 반복할 때가 많이 있다. 어떤 경우는 정말 귀신이 들렸는데 그래서 분명 축사를 통해 귀신을 내어 쫓아 한 인간을 온전하게 만들 수 있는데도 불구하고 정신과적 진단만 내려서 약물치료만 계속하게 하여 귀신도 들리고 나중에는 약물 중독증상까지 나타나는 현상도 있음을 우리는 볼 수 있다. 이 얼마나 우매한 일인가. 우리는 서로에 대한 고정관념을 깨고 열린 사고와 마음을 가지고 서로에 대한 이해의 폭을 넓혀 갈 필요가 있다.

둘째, 각 분야 고유 영역의 네트워크가 필요하다.

심리학, 정신의학, 상담학, 신학(축사) 등의 각 분야별 네트워크이 먼저 이루어져야 한다. 각 분야의 전공자들이 자신들의 분야 속에서 정신장애와 귀신 들림을 어떻게 보아야 하는가에 대한 자신들로부터 정보가 공유되고 심도 있는 토론이 이루어져야 한다.

셋째, 타 분야와의 네트워크가 필요하다. 심리학, 정신의학, 상담학, 축사 분야가 서로 연결되어서 서로의 고유 정보를 공유하면서 세미나 등을 통해 질병 치유에 대한 의견들을 조율해 나가면서 협력해야 할 분야는 서로 협력하는 사역이 있어야 한다.

〈그림 6-2〉 통전적 네트워크

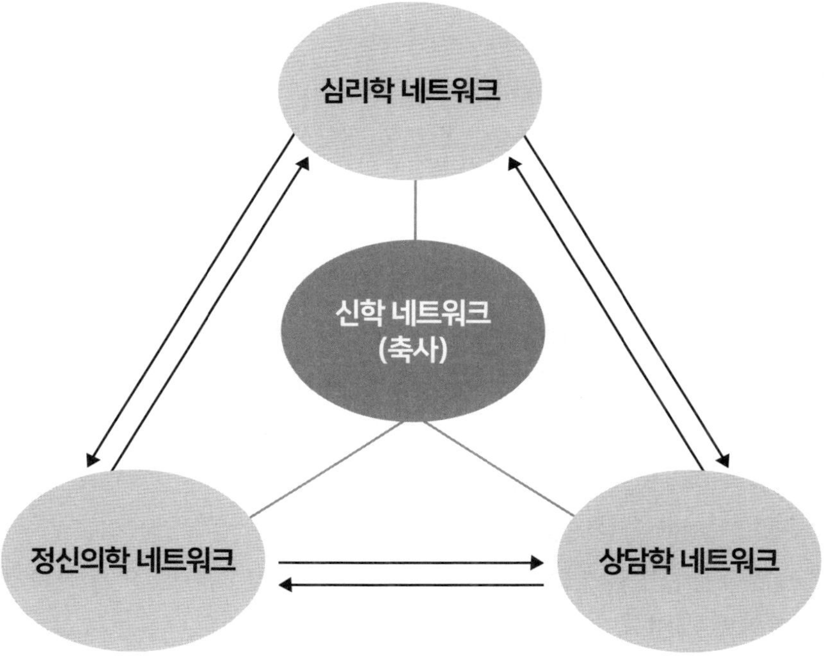

```
            심리학 네트워크
                 /\
                /  \
               /    \
        신학 네트워크
           (축사)
          /        \
         /          \
   정신의학 네트워크 ⟷ 상담학 네트워크
```

제2단계 팀 사역(Team-Ministry)

치유 사역자가 사역을 혼자 감당할 수가 없다. 교회 안과 밖의 전문 치료팀을 잘 조직하여 치유공동체를 형성하고 통전적 치료에 힘을 써야 한다. 교회 안에는 수 많은 자원이 있다. 이들을 잘 활용하여 주님이 맡겨주신 복음사역에서 치유하는 공동체로서의 역할을 감당해야 한다. 팀의 구성원을 분야별로 나누어보면 다음과 같다.

첫째, 영적 치유(spiritual therapy) : 치유 사역자, 신학자, 목회자 등
둘째, 육체적 치유(somatic therapy) : 의사, 간호사, 간병인, 호스피스 등
셋째, 혼적 치유(psycho therapy) : 심리학자, 상담사 등
넷째, 사회적 치유(social therapy) : 사회복지사, 변호사, 사업가 등

인간에게 주어진 은사는 각각 다르다. 사도 바울은 교회가 그리스도의 지체인데 지체로서 각각 다른 은사를 가지고 머리이신 그리스도와 일치되는 행동을 취해야 한다고 말하고 있다. 각 사람에게 주어진 은사 역시 다르므로 통전적 치유에 포괄적 접근으로 전문인들이 모여 팀을 조직하여 사역함이 중요하다. 팀으로 치유 사역을 할 때 몇 가지 원리에 입각해야 한다.

① 접근방법의 목표가 같아야 한다(롬15:5).
② 각 부분 팀들이 모두 귀하고 중요함을 알아야 한다(고전12:4~5).
③ 모든 사람이 평등하며 그들의 인격은 존중되어야 한다(창1:26).
④ 치유는 하나님께서 하시는 것이며 우리는 그것을 돕는 중개자라는 것을 명심해야 한다(고전12:25~26).
⑤ 팀원들은 끊임없이 기도해야 한다. 각 지체들로 그리스도와 연합하기 위해 힘을 써야 한다(살전3:10).
⑥ 사랑, 겸손, 섬김으로 서로 상부상조해야 한다(엡4:15~16, 골3:14).
⑦ 서로 짐을 져 주고 순종하며 협력하여 선을 이루어야 한다(롬8:28).
⑧ 그리스도의 본을 받아 사랑을 실천해야 한다(요13:12~15).

이국현은 이 팀 사역에 대하여 유익한 점을 이렇게 제시한다.
① 영·혼·육·사회적 치유를 동시에 함으로써 인간에 대한 전인적 치유가

가능하게 된다.
② 치유 사역이 훨씬 능률적이며 효과적이고 몇 배의 성과와 열매를 거둘 수 있다.
③ 많은 업무량을 팀의 다양한 구성원들이 분담하여 잘해 나갈 수 있으며 어떤 일에도 잘 적응해 나갈 수 있고 동시에 많은 일을 성취할 수가 있다.
④ 서로 보호를 받을 수 있다. 사역을 하다보면 어려움에 빠질 수 있는데 이럴 때 서로가 위로하고 격려함으로써 힘을 얻을 수 있다.
⑤ 팀 구성원중 어느 누군가가 떠나게 되거나 다른 곳으로 옮겨지는 경우에도 지속적인 결실을 볼 수 있다.
⑥ 각 사람의 은사를 따라 제한된 개인의 은사나 지식, 능력을 극대화시킬 수 있다.[197]

일단 환자가 오면 제일 먼저 의사의 진단을 받게 하는 것이 중요하다. 그래서 정확한 의학적 소견이 있을 후에 어떤 것이 가장 효과적인 방법인가를 찾아야 한다. 강렬한 카리스마가 있는 목회자가 모든 것을 지도하는 시대는 지났다. 이제는 전문가 중심의 팀사역을 통한 협력 목회의 시대다.

치유 사역자 베니 힌(Benny Hinn)도 의사들, 찬양 사역자, 상담가들과 팀 사역을 통한 치유 사역을 하고 있다.[198]

---

[197] 권양순, "기독교관점에서 본 전인치유의 효과적인 방법 연구",(미간행석사논문, 아세아연합신학대학원, 1986), 88~89.
[198] Benny Hinn, This is your day for a Miracle(Nashville, Tennessee : Nav Press Publishing Group, 2024), 1~2.
그의 저서 서문에는 팀사역자인 의학박사 도날드 콜버트의 글로 시작되는 경우가 많이 있다.

신유 핸드북(handbook for healing)의 저자이자 세계적인 치유 사역자 찰스 프랜시스 헌터(Charles and Frances Hunter) 부부는 그의 책 첫 장에 의사들이 공개토론에 참석하여 그들에게 의학지식을 제공해준 것에 대한 감사의 글로 시작을 한다. 그는 의사들과 팀 사역을 함으로서 서로에 대해 또한 치유 사역에 대해 신뢰성이 높아졌다고 강조하였다. 그는 무려 84명이나 되는 전문의들의 이름을 전부 거론하면서 이들의 도움을 받았다고 솔직하게 밝히고 있다.[199]

정확한 판단을 통한 치유가 있어야 한다. 정신장애인으로 판명이 났으면 정신과 치유를 받아야 한다. 우리 인간의 구조와 내면의 세계는 단순하지가 않다. 특히 인간의 뇌는 너무나 신비롭고, 무한성을 가지고 있다. 단 한 번의 치유나 단순한 치유로는 바른 치유를 할 수 없다. 정신장애인 치유는 점진적인 치유를 필요로 한다. 만약 귀신 들림으로 판명이 났으면 지체 없이 예수님의 이름으로, 성령의 능력과 권세로 악한 영을 묶고, 쫒아 보내야 한다. 이런 영적인 싸움은 극적이면서도, 순간적으로 치유가 되는 것이다. 사악한 영들이 쫒겨나가면 금방 인간의 본래의 모습으로 돌아올 수 있다. 성경에 기록된 모든 치유의 사건들은 더러운 귀신들이 떠남으로 인해 순간적으로 건강한 모습으로 변화되었다. 우리는 영적인 분별력을 가지고 정확한 판단을 통한 치유를 해야 한다.

---

199) Charles and Frances Hunter, Handbook for Healing(kingwood, Texas : Published by Hunter Book, 1991), 1~4.
200) 사회통합이란 정상적인 사회속의 집단이나 개인과 서로를 이해하고 적응시켜 살아갈 수 있도록 하는 과정을 의미한다. 특히, 기독교인들은 인간과 인간, 인간과 자연, 하나님과 인간관계가 잘 정립이 되는 통합적인 신앙과 삶을 가지고 있어야 한다.

제3단계 사회통합을 위한 통전적 치유 센터(Healing Center for Social Integration)[200]

올바른 축사와 치유를 위해 사회 통합을 위한 통전적인 치유 센터가 있어야 한다. 그래서 환자에 대한 정확한 파악과 보다 효과적인 치유 방법이 나와야 한다. 그래서 모든 인간이 건강하게 사회 통합되어서 행복한 삶을 살아야 한다.

〈표 6-6〉 통전적 치유 센터

조정위원회	육	혼	영	
	*정신과적치유 (조현병, 망상장애, 해리성 장애, 기분장애, 불안장애, 성격장애, 우울증 등) *일반 의학적 치유 (내과, 외과, 산부인과, 정형외과 등)	*심리학 음악치료 독서치료 놀이치료 미술치료 가족치료 인지치료 *상담학 목회상담 부부상담 가족상담 자녀상담	*내적 치유 *예언적치유 *영성 훈련 *경배와 찬양 *축사	사회 통합 (Social Integration) 건강한 인격체를 가지고 하나님과 인간과의 관계가 회복됨

제4단계 영적 전쟁(Spiritual Warfare)

우리는 정신치유와 끝없는 영적 탐구를 통해 악한 영과의 영적 전쟁(spiritual warfare)을 수행해야 한다. 왜냐하면 질병이나 죄악은 영적으로 싸우지 않고서는 결코 없어지지 않기 때문이다. 우리는 성령님의 기름 부으심과 우리와 함께 하시는 주님의 권능으로 인해 우리는 영적 전쟁에서 승리할 수 있다. 그럼으로 인해 성령의 아홉가지 열매 즉 사랑, 희락, 화평, 오래참음, 자비, 양선, 충성, 온유, 절제가 맺히게 되는 것이다. 통전적인 치유는 정신 영성으로 발전되며 그러기 위한 전단계로 결국 끝없는 영적 전쟁이 시작되는 것을 볼 수 있다. 그러나 최후 승리는 주님과 함께한 우리가 될 것이다. 그러므로 영적 전쟁 없는 치유는 결코 있을 수 없는 것이다. 우리는 악한 영을 축사와 내적 치유 등으로 내어 쫓아야 한다. 그러나 이것은 우리 힘으로 되는 것이 아니다. 성령님의 강력한 도우심과 우리 내면 속에 충만하게 내주하실 때만 가능한 것이다. 그런 의미에서 목사, 의사, 심리치료사, 상담사 등은 모두 훌륭한 사역자들이다. 누가 주도적인 역할을 감당하느냐하는 문제는 본질을 흐려놓는 악한 영의 술책이다. 중요한 것은 우리 모두가 주님과 함께 인간에게 참 해방, 참 자유를 주었는가 하는 것이다. 누구를 통해 자유함을 얻든 그곳에 예수 그리스도가 살아 있으면 되지 않겠는가? 그러므로 우리는 모두가 협력하여서 선한 싸움을 승리로 이끌어 가야 한다. 모든 결론은 누가 영적 싸움에서 제대로 승리하였는가에 달려있기 때문이다. 우리는 영적 전쟁터에 살고 있음을 기억해야 한다. 우는 사자와 같이 두루 다니면서 삼킬 자를 찾고 있는 수많은 악한 영들이 있음을 잊지 말아야 한다. 우리는 지금 적들에 둘러싸여 있기 때문에 자신을 제대로 지키지 않으면 패할 수밖에 없다.

"최상의 방어는 공격이다"라는 말이 있듯이 우리는 적들을 담대하게 공격해야 한다. 주님을 믿고, 의지한다면 승리는 우리 것이다.

제5단계 정신 영성(Psycho Spirituality)

마지막 단계는 정신 영성(psycho spirituality)을 추구하는 단계이다. 이 분야는 데이비드 베너(David G. Benner)의 저서인 정신치료와 영적 탐구(psychotherapy and the spiritual quest)가 많은 참고가 될 것이다.[201]

데이비드 베너는 영적 발달을 통한 통합을 3그룹 8단계로 표현하고 있다.[202]

첫째, 준비 단계(preparation)
① 하나님과 나 사이의 신뢰의 발달(친밀감의 시작)
② 자기초월을 통해 하나님께서 나를 부르시고 있다는 것을 깨달음(神에 대한 갈망)
③ 그 부르심이 하나님으로부터 온 것을 인지함(神과의 교통)
④ 자기 부족과 나약함을 깨달음(자기부인)

둘째, 칭의 단계(justification)
⑤ 하나님께서 나를 용서하셨고 구원시켰음을 인지함(죄인이지만 의인화된 단계 : communio peccatorum, communio sanctorum)

셋째, 성화 단계(sanctification)
⑥ 점진적으로 죄로부터 자유함을 누림(성령의 법이 내 안에 정착됨)
⑦ 점진적으로 성령의 열매가 나타남(하나님의 형상 회복 단계 - Imago Dei)
⑧ 하나님과 나 사이의 친밀한 관계가 매우 깊어짐(정신 영성 최고의 단계로 나아감)

정신 영성이란 인격의 통합을 의미하는데 인격의 통합은 인간관계의 조화성과 하나님께 대한 신뢰를 통한 친밀감 속에서 이루어지는 것이다. 즉 우리의 전 존재(the totality of our being)가 하나님을 갈망할 뿐 아니라

---

201) David G. Benner, Psychotherapy and the Spiritual Quest, 이만홍, 강현숙 역, 정신치료와 영적탐구(서울:하나의학사, 2020), 155~197.
역자인 이만홍 교수는 기독교 신앙과 정신장애 치료의 통합을 모색하면서 기독교 정신과 연구모임을 이끌어 왔다.
202) Ibid., 193~194.

하나님과 인간에게 반응을 보이는 것이다. 이렇게 함으로 하나님과 친밀한 일체감(unity)이 깊어지게 되고 또한 인간관계에도 친밀감이 깊어지게 되어 결국 성령의 열매를 맺게 되고 우리의 속사람(거듭난 사람, 영적인 사람, 새생명)이 점점 자라서 하나님의 모습(Imago Dei)이 우리의 삶 가운데 나타나는 것이다.

진정한 기독교 영성은 아주 섬세한 꽃과 같다. 우리는 극도의 영적 민감성을 가지고 그 꽃을 보살펴야 할 뿐 아니라 다단 사람들이 그 꽃을 짓밟아 버리지 않도록 경계를 소홀히 해서는 안된다. 또한 물도 주고 영양분도 잘 공급해 주어야 한다. 그러나 성장은 금방 한꺼번에 나타날 수 없다. 우리의 영적 발달(spiritual development)이 진행되어갈 때 우리는 우리 자신은 물론이고, 다른 사람이나 마귀의 지배도 받아서는 안된다. 따라서 우리는 이러한 영적발달이 어느 곳으로 인도할지 모르기 때문에 불안을 경험할 수 있다.

그러나 두려워 할 필요는 없다. 왜냐하면 우리 안에서 역사하는 영을 보호하신 성령님이시기 때문에 가장 좋은 길로 인도해 주시기 때문이다(요14:16~17).[203]

2. 치유 기도

첫째, 질병에 따라 사단과 귀신의 세력을 꾸짖고 조용하면서도 단호하고 확신있게 명령을 내린다. 고쳐질 때까지 계속 반복하며 구체적이고도 단순한 기도를 할수록 효과적이다. 또한 여러 질병이 있을 때 하나

---

203) 전요셉, 정신장애와 귀신 쫓음, 366~372.

씩 따로 기도하며, 여러 치유 방법을 사용하기도 한다. 무엇보다 사랑과 확신에 찬 마음으로 기도해야 한다. 때때로 환자에게 자신에게 일어나는 반응을 물어서 치유가 진행된 상태를 확인하는 것이 좋다.

"등뼈는 펴질지어다", "네 발로 일어나라", "팔은 자라나라", "신장은 제 기능을 회복하라", "코와 목 안의 세포조직은 움직여 제 기능을 발휘하라", "막힌 혈관은 뚫릴지어다" 등, 특별히 "하나님 직접 만져주옵소서", "예수님 안수해 주십시오"라는 기도를 통하여 하나님께서 환부를 직접 만져 고쳐주도록 기도할 때 놀라운 역사가 일어난다.

둘째, 사역자는 눈을 뜨고 기도하며 환자에게서 조금이라도 치유의 반응이 나타나면 '더 크게' '더 강하게'라고 기도할 때 치유가 급속히 이루어진다.

셋째, 믿음을 행동으로 옮기도록 한다. 움직이게 하거나 펴게 하거나, 일으켜 걷도록 한다.

넷째, 온전히 치유가 안 되었을 때, 기도를 멈추어야 할 경우 '이 손을 뗀 후에도 하나님이 계속 만져주옵소서. 계속 치료하시고 온전케 하옵소사'라고 기도한 뒤 손을 뗀다.

다섯째, 치유 보조 사역자들이 같이 기도할 경우 보다 치유의 효과가 크며(마18:18~19, 신32:30), 보조 사역자들은 주 사역자의 보조 역할이 되도록 유의해서 치유 기도를 해야 한다.

여섯째, 여러가지 현상이 나타날 수 있으므로 지혜롭게 진행하며 집회시간조절, 역반응이 안 나도록 설명, 집회 끝난 뒤의 후속조치 등을 잘 해야 한다.

일곱째, '성령이여 기름부으소서' '성령이여 오시옵소서' '예수님! 안수하여 주시옵소서'하며 확신 있게 기도한다. 찬송 중에 자연스럽게 청중을 일으켜 세워서 기도하는 것도 좋다.

여덟째, 성령의 역사가 진행되는 것을 보며, 성령의 인도하심과 영분별과 지혜와 지식의 은사로 치유기도해 나간다.

아홉째, 회중 전체에게 하나님이 직접 역사하시도록 하는 기도, 질병 종류별로 일으켜 치유하는 기도, 강단으로 한 명 또는 두 명씩 불러 올라오게 한 후 치유하는 기도 등을 실시한다. 자신의 질병이 치유된 모습을 보거나 그런 느낌이 오거나 한 사람들, 지식의 은사로 보게 된 치유 대상자들, 성령의 임재를 체험하고 있는 현상이 나타나는 사람들, 믿음으로 확신을 가진 자들의 순서대로 치유하면 더욱 효과적이다.

3. 팀 사역자들을 위한 사역 지침

능력 있는 한 개인 중심으로 사역하는 것 보다 리더를 중심으로 각 분야의 전문사역자들이 팀을 이루어 팀 사역을 하는 것이 더 효과적이다. 팀 사역자들을 위한 훈련 지침은 다음과 같다.

첫째, 팀 사역자는 한 마음, 같은 사랑을 가지고 서로 연합하여 사역해야 한다.

> 마음을 같이하여 같은 사랑을 가지고 뜻을 합하며 한마음을 품어(빌2:2)

둘째, 팀 사역자는 서로를 존중하며 질서 있고, 일사불란(一絲不亂)하게 사역해야 한다.

> 하나님은 무질서의 하나님이 아니시요 오직 화평의 하나님이 시니라(고전14:33)

셋째, 팀 사역자는 문제가 발생했을 때 서로 대화와 협의를 통해 빠른 시간 내에 해결해야 한다.

> 아무 일에든지 다툼이나 허영으로 하지 말고 오직 겸손한 마음으로 각각 자기보다 남을 낫게 여기고 각각 자기 일을 돌볼 뿐더러 또한 각각 다른 사람들의 일을 돌보아 나의 기쁨을 충만하게 하라(빌2:3~4)

넷째, 팀 사역자는 서로에게 임한 계시, 환상, 은사, 달란트 등을 분별 한 후 존중해 주어야 한다.

> 이 모든 일은 같은 한 성령이 행하사 그의 뜻대로 각 사람에게 나누어 주시는 것이니라(고전12:11)

다섯째, 팀 사역자는 팀원들의 예언, 계시, 치유, 환상 등을 비교 하며 사역을 이간(離間)시키려는 사람들과 악한 영의 세력을 단호히 배격해야 한다.

> 그런즉 너희는 하나님께 복종할지어다 마귀를 대적하라 그리하면 너희를 피하리라(약4:7)

여섯째, 팀 사역자는 예수 그리스도 마음(비움, 겸손, 순종, 사랑, 순교)을 가지고 사역해야 한다.

> 너희 안에 이 마음을 품으라 곧 그리스도 예수의 마음이니(빌2:5)

일곱째, 팀 사역자는 사역을 위해 서로 중보 기도해야 한다.

그러므로 내가 첫째로 권하노니 모든 사람을 위하여 간구와 기도와 도고와 감사를 하되(딤전2:1)

여덟째, 팀 사역자는 사역을 통해 금품이나 물질을 요구해서는 안 된다.

병든 자를 고치며 죽은 자를 살리며 나병환자를 깨끗하게 하며 귀신을 쫓아내되 너희가 거저 받았으니 거저 주라(마10:8)

아홉째, 팀 사역자는 자신의 파벌을 만들어서는 안 된다.

내가 이것을 말하거니와 너희가 각각 이르되 나는 바울에게, 나는 아볼로에게, 나는 게바에게, 나는 그리스도에게 속한 자라 한다는 것이니 그리스도께서 어찌 나뉘었느냐(고전 1:12~13)

열째, 팀 사역자는 거짓계시나 주술적인 생각과 이론을 전해서는 안 된다.

여호와께서 내게 이르시되 선지자들이 내 이름으로 거짓 예언을 하도다 나는 그들을 보내지 아니하였고 그들에게 명령하거나 이르지 아니하였거늘 그들이 거짓 계시와 점술과 헛된 것과 자기 마음의 거짓으로 너희에게 예언하는도다(렘 14:14)

열한째, 팀 사역자는 예수복음 이외에 다른복음을 전해서는 안 된다.

> 그러나 우리나 혹은 하늘로부터 온 천사라도 우리가 너희에게 전한 복음 이외에 다른 복음을 전하면 저주를 받을지어다(갈1:8)

열두째, 팀 사역자는 자신의 사역에만 충실해야 한다. 내담자에게 훈계, 설교, 충고, 지적, 주관적 계시 등을 말해서는 안 된다.
열셋째, 팀 사역자는 양신(兩神)의 역사가 있을 경우, 리더자들과 분별한 후 조치를 취해야 한다.
열넷째, 팀 사역자는 사전 준비 모임에 전원 참석해야 한다.
열다섯째, 팀 사역자는 이미 정한 매뉴얼대로 사역해야 한다.
열여섯째, 팀 사역자는 성경말씀에 위배되는 사역을 해서는 안 된다. 만약 팀 사역을 저해하는 사역자는 교회법에 따라 권징한다.

> 그러나 어리석은 변론과 족보 이야기와 분쟁과 율법에 대한 다툼은 피하라 이것은 무익한 것이요 헛된 것이니라 이단에 속한 사람을 한두 번 훈계한 후에 멀리하라(딛3:9~10)

4. 치유 후 조치

첫째, 먼저 반드시 감사기도를 하게 한다. '고쳤음을', '고쳐지고 있음을', '일부 고쳐졌음을' 하나님께 감사기도와 찬양을 하도록 한다(골3:15~17, 막11:24, 빌4:6~7).
둘째, 계속해서 감사함과 믿음으로 스스로 기도하도록 하고 계속 기도 받도록 하며(3번 이상 기도 받아야 온전히 치유될 때가 많다), 마음에 의심과 불안이 들어오지 않도록 마음을 지키는 기도를 해야 한다.
셋째, 죄를 반복하지 않도록 하며(요5:14), 사단과 단절하는 기도를 하게 한다.

넷째, 치유된 사실을 감사와 겸손으로 간증하며 하나님께 영광을 돌리며, 감사헌금도 하나님께 드리도록 한다.

다섯째, 꾸준한 예배참석 및 성경공부 등을 권면하여 영적 성숙을 위해 노력하도록 하며, 결단이나 서원을 수행하도록 하며, 건강의 자연법칙과 건강증진 방법을 가르쳐 주며 잘 지켜 나가도록 권면한다. 어느 단계까지 계속 돌봐 줄 신앙의 선배와 연결해 주는 것이 좋다.

여섯째, 병이 재발하려고 할 때, 스스로 안수하여 집중기도하면 병이 떠나간다는 것을 가르쳐 준다.

일곱째 성령의 은사를 구하여 창조 사역이나 전도 사역에 쓰임 받음으로 하나님의 은혜에 보답할 수 있도록 한다.

여덟째, 간증을 통해 하나님께 영광돌리도록 한다.

아홉째, 치료받지 못한 사람에게는 기도가 쌓여지고 있음을 언급하여 헛된 시간이 아님을 강조하고, 지금도 계속 성령이 치유하고 계시다고 말해 주어야 한다.

열째, 집회 후 사단의 시험에 대해 속지 않도록 적극적인 감사, 찬송, 기도를 하도록 권한다.

열한째, 특별히 개인별 치유를 해야 할 사람이 있을 때는 집회 후 별도로 본인 또는 치유보조사역자들이 기도해 주도록 한다.

열두째, 전도와 신앙성장의 계기가 되도록 권면한다.

5. 중보 기도

성경에는 중보 기도를 통해 일어난 치유 사역 즉, 그 자리에는 없지만 공간적으로 떨어져 있는 환자를 위해 기도했을 때 고침 받는 치유 사역을 많이 언급하고 있다. 백부장의 하인(마8:5~13), 왕의 신하의 아들(요 4:46~54), 수로보니게 여인의 딸(막7:24~30) 등이 그와 같이 고침 받았다.

첫째, 무소부재(無所不在)하신 하나님을 절대적으로 믿고 이곳에서 기도할 때 저곳에서 그대로 역사가 일어날 것을 확신한다.

둘째, 환자에 대한 사랑과 예수님을 향한 뜨거운 기도와 믿음이 있어야 한다.

셋째, 바라봄의 법칙(히11:1~2)을 사용하여 치유된 모습이나 치료되어 나가는 모습을 적극 바라보며 기도한다.

넷째, 환자와 기도 시간을 맞추거나, 전화로 기도해 주거나, 믿음의 매개체(행19:11~12)에 안수 기도하여 보내 주거나, 지식의 은사로 받은 기도 방법을 전해주어 본인이 기도할 때 치유 받게 하거나, 다른 사람에게 어떻게 하라고 지시하여 대신 보내기도 한다.

마지막으로, 치유받은 자에게 중보 기도한 내용을 알려주어 하나님께 감사와 영광을 한다.

| 제7장 |

맺음말

주님께서는 오늘도 우리에게 복음 선교와 더불어 치유 사역을 명령하신다.

또 이르시되 너희는 온 천하에 다니며 만민에게 복음을 전파하라 믿고 세례를 받는 사람은 구원을 얻을 것이요 믿지 않는 사람은 정죄를 받으리라 믿는 자들에게는 이런 표적이 따르리니 곧 그들이 내 이름으로 귀신을 쫓아내며 새 방언을 말하며 뱀을 집어 올리며 무슨 독을 마실지라도 해를 받지 아니하며 병든 사람에게 손을 얹은즉 나으리라 하시더라(마16:15~18)

성경적 치유는 의학적 치유와 달리 통전적 치유를 말한다. 통전적 치유는 네 가지 방향에서 완성된다.

첫째, 통전적 치유는 전인치유(全人治癒, whole person healing)이다. 하나님은 한 부분만 치유하시지 않고 인간의 실존 전체를 향한 치유를 하신다. 즉 단편적으로 상처난 한 부분만을 취급하지 않고 항상 육체적 병을 치유하기 전에 혼과 영을 육체와 함께 치유하셨다. 인간은 동물과 달리 영(spirit, pneuma), 혼(soul, psyche), 육(body, soma)의 연합으로 창조된 삼위일체적 존재이다. 인간은 이 삼위일체적 전인(全人)으로 이웃과 더불어 살아갈 수 있도록 창조된 사회적 존재이다.

통전적 치유는 이 네 영역 즉 영적 존재(spiritual being), 혼적 존재(psychic being), 육체적 존재(somatic being), 사회적 존재(social being)가 균형을 이루며 치유되고 회복될 때 '건강하다' 혹은 '치유되다'라고 말하고 있음을 보여준다. 치유 사역의 주인이신 주님은 항상 전인 치유를 하셨다.

> 예수께서 모든 도시와 마을에 두루 다니사 그들의 회당에서 가르치시며 천국 복음을 전파하시며 모든 병과 모든 약한 것을 고치시니라(마9:35)

주님의 사역은 가르치심(teaching)과 복음 전파(preaching)와 병을 고치심(healing)의 통전적인 사역이었다. 그중 가르침의 사역은 지적, 정신적, 인격적, 혼적 치유라 할 수 있다. 우매한 인간을 가르쳐서 깨닫게 함으로 인격적인 성장을 하게 하셨다. 복음 전파의 사역은 하늘나라 비밀을 전하여 주님을 통해 믿고 구원을 얻게 하는 영적 치유 사역이다. 질병치유 사역은 육체의 고통과 연약한 부분을 회복시키는 육체적 치유 사역이다. 주님은 그의 사역 중 이 세 부분을 따로 분리하지 않고 항상 통전적 접근(integrated approach)으로 인간 전체를 다루었다. 하나님의 구속사적 차원에서 보면 주님께서 행하신 가르침의 사역과 복음 전파의 사역과 육체적 치유 사역을 넓은 의미로 전인 회복이라고 할 수 있다. 병자를 향하신 주님은 항상 믿음과 죄를 강조하면서 전인 치유를 하셨다.

둘째, 통전적 치유는 근원 치유(根源治癒, radical healing)다. 주님께서는 병을 고치실 때 언제나 그 병의 근본적인 문제를 언급하신 후 마지막으로 질병을 다루셨다. 즉 죄의 문제와 믿음을 먼저 언급하셨다. '믿음이 너를 구원하였다, 일어서서 가라, 다시는 죄를 짓지 말라'고 부탁하는 등의 순서를 밟으셨다. 성경에 의하면 모든 인간의 질병은 근원적으로 인간타락과 범죄에서부터 온 것이며 마귀의 유혹에서부터 시작된 것이다. 따라서 치유는 인간의 죄의 문제를 해결하지 않고는 아무것도 할 수 없다. 죄의 문제를 해결하기 위해서는 주님을 영접하는 믿음 외에는 다른 도리가 없는 것이다.

> 예수께서 집에 들어가시매 맹인들이 그에게 나아오거늘 예수께서 이르시되 내가 능히 이 일 할 줄을 믿느냐 대답하되 주여 그러하오이다 하니(마9:28)

주님의 치유 사역에는 항상 죄, 회개, 믿음, 구원 등의 낱말들이 언급되고 있다.

> 예수께서 그들의 믿음을 보시고 중풍병자에게 이르시되 작은 자야 네 죄 사함을 받았느니라 하시니(막2:5)

> 그 후에 예수께서 성전에서 그 사람을 만나 이르시되 보라 네가 나았으니 더 심한 것이 생기지 않게 다시는 죄를 범하지 말라 하시니(요5:14)

셋째, 통전적 치유는 영원 치유(永遠治癒, eternal healing)이다. 단기적 혹은 단편적 치유가 아니라 하나님의 자녀로서 새 하늘과 새 땅에서 영원히 하나님과 삶을 함께 하는 영생(永生)하는 치유이다. 그러므로 통전적 치유는 종말사상과 연관되어 있다.

> 또 내게 말씀하시되 이루었도다 나는 알파와 오메가요 처음과 마지막이라 내가 생명수 샘물을 목마른 자에게 값없이 주리니 이기는 자는 이것들을 상속으로 받으리라 나는 그의 하나님이 되고 그는 내 아들이 되리라(계21:6~7)

치유 사역은 우리 모두에게 영원한 희망을 주는 사역이다.

넷째, 통전적 치유는 사랑(agape)치유다. 치유자체가 사랑의 시작이고 완성이다. 우리는 인간을 긍휼히 여기신 주님의 사랑의 마음을 가지고 인간이 본래 가지고 있었던 하나님의 형상을 회복시켜야 한다. 사랑만이 기적을 만든다. 치유는 하나님의 사랑에서 비롯된 하나의 신비이기 때문에 충만한 하나님의 사랑 안에 들어가도록 말씀과 기도생활로 보혜사 성령님의 도우심을 힘입어야 한다.

새 계명을 너희에게 주노니 서로 사랑하라 내가 너희를 사랑한 것 같이 너희도 서로 사랑하라 너희가 서로 사랑하면 이로써 모든 사람이 너희가 내 제자인 줄 알리라(요13:34~35)

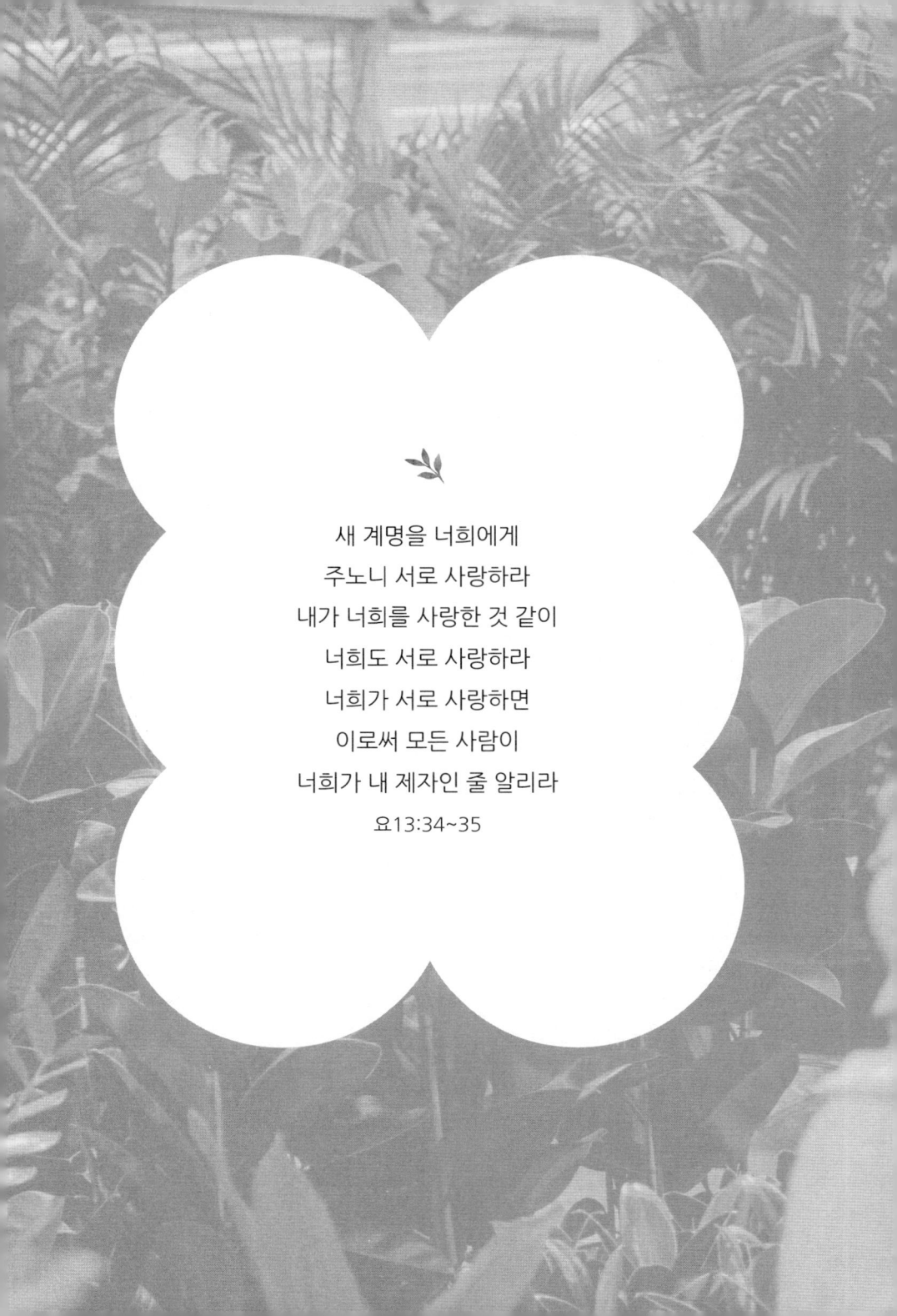

새 계명을 너희에게
주노니 서로 사랑하라
내가 너희를 사랑한 것 같이
너희도 서로 사랑하라
너희가 서로 사랑하면
이로써 모든 사람이
너희가 내 제자인 줄 알리라

요13:34~35

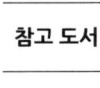

참고 도서

Ⅰ. 국내 서적

1. 단행본

강경미. 예수님의 치유 사역과 21C총체적치유선료전략. 서울:동문사, 2011.
강요셉. 꿈 환상 해석을 통한 상담과 치유 비결. 서울:성령, 2012.
_____. 기독교인의 인생문제 치유하기. 서울:성령. 2023.
_____. 정신 질환 불치병이 아닙니다. 서울:성령, 2023.
김남수. 하나님의 사랑과 창조사역. 서울:서로사랑.2006.
김경수. 성경적 내적 치유 이론과 실제. 서울:도서출판목양. 2010.
김상인. 상담심리용어사전. 서울:생명의 생가, 2014.
김신명. 치유목회와 교회성장. 서울:성결문화사, 2001.
김신호. 신유 믿음이 이끄는 병고침. 서울:레어출판사, 2023.
김영춘. 전인치유(현대과학이 증명하는 전인치유복음). 서울:예영커뮤니케이션, 2003.
김종주. 한과 화병(신토불이적인 치유방법). 서울:치유와 영성, 2007.
_____. 나는 왜 그럴까요. 서울:치유와 영성, 2010.
대한예수교장로회헌법개정위원회. 대한예수교장로회총회헌법. 서울:장로교출판사, 2023.
박형렬. 통전적 치유목회학. 서울:도서출판치유, 1994.
_____. 성령사역. 서울:은혜출판사 2000
박행렬. 기독교인을 위한 전인창조 사역. 서울:도서출판나임, 2019.
변상규, 장성화. 마음의 상처 심리학. 서울:예향, 2009.
서정교. 정신 질환 불치병이 아닙니다. 서울:성령, 2023.
서정교, 김현영. New 공중보건학. 서울:보문각, 2017
손기철. 기름부으심이 넘치는 치유와 권능. 서울:두란노, 2008.
_____. 환영합니다 성령님. 서울:규장, 2024.

손운산. 용서와 치료. 서울:이화여자대학교출판부, 2008.
양재모. 공중보건학 강의, 서울:수문사, 2005
염기석. 치유란 무엇인가. 서울:쿰란출판사, 2002.
_____. 은사와 치유 사역의 원리. 서울:삼원서원, 2002.
오성춘. 목회상담학. 서울:한국장로교출판사, 2002.
오아론. 성령의 능력과 치유 사역. 서울:도서출판 좋은땅, 2011.
오윤선. 청소년분노조절하기. 서울:예영비앤피, 2011.
위성교. 치유는 이렇게 일어난다. 서울:좁은문, 1995.
윤남옥. 성경속인물들의 내적 치유일기 구약, 신약. 서울:진흥, 2008.
이광호. 웨스트민스터신앙고백. 서울:도서출판 깔뱅, 2018.
이명수. 치유선교론. 서울:나임출판사, 1995.
이병주. 심리상담과 우울증 및 자존감 치유. 서울:솔로몬, 2009.
이어령. 지성에서 영성으로. 서울:열림원, 2010.
엄두섭. 성 프란체스코. 서울:은성출판사, 1985.
전성수. 치유여행. 서울:두란노, 2019.
전요셉. 낮은 자들과의 삶. 서울:문성, 2019.
_____. 정신장애와 귀신 쫓음. 서울:문성, 2019.
_____. 정신건강상담 이론과 실제. 서울:한국고령사회교육원, 2019
_____. 행복한 사람들. 서울:한들출판사,2022
_____. 전인적 뇌건강학. 서울:생명샘전인치유 사역연구원, 2023
_____. 공동체 영성. 서울:치유하는별,2024
_____. 전인적 성령사역. 서울:치유하는별,2024
전우택 편저. 의료선교학. 서울:연세대학교출판부, 2004.
정인수. 뇌를 살리는 치유 기술. 서울:좋은땅, 2023.
정태기. 아픔상담치유. 서울:상담과 치유, 2006.
_____. 숨겨진 상처의 치유. 서울:상담과 치유, 2010.
_____. 아픔·상담·치유. 서울:상담과치유, 2010
_____. 위기와 상담. 서울:상담과 치유, 2010.
정태홍. 내적 치유의 허구성. 서울:등과빛, 2011.
_____. 내적 치유의 구상화. 서울:등과빛, 2012.
주서택. 내 마음속에 울고있는 내가 있어요. 서울:순출판사, 2008.
_____. 내적 치유와 상담. 서울:순출판사, 2012.
_____. 한국장로교출판사. 한국교회강단(주여, 치유되게 하소서), 2023
조용기. 오중복음과 삼중축복(개정판). 서울:서울말씀사, 2018.

2. 논문, 계간지

권양순. "기독교적 관점에서 본 전이치유의 효과적 방법 연구". 미간행석사학위논문.
　　　　아세아연합신학대학원, 1996.
박준서. "하나님의 형상에 관한 성서적 이해". 기독교사상 1989년 9월호.
박행렬. "총체적 치유 사역에 있어서 가족과 치유". 치유와 선교 제2호, 2010.
예영수. "성령의 은사와 치유". 제4차 아세아연합신학대학원 치유선교학과 심포지움 자료집,
　　　　2000.
이명수. "치유 사역과 하나님의 나라 : 의과학적 견지에서". 제1차 아세아연합신학대학원
　　　　치유선교학과 심포지움 자료집. 1997.
_____. "Holistic Healing". 한국치유선교연구원 강의안, 2002.
총회한국교회연구원편. 치유현장 예수님과 함께(사복음서에 나타난 예수님의 치유 사역).
　　　　서울:예영커뮤니케이션, 2023.
최영숙. "웰다잉 이론과 실제". 웰다잉지도사교육교제 아름다운 황혼만들기.
　　　　서울:한국고령사회교육원, 2011.
한명수, 이재옥. "예수의 치유 사역의 의미와 치유선교전략". 의료와 선교, 1991년 겨울호.

Ⅱ. 번역 서적

Achterberg, Jeanne. 상상과 치유(Imagery in Healing, Shamanism and Modern Medicine).
　　　　신세민 역. 서울:상담과 치유, 2010.
Amoabeng, Oppong. 하나님의 치유의 법칙을 이해하라(Understanding the laws of Divine Healing).
　　　　주상지 역. 서울:서로사랑, 2009.
Arthur, Kay. 영적 치유(Lord, Heal My Hurts). 김경섭 역. 서울:프리셉트, 2020.
Benner, David G. 정신치료와 영적 탐구(Psychotherapy and the Spiritual Quest). 이만홍역, 강현숙 역.
　　　　서울:하나의학사, 2020.
Bosworth, F. F. 치유자 그리스도(Christ the Healer). 오태용 역. 서울:베다니출판사, 2011.
Bradfordlong, Zeb and McMurry, Duglas. 성령의 능력으로 사역하라(Receiving the power).
　　　　홍석현 역. 서울:홍성사, 2005.
Bradshow, John. 상처받은 내면아이 치유(Inner Child). 오제은 역. 서울:학지사, 2024.
Bruce, F.F. 바울신학(Paul). 정원태 역. 서울:기독교문서선교회, 2014.

Clark, Randy. 치유 사역훈련지침서(Ministry Team Training Manual).
　　　　인터내셔널 갈보리교회번역팀 역. 서울:순전한 나드, 2020.
Clinebell, Howard. 전인건강(Well Being). 이종현, 오성춘 역. 서울:성장상담연구소 2016.
Crabb, Larry. 상담과 치유공동체(Hope When You'rs Hurting). 정동섭 역. 서울:요단출판사,1999.
Faricy, Robert and Rooney, Lucy. 인간의 상처를 치유하시고 구원하시는 하느님(Your Wounds I Will
　　　　Hell ; Prayer for Inner Healing). 박홍, 박상근 역. 서울:서강대학교, 2012.
Hagin, Kenneth E. 기름부음의 이해(Understanding the Anointing). 김진호 역.
　　　　서울:믿음의 말씀사, 2007.
_____. 치유의 기름부음(The Healing Anointing). 김진호 역. 서울:믿음의 말씀사, 2007.
_____. 성경적 치유와 건강(Bible Healing Study Course). 오태용 역. 서울:베다니출판사, 2012.
Hay, Louise. 루이스 헤이의 치유워크북. 최기원역. 서울:케미라클모닝, 2023.
Hibbret, Albert. 스미스위글스워스 그 능력의 비밀(Smith Wigglesworth The secret of Hispower).
　　　　김유진 역. 서울 : 은혜출판사, 2010.
Hiltner, Seward. 목회신학원론(Preface to Pastoral Theology). 민경배 역.
　　　　서울:대한기독교서회, 2005.
Horrobin, Peter. 축사와 치유 1(Healing Through Deliverance). 박선규 역. 서울:쉐키나,2010.
_____. 축사와 치유 2(Healing Through Deliverance). 박선규 역. 서울:다윗의 장막, 2011.
Hunter, Charles and Frances. 치유핸드북(Handbook for Healing). 전용복, 김호백 역.
　　　　서울:서로사랑, 2010.
_____. 치유의 방법(To Heal the Sick). 이미례 역. 서울:서울말씀사, 2009.
Hunter, Joan. 치유의 능력(Power to Heal). 주상지 역. 서울:서로사랑, 2010.
_____. 마음의 치유를 넘어(Healing the Heart). 주상지 역. 서울:서로사랑, 2011.
_____. 전인치유핸드북(Healing the Whole Man). 김광석 역. 서울:서로사랑, 2011.
Ingran, Chip and Johnson, Becca. 분노컨트롤(Overcoming Emotions that Destroy).윤종석 역.
　　　　서울:도서출판 디모데, 2011.
Judy, Dwight H. 그리스도인의 묵상과 내면치유(Christian Meditation and Inner Healing). 이기승 역.
　　　　서울:이포, 2011.
Kaiser, Walter C. 치유자 예수님(Jesus the Healer). 김진우 역. 서울:선교햇불, 2009.
Kelsey, Morton T. 치유와 기독교(Healing and Christianity). 배상길 역.
　　　　서울:대한기독교출판사, 2009.
Kraft Charles H. 깊은 상처를 치유하시는 하나님(Deep Wounds Deep Healing). 이윤호 역.
　　　　서울:은성, 2022.
_____. 사악한 영을 대적하라(Defeating Dark Angels). 윤수연 역. 서울:은성, 2020.
Lake, John G. 존 G.레이크의 치유(Healing). 이자영 역. 서울:순전한나드, 2011.
Litchfield, Bruce. 기독교상담과 가족치료 4(Christian Counseling & Family Therapy 4). 정동섭 역.

  서울:예수전도단, 2010.
_____. 기독교상담과 가족치료 5(Christian Counseling & Family Therapy 5). 홍순원 역.
  서울:예수전도단, 2010.
Litchfield, Bruce and Nellie. 기독교상담과 가족치료 다이제스트(Happy Families). 정성준 역.
  서울:예수전도단, 2010.
Lord, Peter. 소울 케어(Soul Care). 정성욱 역. 서울:두란노, 2011.
Loyd, Alexander, Johnson, Ben. 힐링코드(최신개정증보판). 이문영역. 서울:시공사, 2023.
MacNutt, Francis. 치유의 영성(Healing). 신선명 역. 서울:아침영성지도연구원, 2006.
  치유의 목회(The Ministry to Heal). 신현복 역. 서울:아침영성지도연구원, 2010.
Mark, Cosgrove. 분노와 적대감(Counseling for Anger). 김만풍 역. 서울:두란노, 2002.
Marshall, Tom. 내면으로부터의 치유(Healing from the Inside Out). 이상신 역.
  서울:예수전도단, 2024.
_____. 자유케 된 자아(Free Indeed). 예수전도단 역. 서울:예수전도단, 2018.
McGrath, Alister E. 역사속의 신학(Christian Theology). 김홍기 역. 서울:대한기독교서회,2010.
Mcintyre, Valerie J. 상처를 만드는 상처(Sheep in Wolves Clothing). 로이킴 역.
  서울:스텝스톤, 2009.
Moon, Gary W and Benner, David G. 영성지도. 심리치료. 목회상담 그리고 영혼의 돌봄(Spiri_
  tual Direction and the Care of Souls). 신현복 역. 서울:아침영성지도연구원,2024.
Murray, Andrew. 하나님의 용서와 치유(Divine Healing). 장광수 역. 서울:누가, 2006.
  하나님의 치유(Divine Healing). 김태곤 역. 서울:생명의 말씀사, 2012.
Nouwen, Henri J.M. 상처입은 치유자(The Wounded Healer). 최원준 역.
  서울:두란노,2022.
Osteen, Dodie. 치유(Heals of Cancer). 오태용 역. 서울:베다니출판사, 2008.
Price, Charles. 치유를 위한 참 믿음(The Real Faith for Healing). 이세구 역. 서울:바울, 2009.
Robert, Oral. 기적을 기대하라(Expect Miracle). 전형철 역. 서울:생명의 말씀사, 2008.
Ryan, Dale. 중독 그리고 회복(Addiction and Recovery). 정동섭 역. 서울:예찬사, 2005.
Sandford, mark and John. 축사 사역과 내적 치유(Comprehensive guide to Deliverance and Inner
  Healing). 삼현석 역. 서울:순전한나드, 2006.
Seamands, David A. 상한 감정의 치유(Healing for Damaged Emotions). 송헌복 역.
  서울:두란노, 2022.
Seyoun, Kim. 바울복음의 기원(The Origin of Paul's Gospel). 홍성희 역.
  서울:도서출판 엠마오, 2001.
Solomen, Charles R. 영적 치유의 핵심(Handbook to Happiness). 김우생 역.
  서울:나침반,2011.
Stanger, Frank B. 위대한 의사 예수(God's Healing Community). 배상길 역. 서울:나단,1993.

Sledge, Tom. 가족치유 · 마음치유(Making peace with your past). 노용찬 역.
    서울:요단출판사, 2011.
Tapscott, Betty. Ministering Inner Healing. Huston : Tapscott Ministries, 1998.
Thompson, Bruce and Barbar. 내 마음의 벽(Walls of My Heart). 정소영 역.
    서울:예수전도단. 2011.
Tom, Sledge. 가족치유. 마음치유(Making Peace With Your Past(Paperback / Workbook)).
    노용찬 역. 요단출판사, 2011.
Tournier, Paul. 폴트루니에의 치유(A Doctor's Casebook in the Light of the Bible).
    정동섭,정지훈 역. 서울:CUP, 2007.
_____. 인간치유(The Healing of Persons). 권달천 역. 서울 : 생명의 말씀사, 2011.
Wagner, C. Peter. 피터 와르너의 제3의 바람(Wind of the Thirds).
    정운교 역. 서울:하늘기획,2006.
Wilson, William Friffith. 성인아이 치유를 위한 영적치유 12단계(The Spiritual Healing).
    최민수 역. 서울:글샘, 2011.
Wimber, John and Springer, K. 능력치유(Power Healing). 이재범 역.
    서울:도서출판 나단, 2003.
Yohn, Rick. 은사를 사모하는 그리스도인, 윤병하 역. 서울:두란노, 1994.

Ⅲ. 외국서적

kken, Kenneth. The Jurney Toward Wholeness. N.Y. : Crossroad.
Hagin, Kenneth E. Why People Fall under the Power. Tulsa
    : Kenneth Hagin Ministries.
Hinn, Benny. This is your day for a Miracle. Nashviile. Tennessee
    : Nav Press Publishing Group.
Hunter, Charles and Frances. Handbook for Healing. Kingwood, Taxas
    : Published by Hunter Books.
Kelsey, Morton. Healing Christianity. Mineapolis : Ausburg.
MacMullen, Ramsay. Christianizing the Roman Empire. New Haven : Yale University.
Matthews, Dale A. The Faith Factor. N.Y. : Penguin Book.
Moltmann, Jurgen. The Spirit of Life

: A Universal affirmation. Mineapolis : fortress.
The Subritzky Family. Ministering in the Power of the Holy Spirit, Manual. Auckland : Dove ministries Limited.
Sanford, John A. Healing and Wholeness. N.Y. : Paulist Press.

Ⅳ. 성경

1. 원어 성경

로고스편찬위원회 편. NIV 구약원어대조성경. 서울:도서출판 로고스.
송창섭 편. LogosⅣ 헬라어원문직역분해대조성경. 서울:도서출판 로고스.
Aland~Nestle. Novum Testamentum Graece. 27th Ed. Germany : Deutsche Bibelgesellschaft.
Biblia Hebraica Stuttgartensia, Germany : Deutsche Bibelgesellschaft.
Septuaginta, Id est Vetus Testamentum graece iuxta LXX interpretes, edidit Alfred Rahlfs, Duo volumina in uno, Germany : Deutsche Bibelgesellschaft Stuttgart, 1979..

2. 우리말 성경

개역개정 성경. 서울:대한성서공회.
공동번역 성서(개정판). 서울:대한성서공회.
새번역 성경. 서울:대한성서공회.
성경. 서울:한국천주교주교회의.
쉬운말 성경. 서울:성서원.
쉬운 성경. 서울:아가페.
주석성경. 서울:한국천주교주교회의(프랑스어공동번역성경 TOB, La Traduction Oecumenique de la Bible의 주석).
현대인의 성경. 서울:생명의 말씀사.
NLT우리말 성경. 서울:두란노서원.

3. 영어 성경

복음 성경(TEV:Today's English Version, Good News Bible)
새국제 성경(NIV:New International Version)
새미국 성경(NAB:New American Bible)
새생활 성경(NLT:New Living Translation)
새예루살렘 성경(NJV:New Jerusalem Bible)
새표준 성경(RSV:Revised Standard Version)
킹제임스 성경(KJV:King James Version)

V. 주석

국제비평주석(ICC). 문전섭, 이영재 역. 서울:도서출판 목양.
그랜드종합주석. 제자원 편역. 서울:성서아카데미,.
레마종합자료씨리즈. 레마종합자료씨리즈 편찬위원회 역. 서울:임마누엘출판사.
박수암. 신약주석. 서울:대한기독교서회.
박윤선. 성경주석 공관복음(상). 서울 : 영음사.
이상조. 성경주석. 서울:기독교문사.
조경철. 대한기독교서회 창립100주년기념성서주석. 서울:대한기독교서회.
최세창. 신약주석시리즈. 서울 : 글벗사.
카리스종합주석. 서울:기독지혜사.
Barclay William. 바클레이성경주석(The Gospel of Matthew) vol.Ⅰ. 바클레이편찬위원회 역.
    서울:기독교문사.
Calvin John. 존칼빈성경주석. 존칼빈성경주석 출판위원회 역. 서울:성서원.
칼빈주석공관복음. 박문제 역. 서울:크리스챤다이제스트.
Hagner A. Donald. WBC성경주석(Word biblical commentary:Matthew 1~13). 김경진 역.
    서울:도서출판 솔로몬.
Hare Douglas R. A. 현대성서주석. 한미공동주석편집번역위원회 역. 서울:한국장로교출판사.
Helwys Smyth. Bible commentary Matthew. Smyth & Helwys Publishing. Inc.
Henry Matthew. 매튜헨리성서주석. 서울:크리스챤다이제스트.
Lewis W.S, Booth H. M. 베이커성경주석. 서울:기독교문사.

Weber Stuart K. 메인아이디어시리즈 Main Idea로 푸는. 김창동 역. 서울:디모데.
Wilkins Michael J. NIV적용주석시리즈(The NIV Application Commentary). 채천석 역. 서울:솔로몬.

VI. 사전

가스펠서브기획편집. 라이프성경사전. 서울:생명의말씀사.
강병훈 편. 쉐마주제별종합자료사전. 서울:성서연구사.
기독교대백과사전편찬위원회 편. 기독교대백과사전. 서울:기독교문사.
김승교. 사복음서원어강해 마태1권. 서울:도서출판 로고스.
두산동아 편. 동아새국어사전 제5판. 서울:두산동아.
로고스편찬위원회 편. 로고스스트롱코드 히브리어·헬라어사전. 서울:도서출판 로고스.
새성경신학대사전편찬위원회 편. 새성경신학대사전. 서울:아카데미
옥스퍼드원어성경대전(The Oxford Bible Interpreter). 제자원 역. 서울:바이블네트.
이병철 편. 성서원어대전 헬·한 완벽사전(Ⅱ). 서울:브니엘.
이성호. 성구대사전. 성구대사전. 서울:혜운사.
이재은 편. 기독교문화대백과사전. 서울:성서연구사.
이종성, 정성구, 홍순우, 황선원. 기독교낱말큰사전. 서울:한국문서선교회.
전준덕. 헬라어낱말분해사전. 서울:우리.
정인찬 편. 성서대백과사전. 서울:기독지혜사, 1993.
조두만. 히브리어헬라어한글성경대사전. 서울:성지사.
하용조 편찬. 비전성경사전. 서울:두란노서원.
한국가톨릭대사전 편찬위원회 편. 한국가톨릭대사전. 서울:한국교회사연구소.
한영제 편. 단권성경백과사전. 서울:기독교문사.
헤쎄드종합씨리즈 편찬위원회 편. 헤쎄드종합자료씨리즈. 서울:임마누엘.
Alexander T. Desmond, Rosner S. Brian. IVP성경신학사전. 권연경 외 역. 서울:한국기독학생회 출판부.
BKC강해주석(The Bible Knowledge Commentary). 정민영 역. 서울:두란노.
G. Johannes Botterweck, Helmer Ringgren. Theological Dictionary of the Old Testament. William B. Eerdmans Publishing Company.
Halley Henry Hampton. 할레이성경핸드북(Halley's Bible Handbook). 오희천, 오성현 역. 서울:기독교문사.

Harris R. Laird, Archer Gleason L, Waltke Bruce K. Theological Wordbook of the Old Testament. Chicago:Moody Press.

Harris R. Laird, Archer Gleason L, Waltke Bruce K. 구약원어신학사전 vol. Ⅰ, Ⅱ (Theological Wordbook of the Old Testament). 서울:요단출판사.

Kelly Page H, Mynatt Daniels, Crawford Timothy G. 히브리어성서(BHS)의 마소라해설. 강성열 역. 서울:비블리카아카데미아.

Kittel Gerhard, Friedrich Gerhard. Theological Dictionary of the New a Testament. USA William B. Eerdmans Publishing Company.

Kittel Gerhard, Friedrich Gerhard. 신약성서 신학사전(Theological Dictionary of the New Testament). 신학사전번역위원회역. 서울:요단출판사.

Robertson Archibald T. 신약원어대해설(word pictures in the New Testament). A.T. 로버트슨 번역위원회 역. 서울:요단출판사.

치유란 무엇인가
🕊 치유 사역 입문서

개정판1쇄 인쇄일 2024년 11월 05일
개정판1쇄 발행일 2024년 11월 11일

지은이 전요셉
펴낸이 최성득
펴낸곳 치유하는별
기획 유미경
편집디자인 달리

출판등록 2005년 12월 7일 제2005-000069호
주소 경기도 성남시 분당구 중앙공원로 17, 308-105
전화 031-709-3105
홈페이지 www.sungdukbooks.com
인스타 http://instagram.com/sungdukbooks
전자우편 mkyoo810@gmail.com

ⓒ 전요셉 2024

ISBN 979-11-981098-7-3

- 책값은 뒤표지에 있습니다.
- 잘못된 책은 바꾸어드립니다.
- 이 책은 저작권법의 보호를 받는 저작물이므로 무단전재와 복제를 금합니다.